W. Remmele

PASCAL systematisch

Eine strukturierte Einführung

Mit zahlreichen Abbildungen

Springer-Verlag
Berlin Heidelberg New York Tokyo
1983

Dipl.-Math. Werner Remmele
Siemens AG, Zentrale Aufgaben Informationstechnik, München

Unter Mitwirkung von F. Heston, München

Illustrationen: Andreas Seiling, München

CIP-Kurztitelaufnahme der Deutschen Bibliothek.
Remmele, Werner: PASCAL systematisch : e. strukturierte Einf. / W. Remmele. [Ill.: Andreas Seiling]. – Berlin ; Heidelberg ; New York : Springer, 1983.

ISBN-13: 978-3-540-12250-0 e-ISBN-13: 978-3-642-47515-3
DOI: 10.1007/978-3-642-47515-3

Gesamtherstellung: Konrad Triltsch, Würzburg
2362/3020-543210

Geleitwort

Die Programmiersprache PASCAL wurde von Professor N. Wirth an der Eidgenössischen Technischen Hochschule in Zürich entwickelt mit dem Ziel, die Programmierung von Computern leicht zu erlernen.

PASCAL hat dieses Ziel dank einer Reihe nutzungsfreundlicher Merkmale erreicht. Die Sprache hat sich inzwischen zu einer der bekanntesten und am meisten diskutierten modernen Programmiersprachen entwickelt. Dafür waren u. a. die folgenden Gründe ausschlaggebend:

- PASCAL ist übersichtlich,
- PASCAL ist allgemein einsetzbar,
- PASCAL ist systematisch aufgebaut,
- PASCAL ist wirklich leicht erlernbar.

Das Buch 'PASCAL systematisch' ist eine grundlegende Einführung in die Sprache. In ihm wird besonders der Aspekt des 'systematischen Aufbaus' der Sprache herausgearbeitet. Daraus wird unmittelbar deutlich, daß sich PASCAL außerordentlich gut zur Einführung in die Grundlagen der Programmiersprachen eignet. Damit ist das Buch auch für den Anwender einer anderen Sprache eine Basis, auf der spezielles weiteres Wissen aufgebaut werden kann. Da fast alle modernen Programmiersprachen, darunter ADA und CHILL, auf PASCAL basieren, sind in PASCAL verwirklichte Konzepte als zukunftsweisend zu betrachten.

Das Buch wird auch für das Selbststudium empfohlen. Der Inhalt sollte jedoch nicht 'trocken' erarbeitet werden. Vielmehr sollen die einzelnen Kapitel durch praktische Erprobung an einem Rechner vertieft werden. Dazu dienen auch die zahlreichen Programmbeispiele, die direkt übernommen werden können. Zu beachten ist jedoch, daß ein PASCAL-System zur Verfügung stehen muß, das Dialogein- und -ausgabe unterstützt.

München, im März 1983

Dr. Heinz Schwärtzel
Zentrale Aufgaben Informationstechnik
Siemens AG

Vorwort

Ziel des Buches ist es, das grundlegende Verständnis von PASCAL zu vermitteln. Jedem Kapitel ist dabei ein Lernziel zugeordnet, das systematisch erarbeitet wird. Manche Aussagen innerhalb der ersten Kapitel sind deshalb bewußt vereinfacht, damit der Leser nicht schon von Anfang an mit allen Details belastet wird, die zudem das Erreichen des momentanen Lernziels erschweren könnten.

'PASCAL systematisch' wendet sich an alle Personen, die

- PASCAL erlernen wollen,
- mit der Programmierung direkt oder indirekt in Berührung kommen,
- Informatik studieren oder im Zuge der Ausbildung Programmieren erlernen,
- grundlegendes Verständnis für den Aufbau von Programmiersprachen erwerben wollen.

Bei der Darstellung wurde eine möglichst einheitliche Form gewählt: In PASCAL vordefinierte Namen werden stets in Versalien angegeben. Beim ersten Auftreten eines Begriffes wird dieser hervorgehoben (durch Einschließen in Hochkommata). Bei weiterer Verwendung wird dieser Begriff jedoch als bekannt vorausgesetzt und nicht mehr hervorgehoben. Benutzernamen wurden möglichst sinnvoll gewählt.

Auf einem stilisierten Bildschirm werden stets Programme oder Teile davon abgebildet. Werden nur bestimmte ausgewählte Stellen oder Beispiele in PASCAL angeführt oder weiter erläutert, so werden diese auf Druckerpapier dargestellt.

Als ergänzende Lektüre wird die Sprachdefinition von PASCAL empfohlen, die durch Standards festgelegt ist, auch wenn sich die hier niedergelegte Sprachbeschreibung davon nicht unterscheidet. Zur tieferen Einarbeitung in die Eigenheiten des jeweils verwendeten PASCAL-Systems sollte eine genaue Beschreibung vorhanden sein.

Ich möchte mich ganz besonders bei der Gruppe für didaktische Wissensaufbereitung bei Siemens, insbesondere bei Herrn Frank Heston, für die Unterstützung bei der Erstellung des Buches, für die graphische Konzeption und Realisierung sowie für die Erstellung des Layouts bedanken. Besonderer Dank gebührt auch Frau Ulrike Weng-Beckmann, die das Manuskript inhaltlich überprüfte, viele hilfreiche Hinweise einbrachte und stets für Diskussionen zur Verfügung stand.

München, im März 1983 W. Remmele

Inhaltsverzeichnis

PASCAL

Natürliche Programme und Algorithmen

Strukturen in Programmen

Daten

Programmiersprachennotation

Ein einfaches Programm

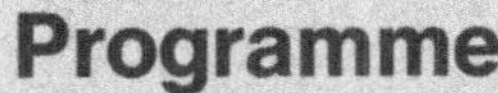

Programme

Daten, Datentypen

Strukturierte Datentypen

Pointers

Dateien: Allgemeine Ein-/Ausgabe

Funktionen und Prozeduren

Das Goto-Statement

Programmentwicklung

Anhang

Natürliche Programme und Algorithmen

Strukturen in Programmen

Fallunterscheidung
Wiederholung

Daten

Programmiersprachennotation

Ein einfaches Programm

Natürliche Programme und Algorithmen

Bevor man mit einer Programmiersprache umgehen lernt, muß man erst einmal begreifen, was ein Programm ist. Jeder kennt den Begriff eines Programms, sei es nun als Programm im Kino oder auch im Sinn eines Wahlprogramms einer politischen Partei. Ein Computerprogramm besitzt damit große Ähnlichkeit: Es umfaßt ebenfalls eine Reihe von Tätigkeiten (Aktionen), die mit bestimmten Daten und Operationen zu einem bestimmten Zweck ausgeführt werden.

Die Analogie eines Computerprogramms zum geläufigen Begriff eines Programms zeigt sich schon darin, daß die Strukturen einander sehr ähnlich sind. Die beiden Begriffe lassen sich mit denselben Attributen versehen: So ist es zum Beispiel möglich, von 'verworrenen', 'falschen' oder 'schlechten' Programmen zu sprechen, ohne daß der Begriff des Programms näher spezifiziert werden müßte. Für den Anfang genügt es, den Begriff Programm 'in natürlicher Weise' zu erläutern:

Unter **Programm** versteht man, auch wenn in natürlicher Sprache formuliert, die exakte Beschreibung eines Vorgangs oder einer Vorgehensweise.

Häufig werden mit dem Begriff noch einige weitere assoziiert, wie Allgemeinheit: Anwendbarkeit auf eine Reihe von Problemen. So soll ein Programm zur Multiplikation nicht nur zwei bestimmte Zahlen multiplizieren können, sondern es sollte für alle Zahlen eines bestimmten Bereichs anwendbar sein.

Dann Terminierung: Das Programm muß das Ergebnis in endlicher Zeit berechnen können und dann stoppen.

Erfüllt ein Programm die Forderungen nach Exaktheit, Allgemeinheit und Terminierung, so bezeichnet man es als Darstellung eines **Algorithmus.** Der Begriff ist vom Namen des arabischen Mathematikers Al-Khowarizimi (um 800) abgeleitet, der ein Werk über die Behandlung algebraischer Gleichungen verfaßte, den 'liber algorithmi'.

Für die Erfüllung aller dieser Forderungen muß der Programmierer sorgen. Erfahrungsgemäß ist es jedoch die Exaktheit, bei der in den meisten Fällen Schwierigkeiten auftreten. Aus diesem Grund soll nun zunächst erläutert werden, wie man von einer evtl. noch sehr vagen Lösungsvorstellung zu einem exakten Programm kommt.

Der Verständlichkeit halber wird die Vorgehensweise im folgenden an einem Beispiel des täglichen Lebens demonstriert, das zunächst nichts mit einem Computerprogramm zu tun hat: Es wird ein exaktes, natürliches Programm in natürlicher Sprache entwickelt. Gleichzeitig wird daraus klar, aus welchen Grundelementen Programme, also auch Computerprogramme, bestehen.

Strukturen in Programmen

Angenommen, man will einkaufen gehen. Mit dieser Aussage wäre das Programm im Prinzip schon aufgestellt:

Einkaufen gehen

Das ist aber nur dann exakt und somit ein Programm, wenn genau feststeht, welche Tätigkeiten der Begriff 'Einkaufen gehen' umfaßt. Es wird also implizit eine Verständnisvereinbarung festgelegt.

Wenn diese Vereinbarung nicht getroffen werden kann, wenn der Begriff, die Tätigkeit, noch zu wenig formuliert ist, dann muß sie weiter präzisiert werden. Die Hauptaktivität muß in eine Reihe von Teilaktivitäten oder Teilaktionen aufgeteilt werden.

Im Beispiel 'Einkaufen gehen' läßt sich das bildlich folgendermaßen darstellen:

Einkaufsliste erstellen
Auswahl des Kaufhauses
Einkauf der Artikel
Rückkehr

Die beiden Programme haben denselben Inhalt. Sie unterscheiden sich lediglich durch den Grad der Präzision ihrer Darstellung. Die zweite Abbildung ist so aufzufassen, daß bei einer sequentiellen Ausführung der Schritte in den einzelnen Kästchen – in der Folge **Blöcke** genannt – die Aktion 'Einkaufen gehen' durchgeführt wird. Die Sequenz wird durch das Untereinanderstellen von Blöcken veranschaulicht. Zunächst muß also die Einkaufsliste erstellt werden, bevor ein Kaufhaus ausgesucht wird. Im Anschluß daran wird der Einkauf durchgeführt, bevor im letzten Schritt nach Hause zurückgekehrt wird. Insgesamt wird dadurch aber nur die Aktion 'Einkaufen gehen' umschrieben.

Damit steht nun bereits eine fundamentale Komponente von Programmen fest: Es ist die Hintereinanderausführung, die **Sequenz,** von Aktionen.

Eine derartige Darstellung der Programmstruktur in Diagrammen heißt **Struktogramm.** Die einzelnen Blöcke stellen Vorgänge oder Aktionen dar.

Das dargestellte Programm ist natürlich jetzt immer noch nicht detailliert genug, um ohne zusätzliche Hilfsmittel exakt ausgeführt werden zu können. Es muß also weiter detailliert werden. Dieser weitere Strukturierungsschritt umfaßt nun sämtliche Blöcke, also Einkaufsliste erstellen, Auswahl des Kaufhauses, Einkauf der Artikel und Rückkehr.

Eine komplexe Aktion kann in mehrere einfachere Teilanweisungen aufgespalten werden. Das ist die Grobstruktur von Programmen: Die Hintereinanderausführung von Befehlen. Mit dieser allein aber kann nicht jede Anweisungsfolge beschrieben werden. Vielmehr ist es notwendig, weitere Strukturen zu verwenden. Die beiden wichtigsten sind die **Fallunterscheidung** und die **Wiederholung.**

Fallunterscheidung

Häufig wird es notwendig sein, aufgrund bestimmter Kriterien unterschiedliche Aktionen zu ergreifen. Im Einkaufsbeispiel kann das bei der Kaufhauswahl der Fall sein. Man wird sich zuerst Gedanken darüber machen, welches Kaufhaus für den Einkauf am besten geeignet ist. Der Einfachheit halber soll die Entscheidung nur nach den Preisen der einzukaufenden Waren gefällt werden. Aus zwei Häusern A und B wird also das billigere ausgewählt. Im Anschluß daran wird dann die Fahrt dahin angetreten.

Auch das kann wieder in Struktogrammform dargestellt werden:

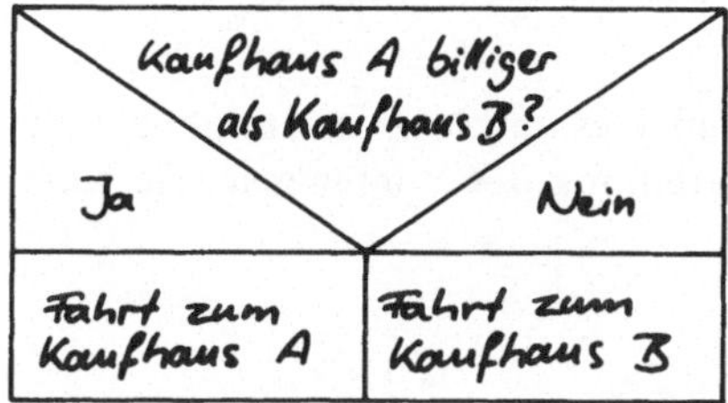

Dieses Struktogramm ist so zu interpretieren: Ist Kaufhaus A billiger als Kaufhaus B (wenn also die Bedingung in dem großen Dreieck erfüllt ist), dann wird der zutreffende Block unter dem JA ausgeführt, also 'Fahrt zum Kaufhaus A'. Ist die Bedingung im Dreieck nicht erfüllt, dann wird der Block unter dem NEIN ausgeführt, also 'Fahrt zum Kaufhaus B'.

Es handelt sich hier um eine echte Alternative zwischen zwei Möglichkeiten. Im Gegensatz zur Hintereinanderausführung als Strukturmöglichkeit in Programmen kann jetzt aufgrund eines Auswahlkriteriums zwischen zwei unterschiedlichen Blöcken ausgewählt werden.

Unabhängig davon, welches Ergebnis die Entscheidung liefert, wird stets nur *ein* Block ausgeführt. Das wird durch das Nebeneinanderstellen von Blöcken gekennzeichnet. Nach der Ausführung eines der beiden Blöcke wird die Programmausführung normal fortgesetzt, d.h. es wird der Block ausgeführt, der unter der Fallunterscheidung steht. Das ist unabhängig davon, welche der beiden Alternativen gewählt wurde, da beide ja den gleichen Folgebefehl besitzen.

Unter Umständen ist es möglich, daß die Fallunterscheidung keine echte Alternative zuläßt. Im vorliegenden Beispiel könnte das der Fall sein, wenn zum Einkauf kein Geld vorhanden wäre. Vor dem Einkauf muß also noch eine Prüfung erfolgen, ob (genügend) Geld vorhanden ist, und erst wenn das der Fall ist, kann die gesamte Aktion durchgeführt werden. Im anderen Fall wird *nichts* ausgeführt.

Das entsprechende Struktogramm hat dann folgende Form:

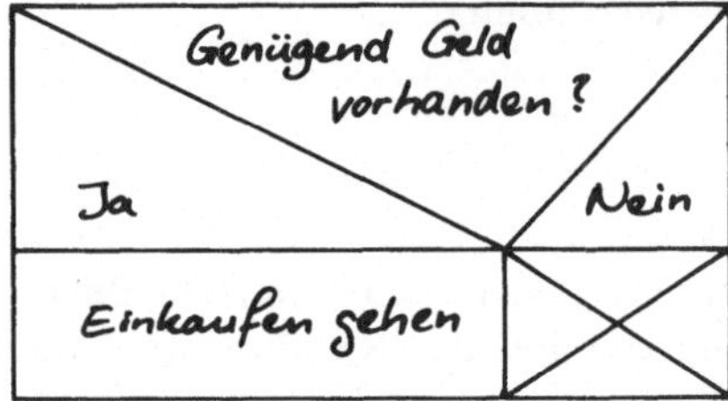

Diese Struktur heißt **bedingte Ausführung** eines Blocks.

Der NEIN-Block im Diagramm sollte immer leer sein. Diese Einschränkung ist logisch, da die Bedingung ja festlegt, wann ein Block ausgeführt werden soll (Fall des JA), beziehungsweise wann nicht (Fall des NEIN). Der leere Block darf auch nicht weggelassen werden, da sonst im Anschluß an die Abfrage auf jeden Fall der darunterstehende Block – also der bedingt auszuführende – durchlaufen würde, was aber gerade nicht erwartet wird.

Wird das bisher entwickelte Programm zu einem Gesamtblock zusammengefügt, dann entsteht bereits eine sehr detaillierte Beschreibung der Vorgehensweise beim 'Einkaufen gehen':

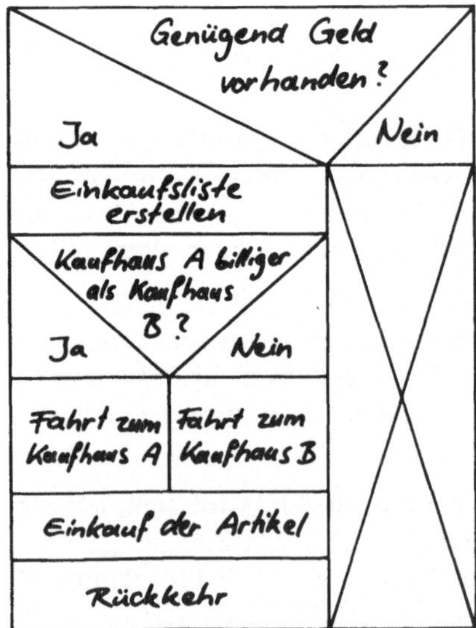

Wiederholung

Zur Demonstration der Struktur **Wiederholung** soll der Block 'Einkauf der Artikel' betrachtet werden. Angenommen, der Käufer hat eine Einkaufsliste vorliegen. Auf dieser Einkaufsliste stehen einzelne Artikel, die alle der Reihe nach eingekauft werden sollen. Man wird also – solange noch Artikel auf der Liste stehen – jeweils einen nach einem bestimmten Auswahlkriterium aussuchen, kaufen und von der Liste streichen.

Das läßt sich in einem Struktogramm darstellen:

Solange noch Artikel auf der Einkaufsliste stehen

	Artikel wählen
	Artikel kaufen
	Artikel von der Einkaufsliste streichen

Bei dieser Feinstrukturierung des Blocks 'Einkauf der Artikel' erhält man einen weiter strukturierten Block, der – wie es in der Fachsprache heißt – eine **Schleife** enthält. Diese Schleife ist folgendermaßen aufgebaut: Sie stellt in sich selbst einen Block dar. Innerhalb dieses Schleifenblocks wird wieder ein Block (der hier schon weiter strukturiert ist) solange ausgeführt, solange eine Bedingung, die Schleifenbedingung, erfüllt ist. Im vorliegenden Fall lautet diese Bedingung 'es müssen noch Artikel auf der Liste sein'.

Der schon weiter strukturierte innere Block heißt **Schleifenrumpf.** Er besteht aus den drei Blöcken

Artikel wählen
Artikel kaufen
Artikel von der Einkaufsliste streichen

Wenn bereits am Anfang die Schleifenbedingung nicht erfüllt ist, d. h. wenn beim Schleifeneintritt die Einkaufsliste schon leer ist, dann wird dieser Schleifenrumpf überhaupt nicht ausgeführt.

Eine weitere Schleifenkonstruktion wird aus dem Block 'Artikel kaufen' klar. Wenn man einen Artikel kaufen will, so sind wiederum verschiedene Aktivitäten durchzuführen. Die erste davon ist eine Suche: Der Käufer wird im Kaufhaus solange suchen müssen, bis er den gewünschten Artikel gefunden hat. Auch das läßt sich wieder durch ein Struktogramm darstellen:

Betrachtet man nun diese zweite Schleife im Gegensatz zu der zuerst eingeführten, so stellt man fest, daß die beiden Schleifenkonstruktionen eine ähnliche Struktur aufweisen.

In der zuerst definierten Schleife wird eine Aktion solange durchgeführt, *solange* eine Bedingung *noch* erfüllt ist. In der zweiten Schleife wird eine Aktion *solange* ausgeführt, *bis* eine bestimmte Bedingung eingetreten ist.

Im Gegensatz zur zuerst eingeführten Schleife 'solange-noch' wird die Schleife 'solange-bis' jedoch auf jeden Fall einmal durchgeführt.

Hat der Käufer alle gewünschten Artikel gefunden und von der Einkaufsliste gestrichen, dann kann er sie bezahlen. Der Block 'Artikel bezahlen' ist nicht mehr Teil des Schleifenrumpfs der 'solange-noch-Schleife'.

Wird nun die Feinstrukturierung wieder in das Gesamtbild eingefügt, so ergibt sich folgendes Struktogramm:

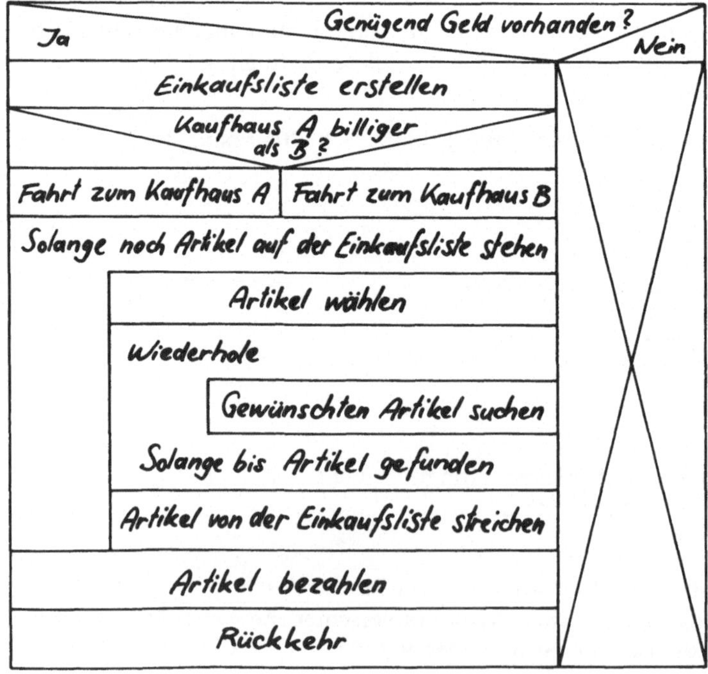

Mit dieser Darstellung des Einkaufsprogramms ist bereits ein derartiger Grad an Detailliertheit erreicht, daß die Vorgehensweise nicht weiter erläutert werden muß. Je weiter also die Präzisierung des Programms fortgeschritten ist, desto einfacher wurde die eingangs erwähnte Verständnisübereinkunft.

Die Programmverfeinerung bewirkt also eine Annäherung der Ausdrucksweisen des Programmierers an die des Ausführenden. Das Ziel wird es sein, das Programm so weiterzuentwickeln, daß es schließlich in einer voll spezifizierten, computerverständlichen Form vorliegt.

Daten

Im Zuge der schrittweisen Verfeinerung des Programms 'Einkaufen gehen' konnte man feststellen, daß bei fortschreitendem Grad der Detailliertheit des Programmablaufs zusätzlich bestimmte **Daten** – fast zwangsläufig – eingeführt wurden. Das Originalprogramm enthielt zunächst überhaupt keine Daten. Je weiter aber der Algorithmus spezifiziert wurde, desto mehr mußte gleichermaßen auf die Objekte eingegangen werden, die zu verarbeiten waren. Im Programm 'Einkaufen gehen' war das beispielsweise das Geld, das in genügendem Ausmaß vorhanden sein mußte, waren es die Preise in den Kaufhäusern oder die Einkaufsliste, die wiederum aus bestimmten Daten, zum Beispiel den einzelnen Artikeln, bestand.

Auch dies ist wieder ein fundamentaler Sachverhalt: Es ist unmöglich, ein Programm so zu spezifizieren, daß man nur die Struktur des Programms weiter spezifiziert. Parallel zur schrittweisen Verfeinerung müssen auch die Daten eingeführt bzw. spezifiziert werden.

Im Programm 'Einkaufen gehen' beispielsweise wurde bei der Vorbereitung das 'Datum' Einkaufsliste eingeführt. Dieses Datum, das beim Entwicklungsschritt vom Originalprogramm 'Einkaufen gehen' zur ersten Verfeinerung eingeführt wurde, mußte etwas später bei der Suche nach den einzelnen Artikeln weiter strukturiert werden: Es besteht nun aus einzelnen Artikeln. Hätte man das Programm noch weiter verfeinert, so ließen sich auch die einzelnen Artikel dieser Einkaufsliste noch weiter spezifizieren. Sie könnten beispielsweise aus einem Namen, einem Maximalpreis und einer benötigten Menge bestehen.

Im Zug der Programmentwicklung müssen die Daten also in adäquater Weise für den Computer repräsentabel gemacht werden. Dabei kann man zwischen zwei verschiedenen Arten von Daten unterscheiden:

Konstante: Konstanten sind Daten,
die sich während des Programmablaufs
nicht ändern (können).

Variable: Variablen sind alle Daten,
die während des Programmablaufs
unterschiedliche Werte annehmen können.

Eine Konstante im Beispiel 'Einkaufen gehen' wäre der Mehrwertsteuersatz, der sich ja während des Einkaufs nicht ändert.

Die Art und Verwendung von Variablen ist demgegenüber völlig unterschiedlich. Variable haben zwar zu jedem Zeitpunkt während des Programmablaufs genau einen Wert, der jedoch zu einem anderen Zeitpunkt des Programmablaufs anders sein kann. Der Wert einer Variablen ist abhängig von einem Eingangswert (Initialwert) und den bis zum aktuellen Zeitpunkt ausgeführten Operationen mit der Variablen. Während eine Konstante mit ihrem festen Wert gleichgesetzt wird, repräsentiert der Name einer Variablen nur einen momentanen Wert aus einer Vielfalt von Möglichkeiten.

Der Variablenname stellt somit einen 'Behälter' dar, der die verschiedenen Werte aufnehmen kann. Da der Behälter – um bei diesem Bild zu bleiben – eine bestimmte Größe und Form besitzt, müssen auch die Werte der Variablen in diese Form passen: Sie müssen aus einem bestimmten Wertebereich sein und einem bestimmten Typ zugehören, einem Typ, der, bildlich gesprochen, durch die Form des Behälters gegeben ist. Die Datentypen sind ein ganz wesentliches Konzept der Programmiersprachen und werden noch ausführlich dargestellt.

Als Beispiel für eine Variable kann im Programmbeispiel 'Einkaufen gehen' das für den Einkauf verfügbare Geld dienen.

Die Teilaktion 'Artikel bezahlen' des Programmbeispiels 'Einkaufen gehen' beinhaltet folgende Schleife: Das verfügbare Geld ist eine Variable mit einem gegebenen Anfangswert, von dem dann der Preis des ersten gekauften Artikels subtrahiert wird. Das Ergebnis, also der übrigbleibende Geldbetrag, ist in der Schleife der neue aktuelle Wert der Variablen 'verfügbares Geld', von dem dann wiederum der Preis des nächsten gekauften Artikels subtrahiert wird und so fort. Der Geldbetrag, der so fortlaufend um den jeweiligen Preis des gerade anfallenden Artikels reduziert wird, ist also während des Programmablaufs permanenten Änderungen unterworfen und stellt somit eine Variable dar.

Programmiersprachennotation

Das bisherige Verfahren ermöglichte es, das Programm schrittweise von einer zunächst sehr vagen Idee bis hin zur konkreten Realisierung zu führen. Nun kann jedoch ein Programm in Diagrammform nicht in den Rechner eingegeben werden, aus dem einfachen Grund, weil Rechner üblicherweise nicht für graphische Eingabe konzipiert sind. Das zweidimensional notierte Programm muß also in linearer Form aufgeschrieben werden. Dieser Schritt der Programmentwicklung heißt *Codierungsphase,* und alle bisherigen Schritte waren die *Entwurfsphase.*

Oft bereitet nun die Codierungsphase große Schwierigkeiten. Der Grund dafür liegt vor allem in der Tatsache, daß häufig der Entwurfsphase nicht die ihr angemessene Bedeutung zuerkannt wird. Wenn dagegen durch die Entwurfsphase ein natürliches Programm in detaillierter Form entsteht, so wird die Codierungsphase im Anschluß daran sehr erleichtert.

Im Gegensatz dazu ist der Gesamtaufwand für die Programmerstellung umso höher, je weniger exakt die Entwurfsphase durchgeführt wird. Es treten dann nämlich in der Codierungsphase Probleme der Lösungsfindung und der Codierung gleichzeitig auf, wodurch die Anwendung methodischer Entwicklungshilfen verhindert wird.

Das ist auch der Grund für die Tatsache, daß bis jetzt weder von PASCAL noch allgemein von Programmiersprachen die Rede war.

Es wird nun im folgenden die Überführung der Struktogrammform in die lineare Form der Programmiersprache PASCAL vorgeführt, was zeigt, daß PASCAL den bisher eingeführten 'natürlichen' Entwicklungsprozeß nahtlos ergänzt.

Die bisher eingeführte Programmschreibweise der Struktogramme wird nun also durch die lineare Darstellung der Programmstrukturen in der *Programmiersprache PASCAL* ersetzt.

Das einfachste lineare Abbild in einer Programmiersprache hat ein **Struktogramm-Block,** der nur aus einer einzigen **Anweisung** besteht:

STRUKTOGRAMM	PROGRAMMIERSPRACHE
Einkaufen gehen	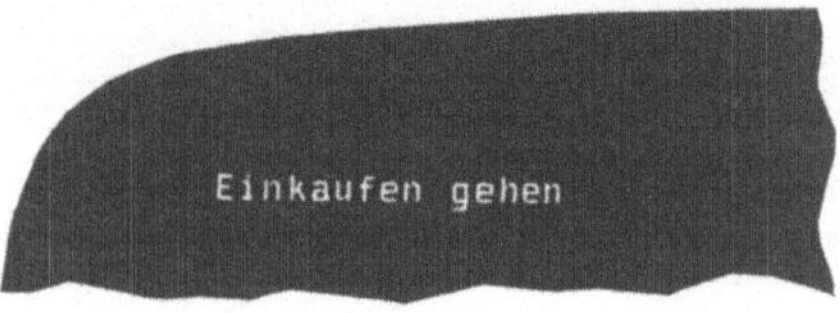

In diesem Fall wird also nur der Inhalt des Blocks in linearer Notation aufgeschrieben. Es gibt keine Klammerung, die den Anfang oder das Ende des Blocks kennzeichnen müßte.

Etwas komplizierter wird es mit Blöcken, die selbst wieder aus einer Sequenz von Blöcken bestehen. In diesem Fall muß eine Klammer Anfang und Ende des umfassenden Blocks markieren. Sie wird in der linearen Notation durch die Wortsymbole BEGIN und END festgelegt.

Die einzelnen Unterblöcke oder Anweisungen werden dann innerhalb des Hauptblocks *durch Semikolons voneinander getrennt.* Anmerkung: Da das Wortsymbol END weder eine Anweisung noch einen Block darstellt – es entspricht ja nur der Blockklammer – steht vor ihm *kein* Semikolon, das ja nur zur Trennung vorgesehen ist.

Der Blockumrahmung der einzelnen Anweisungen im Struktogramm entspricht in der linearen Aufschreibung der Programmiersprache also die Schreibweise mit Semikolons und BEGIN/END:

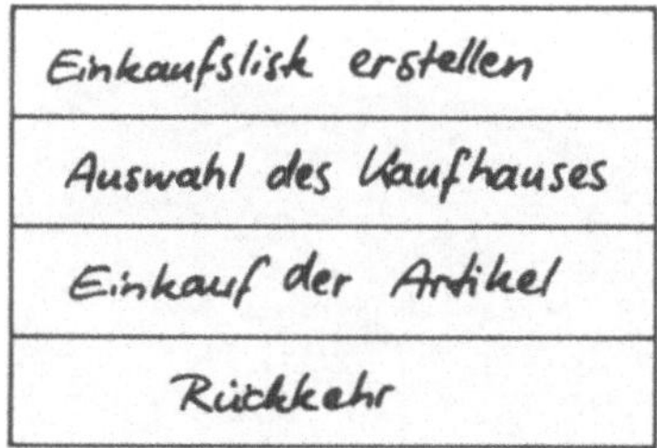

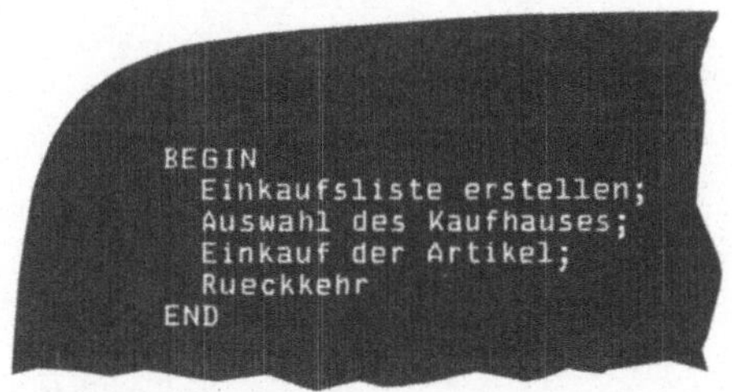

Eine Folge von Blöcken im Struktogramm wird also in der Programmiersprache durch die beiden Wortsymbole BEGIN und END gekennzeichnet. Der Inhalt der einzelnen Blöcke wie beispielsweise ‘Einkaufsliste erstellen’ wird durch die Umformung vom Struktogramm in die Programmiersprache zunächst nicht verändert.

In der Programmiersprachennotation wird – wie auch später noch – auf englische Wortsymbole zurückgegriffen. Das hat mehrere Gründe: Einerseits sind diese Symbole in vielen Programmiersprachen gleich, andererseits möchte man vermeiden, daß ‘nationale Dialekte’ von sonst völlig äquivalenten Programmiersprachen entstehen. Ohne diese Vereinheitlichung würde ein Programm, das von einem englischen Programmierer geschrieben wurde, nicht auf einem deutschen Computer ablaufen können. Da die Anzahl der zu lernenden Wortsymbole relativ gering ist, dürfte die englische Schreibweise auch dem Anfänger keine Schwierigkeiten bereiten.

In der Folge der Programmentwurfsphase wurde dann die Fallunterscheidung vorgestellt. Diese **Fallunterscheidung** ließe sich folgendermaßen formulieren:

wenn Bedingung erfüllt,
dann Alternative 1,
sonst Alternative 2.

Bei der Umformung vom Struktogramm in die Programmiersprache PASCAL werden diese Wortsymbole in Englisch verwendet:

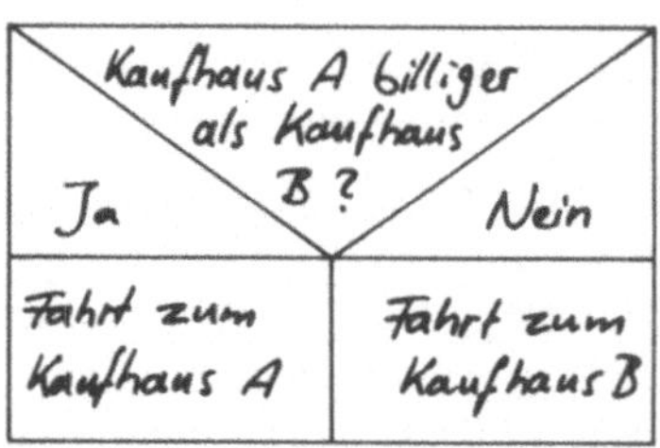

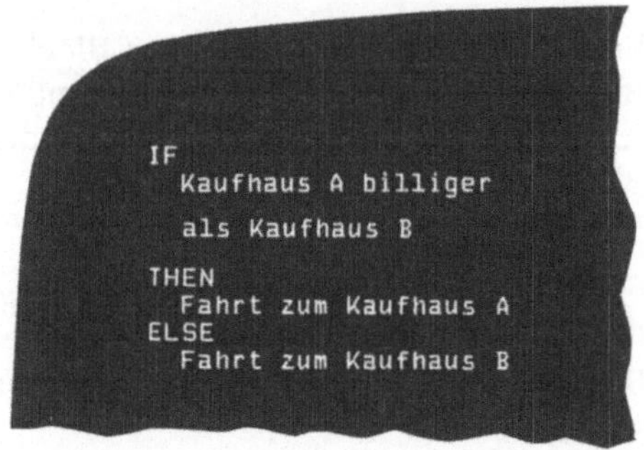

Auch die **bedingte Ausführung** wird ähnlich notiert. Sie unterscheidet sich von der Fallunterscheidung ja nur durch die fehlende zweite Alternative. Somit braucht auch in der Programmiersprachennotation nur der ELSE-Teil weggelassen werden:

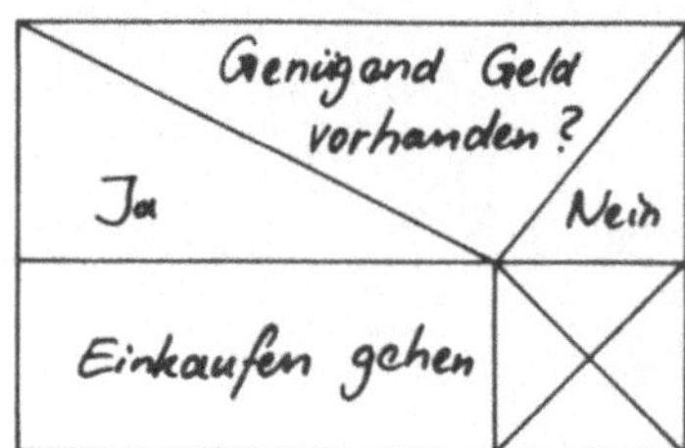

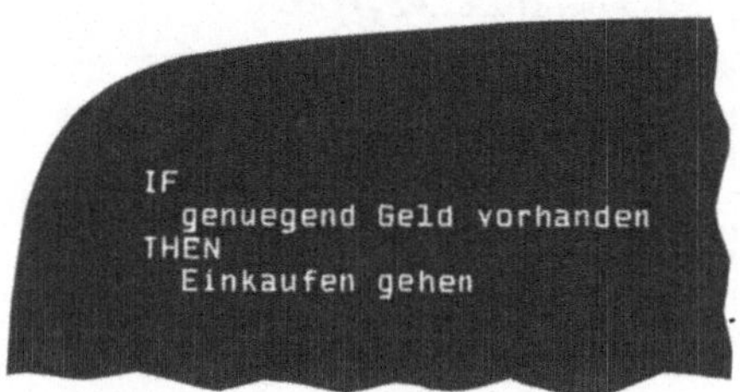

Nun kann der THEN-Teil oder der ELSE-Teil aus einer Sequenz von mehreren Anweisungen bestehen. In diesem Fall müßte man dann auf die vorhin erwähnte Blockklammer zurückgreifen, d. h. den Block durch die Symbole BEGIN und END klammern:

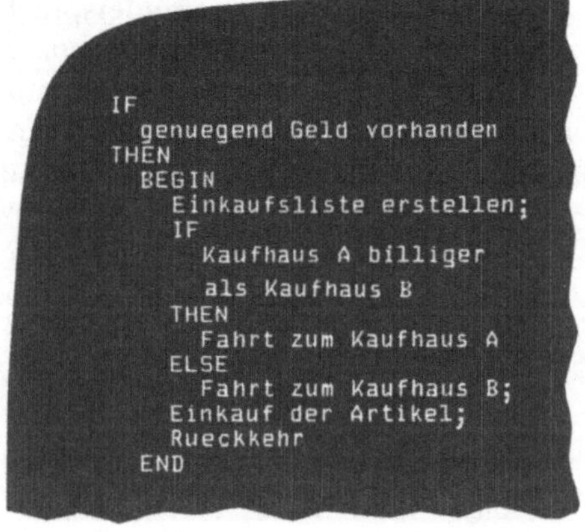

Die Abbildung zeigt, wie mehrere – evtl. gleichartige – Blöcke ineinander geschachtelt sein können. Der äußere THEN-Teil enthält wieder eine Fallunterscheidung, die selbst wieder einen inneren THEN-Teil besitzt. Diese innere Fallunterscheidung ist in ihrer Gesamtheit als einziger Block aufzufassen und daher vom Folgeblock 'Einkauf der Artikel' durch Semikolon zu trennen.

Auch zur Programmiersprachennotation der Schleife werden englische Worte verwendet. Die zwei unterschiedlichen Schleifenkonstruktionen (*'solange-noch-Schleife'*, *'solange-bis-Schleife'*) erhalten dabei naturgemäß auch unterschiedliche Wortsymbole.

Im ersten Fall (*'solange-noch-Schleife'*) sieht die Umformung vom Struktogramm in die Programmiersprache folgendermaßen aus:

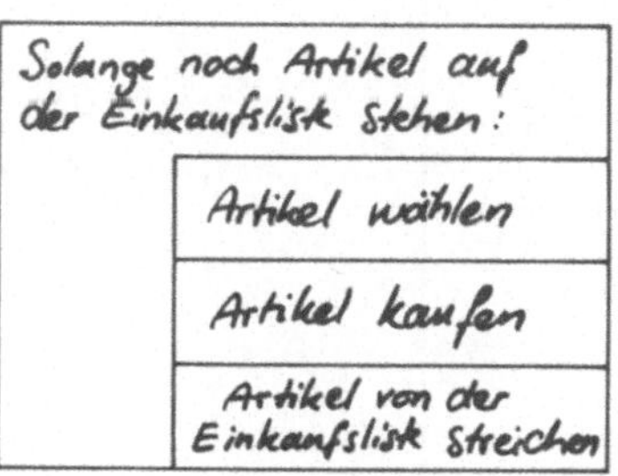

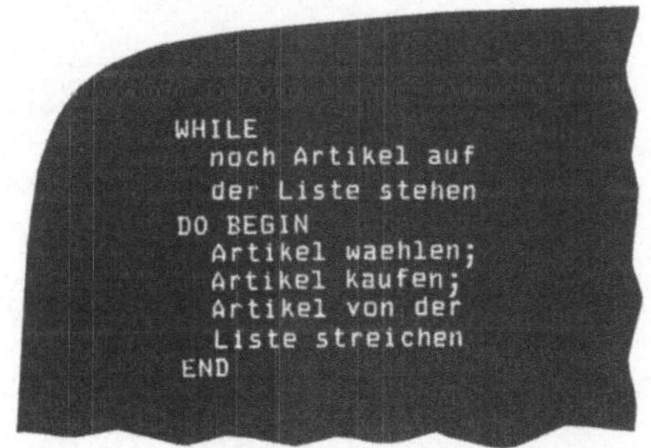

Es werden also die Wortsymbole WHILE/DO verwendet. An der PASCAL-Notation ist zu sehen, daß der Schleifenrumpf, weil aus mehreren Blöcken bestehend, wieder einen durch BEGIN und END geklammerten Block darstellt. Bei einem einfachen, nur aus einer einzigen Anweisung bestehenden Block, kann natürlich auf die Klammerung durch BEGIN und END verzichtet werden.

Die *'solange-bis-Schleife'* hat bei der Umformung vom Struktogramm in die Programmiersprache folgende Form:

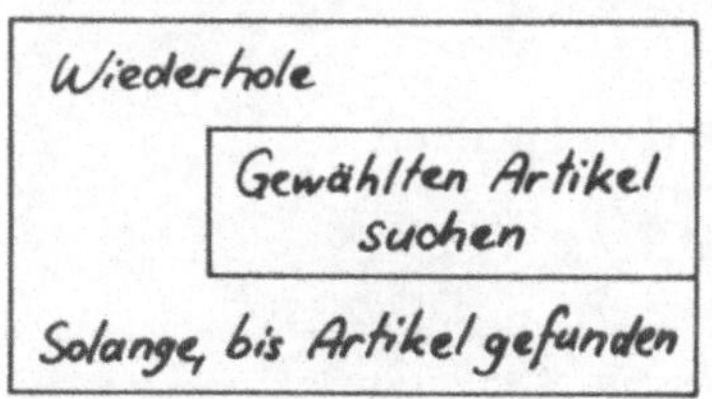

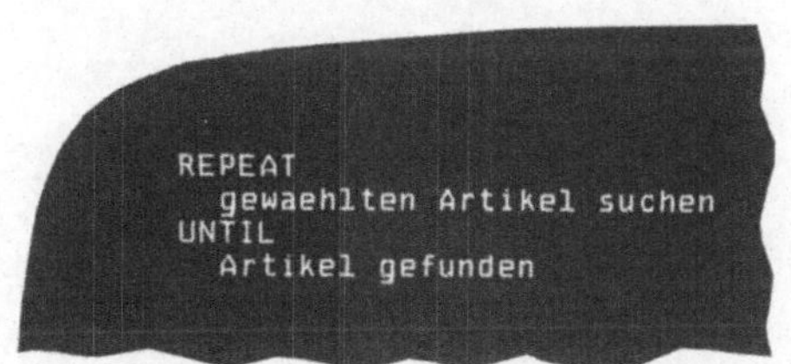

In diesem Fall steht der Schleifenrumpf als Block zwischen den beiden Wortsymbolen REPEAT und UNTIL. Der Rumpf selbst muß, auch wenn er aus mehreren Anweisungen besteht, nicht mehr eigens durch BEGIN und END geklammert werden, da REPEAT und UNTIL selbst eine Klammer darstellen. Eine zweite Klammerung würde zwar nicht schaden, jedoch mehr Schreibaufwand bedeuten und die Lesbarkeit wegen der unnötigen Information beeinträchtigen.

Hier nun das komplette Programm:

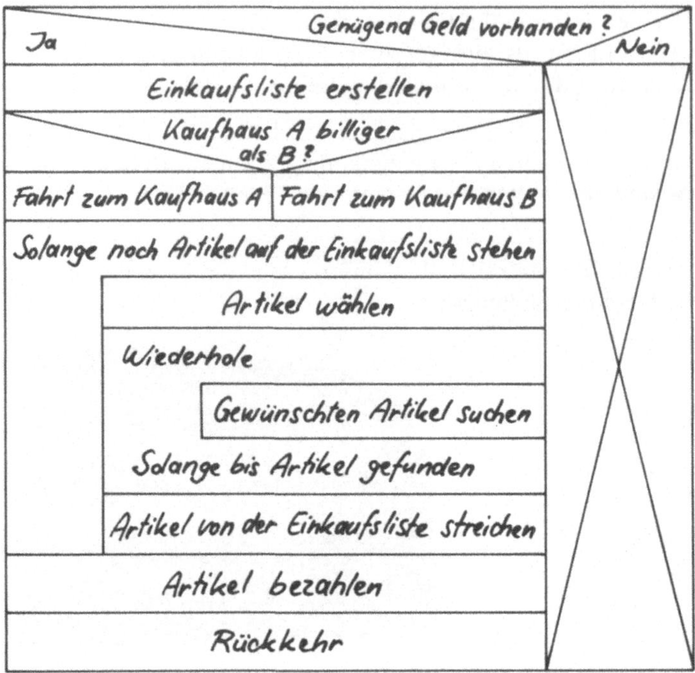

Wenn nun das komplette Programm in lineare Programmiersprachennotation umgeformt wird, so ergibt sich folgendes dazu äquivalente PASCAL-Programmfragment:

```
IF
  genuegend Geld vorhanden
THEN BEGIN
  Einkaufsliste erstellen;
  IF Kaufhaus A billiger als Kaufhaus B
  THEN Fahrt zum Kaufhaus A
  ELSE Fahrt zum Kaufhaus B;
  WHILE noch Artikel auf der Einkaufsliste stehen
  DO BEGIN
    Artikel waehlen;
    REPEAT
      gewuenschten Artikel suchen;
    UNTIL Artikel gefunden;
    Artikel von der Einkaufsliste streichen
  END;
  Artikel bezahlen;
  Rueckkehr
END
```

Das angeführte Programm stellt jedoch in dieser Form noch kein auf einem Rechner ablauffähiges Programm dar. Es fehlen insbesondere noch genaue Angaben über die verwendeten Daten, die ab Kapitel 2 ausführlich behandelt werden.

Aus der Umsetzung des Struktogramms in das PASCAL-Programm werden nochmals einige der Umformungsprinzipien klar:

- Ein Block kann aus mehreren Anweisungen (Unterblöcken) bestehen, die in der PASCAL-Notation durch Semikolons voneinander getrennt werden. Die Blöcke müssen durch BEGIN/END geklammert werden, wobei der letzte Block vor dem END kein Semikolon erhält.
- Jede Struktur wird wie ein eigener Block behandelt. So stellen innerhalb der IF-THEN-Konstruktion die IF-THEN-ELSE-Fallunterscheidung und die WHILE-DO-Schleife eigene Blöcke dar. Darum muß nach dem inneren END ein Semikolon stehen, da dieses END die WHILE-Schleife, als Block innerhalb der IF-THEN-Bedingung, gegen den Block 'Artikel bezahlen' abgrenzt.
- Die eingerückte Schreibweise soll dabei optisch klar machen, wo innere Blöcke beginnen. Eine Schreibweise dieser Art ist zwar weder normiert noch zwingend vorgeschrieben, führt jedoch auf jeden Fall zu gut lesbaren Programmen.

Anmerkung:

Bei der Programmiersprachennotation in PASCAL wird nicht zwischen Groß- und Kleinbuchstaben unterschieden. In diesem Buch werden jedoch die in PASCAL festgelegten Namen oder Wortsymbole stets in Großbuchstaben notiert.

Ähnliches gilt für eine Reihe von Beispielprogrammen. Auch hier wurde die Realisierung so durchgeführt, daß Eingaben in Groß- und Kleinbuchstaben vorgenommen werden können.

Ein einfaches Programm

Um den Aufbau von PASCAL-Programmen noch einmal zu erläutern, soll nun ein um die nötigen Daten ergänztes, also ablauffähiges Programm, als einfaches Beispiel vorgestellt werden.

Bei dem Einkauf im Kaufhaus sei der Fall eingetreten, daß ein Artikel zusätzlich zu denjenigen auf der Liste gekauft werden soll. In diesem Fall muß nun eine Reihe von Aktivitäten eingeleitet werden: Zunächst muß überprüft werden, ob der Preis des Artikels die verfügbare Geldmenge übersteigt. Wenn dies der Fall ist, kann der Artikel natürlich nicht gekauft werden. Andernfalls interessiert es, welcher Restbetrag an Geld nach dem Kauf des Artikels übrigbleibt.

Um die Kaufentscheidung treffen zu können, müssen die beiden dazu notwendigen Daten bestimmt werden. Beim Preis des Artikels ist das einfach: Er ist an der Ware ausgezeichnet und somit für den Artikel konstant. Im Programm wird er deshalb durch eine *Konstante* realisiert.

Im Gegensatz dazu muß der zur Verfügung stehende Betrag erst errechnet – 'gezählt' – werden. Das besagt, daß das 'Datum' Geldbetrag als *Variable* realisiert werden muß.

Das Programm wird also durch folgendes Struktogramm realisiert:

Nach der Problemlösung durch das Struktogramm muß dieses nun in ein PASCAL-Programm umgeformt werden. Diese Umformung ist aus den vorigen Abschnitten schon bekannt. Nicht erwähnt wurde jedoch, wie man die notwendigen Daten, d.h. die Konstanten und Variablen, einführt. Das soll nun anhand des im folgenden dargestellten Programms demonstriert werden.

```
1  PROGRAM Geldausgeben (INPUT, OUTPUT);
2  CONST Preis      = 24;                (* Preis des Artikels sei 24 DM      *)
3  VAR   Geldbetrag : REAL;              (* Variable fuer verfuegbaren Betrag *)
4  BEGIN
5    WRITELN (OUTPUT, 'Wieviel Geld ist vorhanden?');
6    READ(INPUT, Geldbetrag);            (* Verfuegbaren Betrag durch
                                          Einlesen bestimmen *)
7    IF Geldbetrag >= Preis              (* Falls ausreichend Geld vorhanden *)
8    THEN BEGIN                          (* dann kann der Kauf getaetigt werden*)
9      Geldbetrag := Geldbetrag-Preis;   (* Geldbetrag nach Kauf bestimmen    *)
10     WRITELN (OUTPUT, 'Neuer Betrag nach Kauf ist DM ', Geldbetrag);
                                         (* Ausgabe des neuen Geldbetrags     *)
11   END ELSE                            (* Falls nicht genuegend Geld vorhan-
                                            den, Meldung an Benutzer machen   *)
12     WRITELN (OUTPUT, 'Nicht genuegend Geld vorhanden!')
13 END (* Programmende von Geldausgeben *) .
```

Das Programm zeigt eine klare Zweiteilung: Die Zeilen 1 bis 3 haben mit dem Algorithmus selbst nichts zu tun. Durch sie werden die Daten und zusätzliche Angaben über das Programm vereinbart. Aus diesem Grund heißen die Zeilen 1 bis 3 des Programms **Vereinbarungs-** oder **Deklarationsteil.** Die Zeilen 4 bis 13 spiegeln das Programm wider, das zuvor durch das Struktogramm spezifiziert wurde. Da dieser Teil des Programms aus Anweisungen besteht, in denen die Daten verarbeitet werden, heißt er **Verarbeitungs-** oder **Anweisungsteil.**

Die an verschiedenen Stellen im Programmtext durch (* und *) eingeschlossenen Bemerkungen sollen nur den Programmtext verdeutlichen. Sie sind für den Programmablauf irrelevant und werden – aufgrund ihrer kommentierenden Bedeutung – **Kommentare** genannt. Kommentare können auch durch geschweifte Klammern ({ }) eingeschlossen werden.

Den Kommentaren kommt in einem gut geschriebenen Programm wesentliche Bedeutung zu, da sie der Lesbarkeit und dem Verständnis des Algorithmus dienen. Ein gut kommentiertes Programm ist deshalb auch für andere Programmierer leicht verständlich. Zudem können eventuelle Fehler leichter erkannt werden, wenn der Fehler auf eine Diskrepanz zwischen Intention des Programmierers (im Kommentar formuliert) und deren Realisierung (im Programmtext) zurückzuführen ist. Kommentare erleichtern also auch die Wartung von Programmen ganz erheblich.

Die *1. Zeile* des Programms

```
PROGRAM Geldausgeben (INPUT, OUTPUT);
```

stellt die Identifikation des Programms dar: Ein PASCAL-Programm beginnt mit dem Wortsymbol PROGRAM, gefolgt von einem frei wählbaren Programmnamen. Im vorliegenden Fall wurde der Programmname 'Geldausgeben' gewählt. Schließlich folgt in der 1. Zeile noch eine Klammer, in der die Ein- und Ausgabe-'geräte' spezifiziert werden (eine genaue Erläuterung über die Art und Verwendung dieser Begriffe innerhalb der Klammern folgt später). Im vorliegenden Fall werden also zwei Geräte – INPUT und OUTPUT – benötigt: Die Eingabedaten – hier nur der Geldbetrag vor dem Geldausgeben – sollen von INPUT eingelesen werden, die Ausgabedaten – hier der verbleibende Restgeldbetrag nach dem Einkauf – soll auf OUTPUT ausgegeben werden. Die Programmidentifikationszeile wird durch ein Semikolon abgeschlossen (oder exakt: vom Rest des Programms getrennt).

Die *2. Zeile*

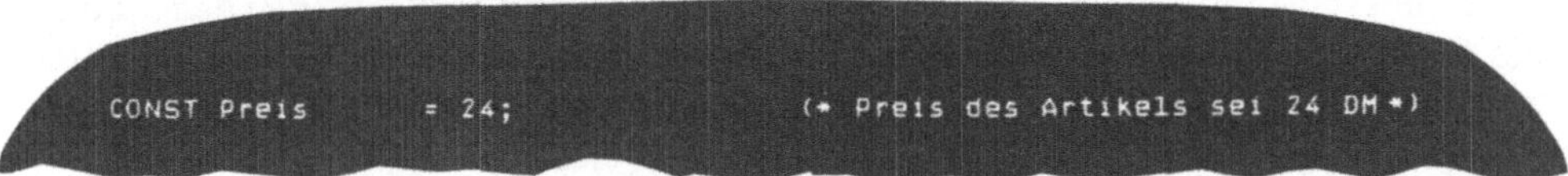

wird durch das Wortsymbol CONST eingeleitet. Dieses Wortsymbol versinnbildlicht, daß ab hier die Konstanten des Programms eingeführt (deklariert) werden. In unserem Fall ist nur eine einzige Konstante nötig: Der Warenpreis, der mit dem Namen 'Preis' bezeichnet wird. Zugleich wird sein Wert für den gesamten Programmablauf mit 24,0 festgelegt: Der Artikel kostet also DM 24,–. (Diese Interpretation ist aus der Deklaration nicht ersichtlich, vielmehr könnte die Geldeinheit beliebig gewählt sein, zum Beispiel $, Pfund, Pfennige oder andere.)

Die 'richtige' Bedeutung einer solchen Deklaration wird erst durch den weiteren Programmtext klar. Hier zeigt sich wieder, welche Bedeutung den Programmkommentaren zukommt, da ja Programmfehler durch falsche Anwendung von Daten nicht immer aus dem Algorithmus bestimmbar sind, sondern durch die Interpretation der Ein- und Ausgabedaten. Die Konstantendeklaration wird von evtl. weiteren bzw. dem Rest des Deklarationsteils durch ein Semikolon getrennt.

Die *3. Zeile*

```
VAR   Geldbetrag : REAL; (* Variable fuer verfuegbaren Betrag *)
```

wird durch das Wortsymbol VAR eingeleitet. VAR ist die Abkürzung für 'Variable'. Das Wortsymbol gibt an, daß ab hier im Programm benötigte Variable eingeführt werden. Im Beispielprogramm ist nur eine Variable notwendig, der hier der Name 'Geldbetrag' gegeben wurde. Im Abschnitt 'Daten' wurde schon kurz erwähnt, daß jede Variable von einem bestimmten Typ sein muß. Die Deklaration der Variablen wird also durch die Typbestimmung abgeschlossen.

Der Typ der Variablen 'Geldbetrag' wurde als REAL festgelegt. (Die Datentypen sind ein derart wesentlicher Aspekt in PASCAL, daß sie in einem eigenen Kapitel behandelt werden. Für die Einführung an dieser Stelle genügt es zu wissen, daß der Datentyp REAL numerische Werte beinhalten kann.) Der Datentyp wird von der Deklaration der Variablen durch einen Doppelpunkt getrennt. Die Variablendeklaration wird von weiteren Deklarationen bzw. dem Rest des Programms durch ein Semikolon getrennt (die obige Anmerkung zur Kommentierung von Konstanten gilt hier sinngemäß).

Die *Zeilen 4 bis 13* des Beispielprogramms spiegeln dessen Algorithmus wider. Sie stellen einen Block dar und werden durch die Symbole BEGIN und END geklammert.

Durch die Zeile

```
WRITELN (OUTPUT, 'Wieviel Geld ist vorhanden?');
```

wird beim Programmablauf auf dem Bildschirm der Text

Wieviel Geld ist vorhanden?

als Eingabeaufforderung an den Benutzer ausgegeben. Dazu dient die Ausgabeanweisung WRITELN, die angibt, daß eine Zeile ausgegeben werden soll. WRITELN soll nämlich eine abkürzende Schreibweise für 'Write Line' darstellen. Ähnlich der Eingabeanweisung READ besitzt WRITELN ebenfalls zwei Angaben: Einerseits die Angabe, welches Gerät verwendet werden soll (in diesem Falle OUTPUT), andererseits, durch Komma getrennt, die Werte oder Variablennamen, deren Werte ausgedruckt werden sollen. Hier wird eine Konstante ausgegeben, in diesem Fall eine Zeichenkette (ein sog. 'String'), die in Hochkommata eingeschlossen wird.

Das Programm ist zwar auch ohne diese Zeile ablauffähig, jedoch weiß der Benutzer, der das Programm nicht kennt, nicht, daß von ihm eine Eingabe gefordert wird.

Durch die READ-Anweisung in *Zeile 6*

```
READ(INPUT, Geldbetrag);      (* Verfuegbaren Betrag durch
                               Einlesen bestimmen *)
```

wird ein Wert eingelesen. Diese Anweisung ist so zu verstehen: Die erste Angabe in der Klammer spezifiziert ein Eingabegerät, in diesem Fall INPUT, das in der Programmidentifikationszeile eingeführt wurde. Die zweite Angabe, von der ersten durch ein Komma getrennt, spezifiziert die Variable, der der eingegebene Wert zugewiesen werden soll.

Die *7. Zeile*

```
IF Geldbetrag >= Preis   (* Falls ausreichend Geld vorhanden *)
```

unterscheidet sich von der entsprechenden Anweisung im Struktogramm nur dadurch, daß das größer/gleich Zeichen (>=) durch zwei aufeinanderfolgende Zeichen, größer und gleich dargestellt wird. Dies ist nötig, weil auf den Eingabegeräten für Computer keine Doppelzeichen vorhanden sind.

Nachdem in *Zeile 8* die Klammerung mit

```
THEN BEGIN      (* dann kann der Kauf getaetigt werden *)
```

aufgemacht wurde, sehen Sie in *Zeile 9* eine Zuweisung

```
Geldbetrag := Geldbetrag-Preis;(* Geldbetrag nach Kauf bestimmen *)
```

Das Zuweisungszeichen wird durch die Zeichenfolge := dargestellt. Diese Zeichenfolge ist nicht mit dem Gleichheitszeichen zu verwechseln: Vielmehr bedeutet es, daß dem Inhalt der Variablen auf der linken Seite der Wert des Ausdrucks auf der rechten Seite zugewiesen wird. Deshalb kann auch – wie im vorliegenden Fall – die Variable auf beiden Seiten der Zuweisung zugleich auftauchen, ohne daß die Gesetze der Arithmetik dabei verletzt würden. Es wird also der Wert der Variablen 'Geldbetrag' um den Preis des Artikels erniedrigt und das Ergebnis wieder in Geldbetrag abgespeichert, wo also nun ein neuer 'aktueller' Wert steht. Nach der Durchführung der Zuweisung beinhaltet die Variable 'Geldbetrag' den Restbetrag nach dem Bezahlen.

Die *10. Zeile*

```
WRITELN (OUTPUT, 'Neuer Betrag nach Kauf ist DM ', Geldbetrag);
                               (* Ausgabe des neuen Geldbetrags *)
```

enthält eine Ausgabeanweisung. Hier wird zunächst ebenfalls ein String ausgegeben, anschließend der aktuelle Wert der Variablen 'Geldbetrag'. Es ist also möglich, mehrere Daten hintereinander in einer Zeile auszugeben; dazu werden sie durch Kommata voneinander getrennt.

In *Zeile 11 und 12*

```
END ELSE              (* Falls nicht genuegend Geld vorhan-
                         den, Meldung an Benutzer machen   *)
  WRITELN (OUTPUT, 'Nicht genuegend Geld vorhanden!')
```

wird wieder ein String ausgegeben. Übersteigt im Beispielprogramm also der Preis des Artikels den verfügbaren Geldbetrag, dann verzweigt das Programm in der IF-THEN-Konstruktion in den ELSE-Zweig und es wird der Satz ausgegeben: Nicht genügend Geld vorhanden.

In *Zeile 13* steht

```
END (* Programmende von Geldausgeben *) .
```

das die abschließende Klammer zu dem BEGIN der Zeile 4 darstellt. Das Programmende wird durch einen Punkt nach dem abschließenden END gekennzeichnet.

Aus dem einfachen Programm, das exemplarisch dargestellt wurde, ergeben sich vor allem Fragen nach der Definition der benötigten Daten. Wie diese Daten eingeführt und behandelt werden, zeigt das folgende Kapitel.

PASCAL

Namen

Aufzählungstypen

Kontrollkonstrukte:
Zählschleife/CASE-Anweisung

Aufzählungstyp
Wahrheitswerte BOOLEAN
und CHAR(acter)

Mengen aus Aufzählungstypen:
SET

Der Datentyp REAL

Programme

Daten, Datentypen

Strukturierte Datentypen

Pointers

Dateien:
Allgemeine Ein-/Ausgabe

Funktionen und Prozeduren

Das Goto-Statement

Programmentwicklung

Anhang

Namen

Aufzählungstypen

Allgemeine Aufzählungstypen
Numerische Aufzählungstypen
Der vordeklarierte Aufzählungstyp INTEGER

Kontrollkonstrukte für die Anwendung von Aufzählungstypen: Die Zählschleife und die CASE-Anweisung

Der vordeklarierte Aufzählungstyp Wahrheitswerte (BOOLEAN)

Die Erzeugung von Wahrheitswerten
Boolesche Operatoren
Beispielprogramm für boolesche Werte

Der vordeklarierte Aufzählungstyp CHAR(acter)

Mengen aus Aufzählungstypen: SET

Das Arbeiten mit SETs
Operationen mit SETs
Beispiele für das Arbeiten mit Mengen

Der vordeklarierte Datentyp REAL

Das Programmieren mit REALs

Im ersten Kapitel wurde erläutert, wie man aus einer gegebenen Aufgabenstellung zu einem Programm kommt. Im Zug der schrittweisen Verfeinerung des Programms wurden dabei die **Daten** eingeführt, die zu verarbeiten waren.

Betrachtet man Daten des täglichen Lebens, so kann man feststellen, daß viele von ihnen bestimmte Gemeinsamkeiten aufweisen. Man denke dabei nur an numerische Daten, also Zahlen, oder an Wörter, nämlich Sequenzen von Buchstaben oder auch – etwas abstrakter – an Gebäude, Kraftfahrzeuge, Tiere usw. Durch jeden dieser Begriffe wird jeweils eine bestimmte Klasse von Daten beschrieben, und die Zuordnung eines Gegenstands/Datums zu einer bestimmten Klasse ist meistens sofort klar. Beispielsweise gehört ein Hund der Klasse von Tieren an, das Zeichen a der Menge aller Buchstaben und die Zahl 1 der Menge der ganzen Zahlen und allen übergeordneten Zahlenklassen, wie z. B. den rationalen Zahlen.

Analoges gilt nun auch für Programmiersprachen. In einer Programmiersprache ist es ebenfalls möglich, bestimmte Elemente einem bestimmten Typ zuzuordnen. Programmiersprachen besitzen numerische Typen, Zeichen usw. Die **Datentypen** sind ein wesentliches Konzept von Programmiersprachen.

Während nun viele der herkömmlichen Programmiersprachen nur bestimmte fest vorgegebene Datentypen zur Verfügung stellen, ist es in PASCAL möglich, *eigene* Typen zu vereinbaren bzw. die von der Sprache standardmäßig zur Verfügung gestellten Typen zusammen mit eigenen oder anderen standardmäßig definierten Typen zu kombinieren. Die Definition eigener Datentypen erfolgt im **Typdeklarationsteil,** der im Deklarationsteil des Programms dem Konstantenteil folgt und folgende Form hat:

```
TYPE Datentyp_1   = Beschreibung des Wertebereichs von Typ 1;
     Datentyp_2   = Beschreibung des Wertebereichs von Typ 2;
     Datentyp_n   = Beschreibung des Wertebereichs von Typ n
```

Er wird mit dem Wortsymbol TYPE eingeleitet.

Jeder vom Benutzer definierte Datentyp erhält einen Namen, dem eine bestimmte Menge von möglichen Werten zugeordnet wird.

Namen

Bei der Namensvergabe sind nur bestimmte Zeichenfolgen zulässig: Jede Zeichenfolge, die mit einem Buchstaben beginnt und anschließend aus Buchstaben, Ziffern und dem Unterstrich besteht, kann als Name eines Datums oder eines Datentyps oder, wie im ersten Kapitel erwähnt, auch von Konstanten, Variablen und Programmen auftreten. Unterstriche haben keinerlei Bedeutung für den Namen und können vom Benutzer der besseren Lesbarkeit wegen verwendet werden.

Beispiele für korrekte Namen wären also:

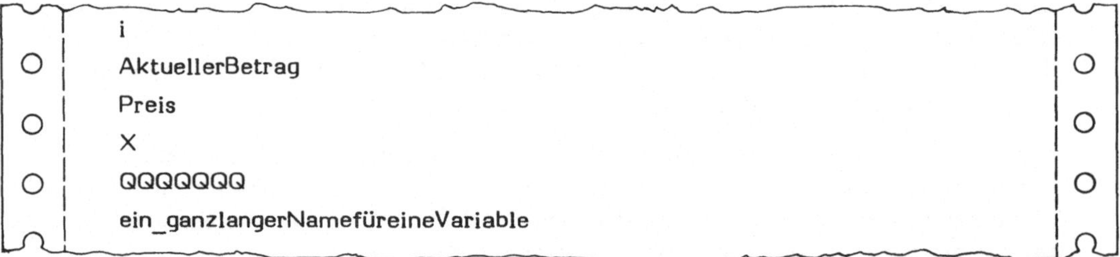

```
i
AktuellerBetrag
Preis
X
QQQQQQQ
ein_ganzlangerNamefüreineVariable
```

Folgende Namen sind z. B. in PASCAL nicht zulässig:

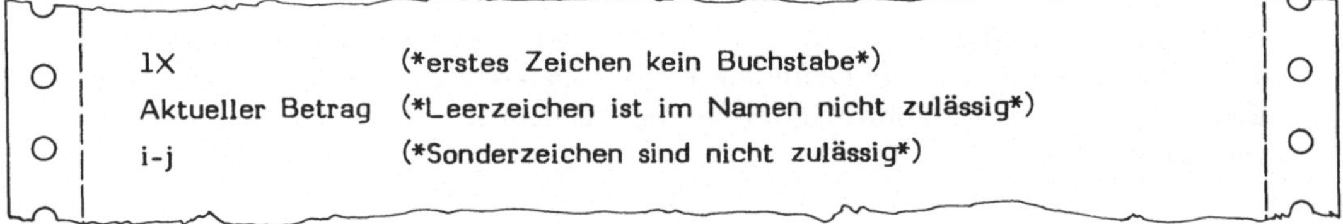

```
1X                 (*erstes Zeichen kein Buchstabe*)
Aktueller Betrag   (*Leerzeichen ist im Namen nicht zulässig*)
i-j                (*Sonderzeichen sind nicht zulässig*)
```

Die meisten Compiler besitzen jedoch die Einschränkung, daß nur Namen einer bestimmten Länge gespeichert werden. Aus diesem Grunde würden sich Namen, die sich z. B. nicht innerhalb der ersten 16 Zeichen voneinander unterscheiden, als gleich erkannt und wären somit für den Compiler identisch, wie die beiden folgenden Namen:

```
ein_ganzlangerNamefüreineVariable
einganzlangerNamefüreinenDatentyp
```

Bei der Einführung von Namen ist jedoch zu beachten, daß sie möglichst die Verwendung der entsprechenden Elemente des Programms zeigen sollen. Dies dient im wesentlichen der Lesbarkeit des Programms. Obwohl es erlaubt wäre, alle Variablen eines Programms von V1 an aufsteigend durchzunumerieren: V1, V2, ..., Vn, ist die Wahl dieser Namen nicht sinnvoll, da sie keine Aussagekraft besitzen. Entsprechendes gilt natürlich für die Typen, die ebenfalls von T1 an durchnumeriert werden könnten.

Der Programmierer sollte sich also möglichst daran gewöhnen, sinnvolle Namen für seine Daten und deren Typen einzuführen. Dies ist nicht allzu schwierig, da bei systematischer Programmentwicklung die notwendigen Daten und deren Funktion aus dem Problem leicht abzuleiten sind.

Entwickelt man also ein Programm systematisch, so wird die Benennung von Daten und Datentypen keine großen Probleme ergeben. Insbesondere wird der Fehler nur noch selten auftreten, daß unterschiedliche Daten oder Typen mit gleichem Namen versehen werden. In diesem Falle wäre die Eindeutigkeit nicht mehr gewahrt, wie folgendes Beispiel zeigt:

```
VAR   i : Type1;
      i : Type2;
      ...
BEGIN
j := i              (*welches i soll hier verwendet werden?*)
                    (*i vom Type1 oder Type2*)
```

Namen dürfen also aus Gründen der Identifizierbarkeit nur ein einziges Mal deklariert werden.

Aufzählungstypen

Es wurde angeführt, daß Datentypen Namen für eine Menge von zulässigen Elementen darstellen. Im folgenden geht es nun darum, den einfachsten Datentyp zu erläutern, den **Aufzählungstyp.**

Bei den Aufzählungstypen kann zwischen zwei Arten unterschieden werden: den **allgemeinen** und den **vordeklarierten Aufzählungstypen.**

Die allgemeinen Aufzählungstypen sind vom Benutzer selbst zu definieren. Er hat die volle Freiheit, für die einzelnen Elemente des Typs Namen zu vergeben. Anders ist es bei den vordeklarierten Aufzählungstypen. Diese werden von PASCAL vorgegeben und sind vom Benutzer ohne eigene Deklaration sofort verwendbar. In der Verwendung unterscheiden sich diese beiden Arten jedoch nicht grundlegend (für die vordeklarierten Datentypen werden meistens spezifische Operationen zur Verfügung gestellt). Aus diesem Grund kann der allgemeine Aufzählungstyp zum grundsätzlichen Verständnis als erster angeführt werden.

Allgemeine Aufzählungstypen

Der einfachste Datentyp ist der, bei dem alle zulässigen Elemente direkt in einer Aufschreibung angeführt werden können. Dieser Datentyp heißt in PASCAL **allgemeiner Aufzählungstyp.** Die Aufschreibung selbst ist die Datentypdeklaration.

Bei der Aufzählung sind zwei Dinge stets zu beachten:

- Jedes Element einer solchen Aufzählung darf nur einmal angeführt werden, da sonst die Eindeutigkeit nicht mehr gewährleistet ist.
- Für die spätere Verwendung ist die Reihenfolge der Aufschreibung wesentlich, die eine bestimmte Ordnung festlegt. Diese Ordnung ermöglicht eine Numerierung der einzelnen Elemente, wobei dem ersten Element die **Ordnungszahl** 0 zugewiesen wird.

Beispiele für solche allgemeinen Aufzählungstypen sind:

Die Farben einer Ampel:
Rot, gelb und grün können evtl. durch folgende Typdeklaration eingeführt werden:

```
TYPE Ampel = (rot, gelb, grün)
```

Haustiere:
Hund, Katze, Vogel, Schildkröte und Kaninchen könnten mittels der folgenden Deklaration eingeführt werden:

```
TYPE Haustiere = (Hund, Katze, Vogel, Schildkröte, Kaninchen)
```

Die Definition eines solchen Datentyps legt seine Verwendung natürlich noch nicht fest. Ein Datentyp an sich kann nicht manipuliert werden. Es muß erst eine entsprechende Variable dieses Typs deklariert werden. Beispiele für Variablendeklarationen der oben eingeführten Typen wären etwa:

```
VAR          Hauptampel      : Ampel;
             Lieblingstier   : Haustier
```

Das besagt also:
Vom Datentyp Ampel, der die Elemente rot, gelb, grün umfaßt, wird eine Variable Hauptampel deklariert, die selbst noch keinen definierten Inhalt hat, aber einen der Werte des Typs annehmen kann. Vom Datentyp Haustiere wird die Variable Lieblingstier deklariert, wobei jeweils ein Tier aus der angeführten Liste dieses Lieblingstier sein kann und dann als Wert der Variablen eingesetzt wird.

Es ist ein häufiger Fehler von Anfängern, daß geglaubt wird, daß nach der Deklaration der Variablen diese bereits einen bestimmten definierten Wert besitzt. Das trifft nicht zu, sondern es muß ihr erst ein Wert zugewiesen werden. Diese **Zuweisung** wird durch die Zeichenfolge := notiert. Eine Zuweisung an die Variable Hauptampel hätte dann beispielsweise folgendes Aussehen:

```
Hauptampel := rot
```

Im Anschluß an diese Zuweisung besitzt die Variable Hauptampel den Wert rot. Sie hat also erst ab dieser Stelle einen bestimmten, genau definierten Wert.

Um den aktuellen Wert einer Variablen zu ändern, benötigt man eine weitere Zuweisung. Auf der rechten Seite der Zuweisung kann dann entweder wieder eine Konstante stehen (eine Konstante des Typs Ampel, also rot, gelb oder grün) oder eine andere Variable des Typs Ampel, die einen bereits definierten Wert besitzt oder aber ein Ausdruck, dessen Ergebnis wiederum ein Element, das durch den Datentyp Ampel gegeben ist, liefert.

```
VAR Kreuzung, Folgekreuzung : Ampel
...
BEGIN
Kreuzung := grün; Folgekreuzung := Kreuzung     (*grüne Welle*)
```

Oft ist es nötig, den jeweiligen Wert der Variablen so zu verändern, daß genau das Nachfolgeelement aus der Definitionsliste erzeugt wird. Im Falle des Datentyps Ampel würde vom Wert rot auf den Wert gelb und vom Wert gelb auf den Wert grün geschaltet. Dieses Fortschalten geschieht im Programm durch die *Nachfolger-Funktion* SUCC (Successor).

Diese Funktion liefert für alle Elemente mit Ausnahme des letzten aus der Definitionsliste des Datentyps jeweils den Nachfolger:

```
Kreuzung := SUCC(rot)   (*Kreuzung enthält den Wert gelb*)
```

Für das letzte Element ist die Funktion nicht definiert. Wird sie auf die Zuweisung 'Kreuzung : = SUCC(grün)' angewandt, so führt sie zu einem Fehler.

Die Umkehrfunktion zur Nachfolger-Funktion ist die *Vorgänger-Funktion.* Sie wird durch das Wortsymbol PRED (Predecessor) angegeben und ermöglicht das 'Zurückwandern' in der Definitionsliste. Im Falle der Ampel kann dadurch von grün nach gelb bzw. von gelb nach rot geschaltet werden:

```
Kreuzung := PRED(grün);       (*enthält gelb*)
Kreuzung := PRED(Kreuzung) (*enthält rot*)
```

Sie ist für alle Elemente der Definitionsliste definiert, mit Ausnahme des ersten. Wird sie auf das erste Element

```
Kreuzung := PRED(rot)
```

angewandt, so liefert sie einen Fehler.

Das folgende Beispielprogramm gibt die Situation an einer durch Ampel gesteuerten Durchfahrt wieder:

Die Ampel wird zunächst auf rot geschaltet, durchläuft dann alle Phasen bis zu grün (damit ist die Durchfahrt für den Verkehr freigegeben) und im Anschluß daran wieder alle Phasen, bis sie wieder rot zeigt. Die ganze Phase könnte insgesamt beliebig häufig durchlaufen werden oder aber solange noch Autos auf die Durchfahrt warten. Bei jeder Grünphase sollten beispielsweise 10 Autos die Ampel passieren können. Das Programm besitzt dann folgende Form:

```
PROGRAM Ampelschalten (INPUT, OUTPUT);
CONST Autosprogruen = 10;
TYPE  Ampel         = (rot, gelb, gruen);
VAR   Kreuzung      : Ampel;
      Anzahlautos   : 0..100; (* maximal 100 wartende Autos *)
BEGIN
  READ(Anzahlautos);            (* Initialisieren der Variablen    *)
                                (* Dazu wird die Anzahl der        *)
                                (* wartenden Autos eingegeben      *)
  Kreuzung := rot;              (* Kreuzung ist anfangs gesperrt   *)
  REPEAT
    WRITELN('Kreuzung ist gesperrt.');
    Kreuzung := SUCC(Kreuzung);          (* Gelbphase              *)
    Kreuzung := SUCC(Kreuzung);          (* Gruenphase             *)
    WRITELN('Es koennen ', Autosprogruen, ' Autos passieren.');
    IF Anzahlautos <= Autosprogruen
      THEN Anzahlautos := 0              (* Alle Autos weggefahren *)
      ELSE Anzahlautos := Anzahlautos - Autosprogruen;
    Kreuzung := PRED(Kreuzung);          (* Gelbphase              *)
    Kreuzung := PRED(Kreuzung)           (* Rotphase               *)
  UNTIL Anzahlautos = 0
END (* Ampelschalten *) .
```

Das folgende Beispiel demonstriert, daß bei guter Namensgebung bestimmte Fehler, die bei der Verwendung anderer Programmiersprachen leicht vorkommen, in PASCAL nicht mehr auftreten können; es sind dies Fehler, die durch die Unverträglichkeit von Datentypen bei Zuweisungen oder Modifikationen auftreten:

Gegeben sei folgendes Programmstück:

```
TYPE    Ampel = (rot, gelb, grün);
        Fahrzeug = (Fahrrad, Mofa, Motorrad, PKW, LKW);
VAR     Durchfahrt: Ampel;

BEGIN
        ...
        Durchfahrt := Motorrad;
        ...
END.
```

Durch die Zuweisung 'Durchfahrt := Motorrad' wird eindeutig der Sinn der Deklarationen von Ampel und Fahrzeug verletzt. Diese Zuweisung hat – auch dem Augenschein nach – schon keinen Sinn, da eine Ampel nicht durch ein Fahrzeug realisiert werden kann.

Natürlich wäre es in PASCAL auch möglich gewesen, dieses Programmstück ohne die Deklaration von Ampel oder Fahrzeug als Datentypen durchzuführen. Man denke nur daran, die drei Elemente des Wertebereichs von Ampel und die fünf Elemente des Wertebereichs von Fahrzeug durch fortlaufende Zahlen von 1–3 bzw. 1–5 zu bezeichnen. In diesem Falle wäre eine Zuweisung der genannten falschen Art durchführbar gewesen, da beide Datentypen dann nur numerische Wertebereiche wären. Der Fehler hätte durch das Programm bzw. durch den Compiler nicht erkannt werden können. Durch das Prinzip der allgemeinen Aufzählungstypen und deren Verwendung kann also weitaus sicherer als ohne deren Verwendung programmiert werden.

Die Ordnung, die die Definitionsliste eines Aufzählungstyps festlegt, kann man sich zunutze machen, um die Elemente der Variablen eines solchen Typs auf gleich, ungleich, kleiner, größer u. ä. zu prüfen. Dabei wird festgelegt, daß ein Element, das in der Liste vor einem anderen steht, also eine kleinere Ordnungszahl besitzt, die kleiner-Relation erfüllt. Im Beispiel der Typdefinition von Fahrzeug gilt also beispielsweise:

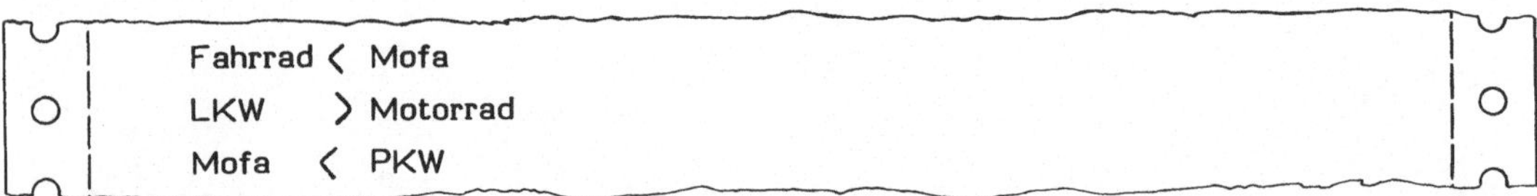

```
Fahrrad < Mofa
LKW     > Motorrad
Mofa    < PKW
```

Es sind alle üblichen Relationen kleiner (<), kleiner und gleich (<=), ungleich (<>), gleich (=), größer und gleich (>=) und größer (>) erlaubt. Eine Abprüfung auf eine der genannten Relationen zwischen unterschiedlichen Datentypen ist natürlich nicht möglich. Es kann also nicht abgefragt werden, ob

```
rot < Fahrrad
```

ist. Eine derart unsinnige Abfrage kann wiederum schon der Compiler erkennen, so daß der Fehler nicht erst später beim Programmablauf durch Testen gefunden werden muß.

Die Werte einer Definitionsliste können im Programm nicht direkt ausgegeben werden, sondern müssen programmiert werden.

Die Ausgabe der Ampelanzeige könnte beispielsweise folgendermaßen aussehen:

```
TYPE  Ampel = (rot, gelb, grün);
VAR   Hauptampel : Ampel;
BEGIN
                ...
                WRITE(OUTPUT,'Die Hauptampel zeigt: ');
                IF Hauptampel=rot  THEN WRITELN(OUTPUT, 'rot.');
                IF Hauptampel=gelb THEN WRITELN(OUTPUT,'gelb.');
                IF Hauptampel=grün THEN WRITELN(OUTPUT,'grün.')
END.
```

Hier wird je nach Wert der Variablen Hauptampel der Satz

```
Die Hauptampel zeigt rot/gelb/grün.
```

ausgegeben.

(Anmerkung: Die Funktion WRITE hat eine ähnliche Funktion wie die früher schon erwähnte Funktion WRITELN; es wird jedoch der Text nicht direkt auf eine Zeile ausgegeben, sondern so lange 'aufgesammelt', bis eine WRITELN-Anweisung kommt oder die Druckzeile zu lang wird. Somit ist es also möglich, einen Text beispielsweise bis zu einer bestimmten Stelle – hier bis zum Wert der Variablen Hauptampel – aufzubauen und erst später innerhalb einer Zeile auszugeben.)

Häufig besteht auch die Notwendigkeit, aus einem bereits bestehenden Aufzählungstyp einen neuen **Teilbereich**, der selbst wieder einen Aufzählungstyp darstellt, auszuwählen. Seine Elemente müssen jedoch nicht mehr explizit aufgeschrieben werden. Die Deklaration geschieht durch die sogenannte Teilbereichsdefinition. Beispielsweise könnte man aus der Menge der Fahrzeuge, die durch den Datentyp Fahrzeug definiert werden, alle Zweiradfahrzeuge auswählen wollen. Dies geschieht durch folgende Definition:

```
TYPE Zweirad = Fahrrad..Motorrad
```

Die Teilbereichsdefinition wird ohne Klammern und mit zwei Punkten geschrieben. Die beiden Punkte zwischen Fahrrad und Motorrad sind als 'von ... bis' zu lesen, die ganze Typdefinition als:

```
Typ Zweirad erstreckt sich von Fahrrad bis zu Motorrad.
```

Dabei eingeschlossen ist auch der Wert Mofa. Durch den angegebenen Teilbereich werden die drei Werte Fahrrad, Mofa und Motorrad als Wertebereich des Datentyps Zweirad definiert.

Numerische Aufzählungstypen

Numerische Aufzählungstypen stellen nur eine spezielle Abart allgemeiner Aufzählungstypen dar. Sie besitzen fast alle Eigenschaften allgemeiner Aufzählungstypen, jedoch mit der Einschränkung, daß ihre Werte bereits vorgegeben sind, da sie nämlich Werte aus dem ganzzahligen Zahlenbereich annehmen.

Sie werden so definiert, wie bei allgemeinen Aufzählungstypen soeben der Teilbereich eingeführt wurde: Sie sind Untermenge eines bestimmten Bereichs, der sich von einer konstanten Untergrenze bis zu einer konstanten Obergrenze erstreckt. Beispielsweise stellen folgende Typdefinitionen korrekte Teilbereichsdefinitionen numerischer Aufzählungstypen dar:

```
TYPE Monatstage       =   1..31;
     Monate           =   1..12;
     Jahr             =   0..2000;
     Index            =   1..10;
     Wertebereich     =   -25..40
```

In diesen eingeführten Teilbereichen sind Operationen möglich, die aus der konventionellen Arithmetik bekannt sind. Dazu zählen beispielsweise die vier Grundrechnungsarten:

```
Addition:          +
Subtraktion:       -
Multiplikation:    *
Division:          DIV
```

Das Zeichen für Division ist bei numerischen Teilbereichen nicht der bekannte Schrägstrich bzw. der Doppelpunkt, sondern das Wortsymbol DIV. Der Grund dieser Abweichung von der gängigen Schreibweise ist folgender: Während die gewohnte Division jeweils ein (relativ) exaktes Ergebnis liefert, ist die Division in Teilbereichen mit der aus der Mathematik bekannten Division der ganzen Zahlen identisch. Dies bedeutet, daß nur der jeweils ganzzahlige Anteil des Ergebnisses berechnet wird. Der Rest spielt dabei keine Rolle.

Dazu folgende Beispiele:

```
17 DIV 4 =  4
16 DIV 4 =  4
15 DIV 4 =  3
-15 DIV 4 =  -3
```

Der Rest einer ganzzahligen Division kann durch die Funktion MOD erhalten werden. Das Wortsymbol MOD bedeutet: *Modulofunktion*. Dabei wird die Division durchgeführt, aber nur der jeweilige Rest ausgegeben. Für die oben angegebenen Zahlenpaare gilt also:

```
17 MOD 4 =  1
16 MOD 4 =  0
15 MOD 4 =  3
-15 MOD 4 =  -3
```

Die Anwendung numerischer Wertebereiche ist vielfältig. Ein wesentlicher Aspekt bei der Verwendung solcher Wertebereiche ist folgender: Der Benutzer muß sich über die Prüfung des Einhaltens der Bereichsgrenzen bei exakter Definition seiner Werte keine Gedanken mehr machen. Bereichsüberschreitungen werden in PASCAL – auch bei der Verwendung numerischer Wertebereiche – automatisch abgeprüft. Da nahezu alle numerischen Daten, die der Benutzer verwenden muß, einen bestimmten, aus der Aufgabenstellung definierten Wertebereich besitzen, ist es ihm möglich, diesen Wertebereich auch explizit anzugeben.

Es muß nicht – wie in den meisten anderen Programmiersprachen üblich – auf einen bestimmten vordefinierten Standardtyp ausgewichen werden, wenn es nicht notwendig ist. So kann z. B. der Geldbetrag aus dem ersten Kapitel, der dem Käufer zur Verfügung steht, nie negativ werden. Die untere Grenze wird somit mit 0 festgelegt. Die obere Grenze würde durch den maximalen Betrag, der in der Geldbörse zur Verfügung steht, dargestellt und betrage 999 DM. Eine derartige Typdefinition könnte beispielsweise folgendermaßen lauten:

```
TYPE  Geldbetrag = 0..999
```

Dem Käufer würden so maximal DM 999 zur Verfügung stehen und er könnte so viel ausgeben, bis nichts mehr vorhanden ist (DM 0 in der Geldbörse).

Fehlerhafte Werte könnten einer mit diesem Typ deklarierten Variablen

```
VAR Aktueller_Betrag : Geldbetrag
```

weder durch eine fehlerhafte Eingabe noch durch eine fehlerhafte Berechnung während des Programmablaufs zugewiesen werden. Beim Einlesen der Eingabe

```
READ (Aktueller_Betrag)
```

wie auch bei der Zuweisung

```
Aktueller_Betrag := Aktueller_Betrag - Preis
```

würde das Ergebnis jeweils auf seine Gültigkeit überprüft werden. D. h. der Inhalt der Variablen

```
Aktueller_Betrag
```

müßte innerhalb des Bereichs 0 bis 999 liegen.

Der vordeklarierte Aufzählungstyp INTEGER

Obwohl es in den meisten Fällen möglich ist, Ober- und Untergrenze von benutzten numerischen Wertebereichen definitiv anzugeben, gibt es bestimmte Probleme, bei denen dies nicht möglich ist. In diesem Falle wird ein vordefinierter numerischer Standard-Datentyp, nämlich **INTEGER** verwendet. INTEGERs unterscheiden sich im Prinzip durch nichts von Unterbereichen numerischer Wertebereiche. Sie sind nur direkt vordeklariert, d. h. durch eine Deklaration eingeführt, die der Benutzer nicht schreiben muß. Diese Deklaration lautet folgendermaßen:

```
TYPE INTEGER = -MAXINT .. MAXINT
```

Die Deklaration sagt also, daß es in PASCAL einen größten, ganzzahligen numerischen Wert namens MAXINT gibt. Diese Konstante ist in jedem PASCAL-Programm ansprechbar. Sie ist z. B. durch folgende Zuweisung erhältlich:

```
VAR i : INTEGER
...
    i := MAXINT
```

Daten von numerischen Unterbereichen können wegen der Verträglichkeit der Typen ohne Schwierigkeiten mit Daten des Typs INTEGER verknüpft werden. Wesentlich ist jedoch in jedem Falle, daß das Ergebnis eines Ausdrucks jeweils dem Wertebereich des Datentyps auf der linken Seite der Zuweisung entspricht. Beispielsweise sind also folgende Zuweisungen zulässig (vorgegeben seien die Deklarationen aus dem vorigen Abschnitt):

```
Aktueller_Betrag      := 0;
Aktueller_Betrag      := 999;
Aktueller_Betrag      := 17;
Aktueller_Betrag      := Aktueller_Betrag-Preis;
Preis                 := 14
```

Folgende Zuweisungen sind bei den oben gegebenen Deklarationen unzulässig und führen spätestens beim Programmablauf zu einem Fehler:

```
Aktueller_Betrag      := -1;
Aktueller_Betrag      := 1000;
Aktueller_Betrag      := Aktueller_Betrag - 1000;
                      (*Die Subtraktion führt auf jeden Fall aus dem
                      Wertebereich 0..999 hinaus*)
```

Bei den folgenden Zuweisungen können evtl. Fehler auftreten, je nachdem, welchen Wert die benutzten Variablen zum Zeitpunkt der Ausführung besitzen:

```
Aktueller_Betrag      := Aktueller_Betrag -1;
                      (*Fehler falls Aktueller_Betrag vor der
                      Ausführung den Wert 0 besitzt*)
Aktueller_Betrag      := Aktueller_Betrag - Preis;
                      (*Fehler falls:
                      a) Preis > 999, da der Bereich 0..999 dann bei
                      der Subtraktion auf jeden Fall verlassen wird,
                      b) Aktueller_ Betrag < Preis, da auch hier die
                      Untergrenze 0 unterschritten wird*)
```

Alle angegebenen falschen Zuweisungen sind auch von der Programmlogik her schon falsch, wenn man sich deren Bedeutung am Beispiel verdeutlicht. Hier wird offensichtlich, daß natürliche Gegebenheiten durch die Verwendung von exakt spezifizierten Datentypen am besten wiedergegeben werden. Fehler, die bei solchen Zuweisungen geschehen, sind ja logische Fehler des Programmierers – er hat dann im allgemeinen nicht alle möglichen Fälle berücksichtigt. Es wird also wiederum deutlich, wie sehr das Datentypkonzept die natürliche und systematische Programmentwicklung unterstützt und fördert. Aus Gründen der Sicherheit und Verständlichkeit von Programmen sollte man soweit wie möglich bei numerischen Daten deren Gültigkeitsbereich im Typ genau angeben und nicht aus Bequemlichkeit auf den Standardtyp INTEGER zurückgreifen.

Kontrollkonstrukte für die Anwendung von Aufzählungstypen: Die Zählschleife und die CASE-Anweisung

Bei Aufzählungstypen ist es häufig notwendig, alle Elemente anzusprechen, um mit ihnen eine bestimmte Aktion durchzuführen. Dies ist mit den bisher bekannten Kontrollkonstrukten bereits möglich, jedoch ist die Formulierung kompliziert. Aus diesem Grunde wünscht man sich einen Konstrukt, mit dem jedes Element zwar verwendet werden kann, jedoch nicht direkt hingeschrieben werden muß. Dieser Konstrukt ist die **Zählschleife** (FOR-Schleife). Mit Hilfe dieser Schleife ist es möglich, nach genau definiertem Vorgehen jedes Element eines Aufzählungsbereichs anzusprechen und zu verarbeiten. Der Konstrukt hat folgende Form:

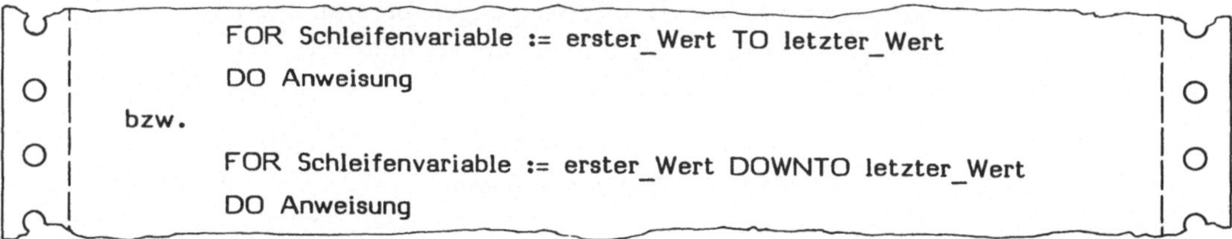

```
        FOR Schleifenvariable := erster_Wert TO letzter_Wert
        DO Anweisung
bzw.
        FOR Schleifenvariable := erster_Wert DOWNTO letzter_Wert
        DO Anweisung
```

Der Unterschied zwischen den beiden Formen besteht nur darin, daß einmal eine *Aufwärtszählung* und zum anderen eine *Abwärtszählung* durchgeführt wird.

Die Zählschleife unterscheidet sich von der WHILE-Schleife vor allem dadurch, daß der Schleifenvariablen der Initialwert und der jeweils neue Wert bei jedem Schleifendurchlauf automatisch zugewiesen wird.

Vor dem ersten Durchlauf des Schleifenrumpfs wird also automatisch eine Zuweisung an die Schleifenvariable ausgeführt. Ein weiterer Unterschied zur WHILE-Schleife besteht darin, daß die Anzahl der Schleifendurchläufe fest vorgegeben ist. Sie ist auf jeden Fall beim ersten Schleifendurchlauf schon bekannt. Zudem ist es möglich, daß – wie bei der WHILE-Schleife – der Schleifenrumpf überhaupt nicht ausgeführt wird, falls die Anzahl der Schleifendurchläufe 0 ist. Der Typ der Schleifenvariablen muß natürlich mit dem von erster_Wert und letzter_Wert verträglich sein, da sonst schon die erste Zuweisung nicht durchgeführt werden kann.

Wegen der Ähnlichkeit der beiden Schleifen (WHILE und FOR) besitzen sie das gleiche Struktogrammsymbol:

Beispiele für die Verwendung von Zählschleifen sind vielfach: Das folgende Beispiel berechnet die Summe der 'n' ersten natürlichen Zahlen.

```
PROGRAM Summe (INPUT, OUTPUT);
CONST n              = 100;
TYPE  Eingabe        = 1..n;
VAR   Obergrenze, i: Eingabe;
      Resultat      : 0..5050;
BEGIN
  Resultat := 0;
  READ(Obergrenze);
  FOR i := 1 TO Obergrenze DO Resultat := Resultat + i;
  WRITELN('Summe der ersten ', Obergrenze, ' natuerlichen Zahlen ist ',
  Resultat)
END (* Summe *) .
```

Bei allgemeinen Aufzählungstypen war schon der Fall eingetreten, daß man für jedes Element des Aufzählungstyps eine bestimmte Ausgabe haben möchte. In diesem Falle wurde eine Kaskade von IF-Verzweigungen programmiert. Wenn beispielsweise der Datentyp Wochentag durch folgende Definition gegeben ist

```
TYPE Wochentag  =   (Montag, Dienstag, Mittwoch, Donnerstag,
                     Freitag, Samstag, Sonntag)
```

und jedes Element aus diesem Datentyp durch seinen Namen ausgegeben werden soll, dann müßte folgendes Programmstück eingeführt werden:

```
VAR Heute          : Wochentag;
        ...
BEGIN
        ...
WRITE('Heute ist');
IF Heute = Montag THEN WRITELN('Montag'.)
            ELSE IF Heute = Dienstag THEN WRITELN('Dienstag.')
            ELSE IF Heute = Mittwoch THEN WRITELN('Mittwoch.')
            ELSE IF Heute = Donnerstag THEN WRITELN('Donnerstag.')
            ELSE IF Heute = Freitag THEN WRITELN('Freitag.')
            ELSE IF Heute = Samstag THEN WRITELN('Samstag.')
            ELSE IF Heute = Sonntag THEN WRITELN('Sonntag.')
            ...
END
```

Diese Aufschreibung zeigt sehr deutlich, daß nach einiger Zeit der Überblick über die Anweisungen verloren geht. Abhilfe schafft hier die **CASE-Anweisung.** Durch sie ist es möglich, mit jedem Element aus einem Aufzählungstyp bestimmte, i.a. unterschiedliche Anweisungen auszuführen.

Das oben genannte Programmstück zum Ausdruck von Tagesnamen reduziert sich durch die Verwendung der CASE-Anweisung auf folgendes leicht übersichtliche Format:

```
VAR Heute : Wochentag
...
BEGIN
WRITE('Heute ist');
CASE Heute OF
          Montag:                   WRITELN('Montag.');
          Dienstag:                 WRITELN('Dienstag.');
          Mittwoch:                 WRITELN('Mittwoch.');
          Donnerstag:               WRITELN('Donnerstag.');
          Freitag:                  WRITELN('Freitag.');
          Samstag:                  WRITELN('Samstag.');
          Sonntag:                  WRITELN('Sonntag.')

END
...
END
```

Die Anweisung ist so zu interpretieren, daß jede Einzelanweisung durch einen bestimmten Wert aus dem entsprechenden Aufzählungstyp gekennzeichnet bzw. markiert ist. Es wird die dem aktuellen Wert der Entscheidungsvariablen (in diesem Fall: Heute) entsprechende Anweisung ausgeführt.

Bei der CASE-Anweisung ist es auch möglich, jeder auszuführenden Anweisung mehrere Werte voranzusetzen. Im folgenden Beispiel wird die Anzahl der Tage innerhalb eines Monats ausgegeben.

```
PROGRAM Monatstage (INPUT, OUTPUT);
TYPE Monat      = (jan, feb, mar, apr, mai, jun,
                   jul, aug, sep, okt, nov, dez);
     Tage       = 28..31;
VAR  Aktuell    : Monat;
     Jahr       : 1901..2099;
     Anzahl     : Tage;
BEGIN
  READ(Jahr);
  FOR Aktuell := jan TO dez DO BEGIN
    CASE Aktuell OF
      jan, mar, mai,
      jul, aug, okt, dez: Anzahl := 31;
      apr, jun, sep, nov: Anzahl := 30;
      feb               : IF Jahr MOD 4 = 0 (* Schaltjahr *)
                          THEN Anzahl := 29
                          ELSE Anzahl := 28
    END (* CASE *) ;
    WRITELN(Anzahl)
  END
END (* Monatstage *) .
```

Der vordeklarierte Aufzählungstyp Wahrheitswerte (BOOLEAN)

Wahrheitswerte oder **BOOLEANs** (nach dem englischen Mathematiker Boole benannt) spielen beim Programmieren eine ausgezeichnete Rolle. Sie sind insbesondere deswegen sehr wichtig, weil sie nur zwei Werte annehmen können:

Wahr (TRUE) oder
Falsch (FALSE).

Sie sind im bisherigen Verlauf des Buches schon an verschiedenen Stellen aufgetreten, meistens jedoch nicht explizit, sondern in Abfragen versteckt. Jedes Ergebnis einer Abfrage lieferte einen Booleschen Wert. Beispiele für solche Werte sind in IF-Anweisungen, in Schleifen und Ähnlichem bereits vorgekommen. Bisherige Notation dafür lautete beispielsweise:

```
IF    Preis<Betrag  THEN ...
                    ELSE ...
```

Je nach Resultat der Abfrage, die ja einen der Werte TRUE oder FALSE liefert, wird anschließend der THEN- bzw. ELSE-Zweig durchgeführt. Man sieht hier auch eine der wesentlichen Aufgaben von booleschen Variablen: Die Programmablaufsteuerung.

Wahrheitswerte können, wie oben schon erwähnt, nur die beiden Werte TRUE oder FALSE annehmen, sind also nur ein Spezialfall des Aufzählungstyps. PASCAL nimmt eine implizite Deklaration für den Datentyp BOOLEAN vor:

```
TYPE BOOLEAN = (FALSE, TRUE)
```

Diese Deklaration ist Grundlage für alle weiteren Deklarationen, die den Typ BOOLEAN verwenden.

Die Erzeugung von Wahrheitswerten

Wahrheitswerte sind prinzipiell das *Ergebnis von Vergleichen.* Vergleiche wurden an anderer Stelle bereits eingeführt. Wie aus den anderen Datentypen auch bekannt ist, können Daten gleichen Typs verglichen werden, und dafür gibt es eine Reihe von Operatoren (<, <=, =, <>, >=, >). An dieser Stelle soll nun etwas detaillierter deren Verwendung erläutert werden.

Die Vergleichsoperatoren unterscheiden sich in ihrer Verwendung von den anderen Operatoren. Beispielsweise ist es ohne weiteres möglich, eine Summe aus drei Zahlen durch folgende Anweisung zu berechnen:

```
SUM := a + b + c
```

Von der normalen Verwendung in der Mathematik her ist es bekannt, daß man Vergleichsoperatoren ähnlich notieren kann. Beispielsweise wird dies dann verwendet, um auszudrücken, daß ein bestimmter Wert zwischen zwei Grenzen ist. Wenn man also beschreiben will, daß der momentane Kontostand zwischen den Extremen Pleite und Lottogewinn liegt, so formuliert man das in der mathematischen Schreibweise folgendermaßen:

```
Pleite < Kontostand < Lottogewinn
```

In PASCAL ist eine derartige Aufschreibung nicht erlaubt und würde zu einem Fehler führen. Im Gegensatz zur mathematischen Interpretation muß im Programm der Ausdruck abgearbeitet werden. Da die Abarbeitung von links nach rechts geschieht, würde also zunächst ein Vergleich durchgeführt: Pleite < Kontostand.

Das Ergebnis dieses Vergleichs ist ein Wahrheitswert W, der TRUE oder FALSE sein kann. Die weitere Abarbeitung müßte nun mit diesem Wert W und dem Wert Lottogewinn stattfinden:

```
W < Lottogewinn
```

wobei jedoch klar zu sehen ist, daß auf den beiden Seiten des Vergleichs Daten unterschiedlichen Typs stehen (umgangssprachlich: 'Vergleich von Äpfeln mit Birnen'). Wie derartige Vergleiche auf andere Weise notiert werden können, wird gleich gezeigt.

Wichtig für das Weitere ist auch noch, daß der Vergleichsoperator – egal, wie er verwendet wird – immer die niedrigste Priorität hat. Dies bedeutet, daß vor dem

Vergleich erst die Werte der linken und rechten Seite berechnet werden und dann erst verglichen wird. Somit werden die beiden folgenden Ausdrücke identisch:

```
a+b   <  c+d
(a+b) <  (c+d)
```

Die Klammerung kann also entfallen.

Boolesche Operatoren

Boolesche Werte unterscheiden sich in ihrer Verwendung grundlegend von den anderen bereits bekannten vordeklarierten Aufzählungstypen. Ebenso unterschiedlich ist auch ihre Verwendung, wenn komplexere logische Verknüpfungen realisiert werden sollen. Um mehrere boolesche Werte miteinander verknüpfen zu können, müssen Operatoren wie bei den anderen Aufzählungstypen vorhanden sein. Diese Operatoren heißen boolesche Operatoren. Sie umfassen:

Das **logische UND** (englisch: **AND**)
das **logische ODER** (englisch: **OR**)
das **NICHT** (englisch: **NOT**)

Die ersten beiden Operatoren benötigen stets zwei Wahrheitswerte und liefern als Ergebnis wieder einen Wahrheitswert. Das NICHT benötigt nur einen Operanden, liefert aber ebenfalls als Ergebnis einen Wahrheitswert.

Die drei booleschen Operatoren sind folgendermaßen definiert:

Das logische **UND** benötigt zwei Wahrheitswerte, die miteinander verknüpft werden:

UND	TRUE	FALSE
TRUE	TRUE	FALSE
FALSE	FALSE	FALSE

Dies entspricht auch dem täglichen Sprachgebrauch. Das Beispiel

Herr UND Frau Maier gehen einkaufen

besagt ja, daß beide einkaufen gehen; wenn nur Herr Maier oder Frau Maier alleine einkaufen ginge, wäre ja die Bedingung nicht erfüllt, daß beide gleichzeitig gehen. Die Aussage 'Herr und Frau Maier gehen einkaufen' ist nur wahr, wenn beide zugleich gehen.

Ähnlich dem natürlichen Sprachgebrauch entlehnt ist die Bedeutung des logischen ODER. Die Aussage

Herr ODER Frau Maier geht einkaufen

ist genau dann wahr, wenn mindestens Herr oder Frau Maier einkaufen geht. Sie ist also nur dann falsch, wenn keiner von beiden geht. Somit hat das logische **ODER** folgende Bedeutung:

ODER	TRUE	FALSE
TRUE	TRUE	TRUE
FALSE	TRUE	FALSE

Im Gegensatz zum logischen UND und logischen ODER ist das logische **NICHT** auf einen einzigen Wahrheitswert zu beziehen. Es kehrt den Inhalt des Wahrheitswertes jeweils um. Somit ist seine Bedeutung folgende:

NICHT	TRUE	FALSE
	FALSE	TRUE

Durch die Verwendung von booleschen Operatoren kann nun das oben erwähnte Beispiel

```
Pleite < Kontostand < Lottogewinn
```

in syntaktisch korrekte Form übergeführt werden. Insgesamt beinhaltet es zwei Wahrheitsaussagen:

```
Pleite < Kontostand
```

sowie

```
Kontostand < Lottogewinn
```

Diese beiden Aussagen müssen also nur durch ein logisches UND miteinander verknüpft werden und man erhält:

```
(Pleite < Kontostand) AND (Kontostand < Lottogewinn)
```

Die Gesamtaussage ist also genau dann wahr, wenn beide Aussagen wahr sind. Wichtig ist in diesem Zusammenhang auch die Verwendung der Klammern. Es ist notwendig – da wie oben erwähnt die Vergleichsoperatoren kleinste Priorität haben – die beiden Aussagen, die durch das logische UND miteinander verknüpft sind, durch Klammern abzugrenzen. Würden nämlich keine Klammern verwendet, wäre die Aussage identisch zur offensichtlich unsinnigen Aussage:

```
Pleite < (Kontostand  AND  Kontostand) < Lottogewinn
```

In der mittleren Klammer werden dabei zwei offensichtlich nicht boolesche Werte miteinander verknüpft.

Beispielprogramm für boolesche Werte

Das folgende Programm wertet eine Führerscheinprüfung aus und entscheidet. ob ein Prüfling bestanden hat oder nicht.

```
PROGRAM Fuehrerschein (INPUT, OUTPUT);

(* Bei diesem Beispielprogramm wird ein komplexer logischer Ausdruck
   aufgebaut und anhand von eingegebenen Werten ausgewertet          *)

(* Die Fuehrerscheinpruefung gelte als   n i c h t   bestanden, wenn
   entweder bei der Theoriepruefung mehr als drei Fehler gemacht wurden,
   auch nur   e i n   Vorfahrtfehler gemacht wurde; oder
   bei der praktischen Pruefung mehr als 5 Fehler gemacht wurden; oder
   die aerztliche Untersuchung negativ verlaufen ist                 *)

VAR  Theorie, Praxis, Arzt, Schein: Boolean;
     T, P, V:                        0..100; (* Anzahl Fehler *)
     A:                              Char;   (* Eingabe       *)

BEGIN
  Praxis := FALSE; Arzt := FALSE; V := 0; (* Initialisierung *)
                  (* Theorie wird auf jeden Fall berechnet *)
  WRITELN ('Anzahl der Fehler bei der theoretischen Pruefung:');
  READLN (T);
  IF (T>0) and (T<=3) THEN
  BEGIN WRITELN ('davon Anzahl der Vorfahrtsfehler:');
        READLN (V) END;
  Theorie := (T<=3) AND (V=0);

  IF Theorie THEN BEGIN  (* nur bei bestandener Theorie folgt Praxis *)
    WRITELN ('Anzahl der Fehler bei der praktischen Pruefung:');
    READLN (P);
    IF (P>0) and (P<=3) THEN
    BEGIN WRITELN ('davon Anzahl der Vorfahrtsfehler:');
      READLN (V) END;
    Praxis := (P<=3) and (V=0)
  END;

 IF Theorie and Praxis
 THEN BEGIN    (* Untersuchungsergebnis nur bei
                  bestandenen Pruefungen ausschlaggebend *)
  WRITELN ('Aerztliche Untersuchung ok? (j/n)');
  READLN (A);
  Arzt := A='j'
 END;

  Schein := Theorie AND Praxis AND Arzt;

  WRITE ('Sie haben den Fuehrerschein ');
  IF NOT Schein THEN WRITE ('  n i c h t   ');
  WRITELN('bestanden')

END (* Fuehrerschein *) .
```

Der vordeklarierte Aufzählungstyp CHAR(acter)

Alle bisher eingeführten Datentypen konnten durch die Ordnungszahl einfach auf numerische Daten abgebildet werden. Dies hat bestimmte Vorteile bei der Abarbeitung der Daten im Rechner selbst. Etwas schwieriger wird es jedoch, wenn man einen weiteren Datentyp braucht, mit dem man Texte formulieren und so in eher 'natürlicher' Weise mit dem Rechner kommunizieren kann. Dieser Datentyp ist der Typ der **Zeichen** oder **CHARacters.** Er wird in PASCAL durch das Wortsymbol CHAR bezeichnet. Jedes Datum des Typs CHAR ist ein einzelnes Zeichen, d.h. kein Wort oder Satz. Es ist aber möglich – wie im folgenden Kapitel angeführt – durch einzelne CHARacters ganze Zeichenreihen zu bilden, diese ein- oder auszugeben und zu verarbeiten.

Der Datentyp CHAR unterscheidet sich jedoch von den bisher eingeführten Aufzählungstypen nicht allzusehr. Bei logischer Überlegung wird man nämlich sofort feststellen, daß auch er aus einer begrenzten Anzahl von Elementen besteht, die aufgeschrieben und in eine bestimmte Reihenfolge gebracht werden können. Im Gegensatz zu den Aufzählungstypen ist jedoch nicht der Benutzer für die Reihenfolge der einzelnen Elemente des Datentyps CHAR zuständig, sondern diese ist durch den Rechner vorgegeben. Die Erklärung dafür ist wieder relativ einfach: Jeder Rechner kann intern Zeichen verarbeiten. Aus diesem Grunde besitzt er einen bestimmten Zeichensatz, der fest in ihm vorgegeben ist. Dieser Zeichensatz wird durch den Datentyp CHAR in der Programmiersprache PASCAL angesprochen.

Diese Tatsache ist jedoch auch die Ursache verschiedener Schwierigkeiten. Wenn man beispielsweise daran denkt, ein Programm von einem Rechner auf einen anderen mit unterschiedlichem Zeichensatz zu transportieren, so wird es Schwierigkeiten mit der Programmierung geben. Es ist also deshalb notwendig, auch die interne Darstellung der einzelnen Zeichen zu kennen. Dies ist durch bereits bekannte Hilfsmittel möglich: Man verwendet dazu die *Ordnungszahl.* Sie repräsentiert die interne Zeichendarstellung und definiert damit auch die Reihenfolge der einzelnen Zeichen.

Welche Elemente enthält nun dieser Datentyp CHAR?

Um diese Frage eindeutig zu beantworten, wäre es notwendig, den im Rechner vorhandenen Zeichensatz zu kennen. Allgemein kann jedoch gesagt werden, daß der Datentyp CHAR auf jeden Fall alle Buchstaben, Ziffern und abdruckbaren Sonderzeichen, wie z.B. '+', '–' oder '*' u.ä. enthält. Die meisten dieser Sonderzeichen sind in unterschiedlichen Rechnern vorhanden; sie können deshalb auch ohne weiteres in Programmen verwendet werden.

Um ein Zeichen als Zeichenwert zu kennzeichnen, muß es in Hochkommata (') eingeschlossen sein, um Verwechslungen mit Namen auszuschließen. Dazu folgendes kleine Beispiel:

```
PROGRAM CHARI (OUTPUT);
CONST c = 'z';
VAR   z : CHAR;
BEGIN
  z := 'c';
  WRITELN(c, z, 'c', 'z');
  z := c;
  WRITELN(c, z, 'c', 'z')
END (* CHARI *) .
```

Wesentlich an diesem Beispiel sind die beiden Ausgabeanweisungen. Welche Werte werden bei der ersten und welche bei der zweiten ausgegeben? In beiden Fällen sehen die Anweisungen völlig identisch aus. Zunächst werden die Werte zweier Variablen ausgegeben, anschließend zwei konstante Zeichen. Konstante, Namen und Zeichenwerte wurden der 'Unübersichtlichkeit halber' gleichgewählt. Im ersten Falle enthält der Name c – der Name einer Zeichenkonstanten – den Wert z. Die Variable z enthält – den in der ersten Anweisungszeile zugewiesenen Zeichenwert c. Aus diesem Grunde muß die Ausgabe folgendermaßen lauten: zccz.

Die dritte Anweisungszeile enthält die Zuweisung: z := c. In diesem Falle wird der Zeichenvariablen z der Inhalt, also Wert der Zeichenkonstanten c zugewiesen. Dieser ist jedoch nicht c, sondern wie in der zweiten Programmzeile der Konstantendefinition angeführt z. Aus diesem Grunde muß die Ausgabe in der vorletzten Programmzeile folgendermaßen lauten: zzcz. Die Variable z und die Konstante c müssen ja gleichen Inhalt enthalten, wie in der zweiten Zuweisung definiert.

Dieses zu Demonstrationszwecken entwickelte Programm sollte natürlich – um den Leser des Programms nicht unnötig zu verwirren – kommentiert sein. Dazu könnte es dann beispielsweise folgendermaßen aussehen:

```
PROGRAM CHARI (OUTPUT) ;
CONST c = 'z';              (* Zeichenkonstante mit Wert 'z'    *)
VAR   z : CHAR;             (* Zeichenvariable noch ohne Wert   *)
BEGIN
  z := 'c';                 (* Zeichenvariable erhaelt Wert 'c' *)
  WRITELN(c, z, 'c', 'z');(* Ausgabe: zccz                    *)
  z := c;                   (* Zeichenvariable erh. Wert von c  *)
  WRITELN(c, z, 'c', 'z') (* Ausgabe: zzcz                    *)
END (* CHARI *) .
```

Auf jeden Fall ist jedoch die Art der Benennung von Daten mittels einzelner Buchstaben wie c und z nicht sehr sinnvoll, da in keinem Falle eine Aussage darüber erhalten werden kann, wofür die Konstante bzw. Variable im Programmkontext gebraucht wird. Programme dieser Art sollten in PASCAL nicht geschrieben werden.

Beim zweiten Beispiel sollen in einem eingegebenen Text alle Buchstaben gezählt werden und die Anzahl aller Vokale, also der Buchstaben a, e, i, o und u gesondert ausgedruckt werden.

Die Vorgehensweise ist die folgende: Zunächst muß in einer Schleife solange eingelesen werden, bis nichts mehr einzulesen ist. Bei jedem eingelesenen Zeichen wird dann entschieden, ob der Buchstabe ein Vokal ist und in diesem Falle werden die entsprechenden Variablen erhöht; andernfalls wird nur die globale Zählvariable für alle Buchstaben erhöht.

```
PROGRAM Vocals (INPUT, OUTPUT);

(* Dieses Programm liest einen Text, zaehlt die Anzahl der Buchstaben darin
und gibt diese, sowie die Anzahl der gefundenen Vokale aus. *)

VAR A, E, I, O, U, COUNT: 0..MAXINT;  (* Zaehlvariable *)
    Ch                  : CHAR;

BEGIN
  A:=0; E:=0; I:=0; O:=0; U:=0; COUNT:=0; (* Initialisierung *)
  WHILE NOT EOF(INPUT) DO BEGIN
    WHILE NOT EOLN(INPUT) DO
      BEGIN
        READ(Ch); COUNT := COUNT+1;
        IF (Ch='a') OR (Ch='e') OR (Ch='i') OR (Ch='o') OR (Ch='u') THEN
        CASE Ch OF
          'a': A:=A+1;
          'e': E:=E+1;
          'i': I:=I+1;
          'o': O:=O+1;
          'u': U:=U+1
        END
      END;
    READLN (INPUT)
  END;
  WRITELN('Anzahl der Buchstaben im Text: ', COUNT:0);
  WRITELN('Anzahl der ''a'': ', A:0);
  WRITELN('Anzahl der ''e'': ', E:0);
  WRITELN('Anzahl der ''i'': ', I:0);
  WRITELN('Anzahl der ''o'': ', O:0);
  WRITELN('Anzahl der ''u'': ', U:0)
END (* Vocals *)
```

Mengen aus Aufzählungstypen: SET

Die bisher eingeführten Datentypen besitzen alle die Eigenschaft, daß ihre Elemente aufgezählt werden können. Jedes dieser Elemente wird nach einer gemeinsamen, dem Datentyp eigenen Interpretationsvorschrift interpretiert. Diese Interpretationsvorschrift ist speziell auf den Datentyp ausgerichtet und somit die gemeinsame Interpretationsebene zwischen Programmierer und Computer.

In der Praxis kommt häufig der Fall vor, daß die einzelnen Elemente eines Aufzählungstyps nicht allein, sondern in ihrer Gesamtheit benötigt werden. Aus der Mathematik her sind Daten bekannt, die diese Aufgabe erfüllen können. Darin werden die notwendigen Grundelemente zu einer Menge zusammengefaßt, mit der weitergearbeitet werden kann. Diese Möglichkeit bietet PASCAL durch **SETs.**

Sie stellen im Gegensatz zu den Aufzählungstypen nicht eine Aufzählung von bestimmten Elementen dar, sondern sind eine übergeordnete Struktur für eine Kombination von Elementen eines bestimmten Datentyps. So ist es beispielsweise möglich, einen Datentyp zu definieren, der alle Zeichen des in der Maschine vorhandenen Zeichenvorrats zu einer Menge (SET OF CHAR) von CHARacters zusammenfaßt. Dieser Typ enthält natürlich durch seine Definition noch kein Element, sondern einzelne Zeichen müssen erst 'in die Menge gebracht' werden. Genausogut ist es natürlich möglich, aus den in den Beispielen der vorigen Absätze zuvor definierten Typen bestimmte spezifische Mengen zu definieren, wie beispielsweise SET OF Ampel, SET OF Fahrzeug usw. Die einzelnen SETs dürfen dann jeweils nur Elemente des angegebenen Datentyps aufnehmen.

Der Basistyp – das ist der angegebene Typ für die Elemente eines SETs – muß also den Ausführungen zufolge ein Aufzählungstyp sein. Je nach Implementierung des Compilers ist jedoch die Anzahl von möglichen Elementen eines Aufzählungstyps beschränkt. Im Normalfall ist es möglich, den Typ SET OF CHAR zu bilden, jedoch nicht den Typ SET OF INTEGER. Bei der Verwendung von Mengen ist also darauf Rücksicht zu nehmen, aus wievielen Elementen der Basistyp maximal bestehen darf. Gängige Größen für die Anzahl der Elemente des Basistyps liegen zwischen 64 und 256.

Das Arbeiten mit SETs

Daten des Typs SET können – ähnlich der Definition von Aufzählungstypen – durch Aufzählung aller ihrer Elemente definiert werden. Im Gegensatz zu den Aufzählungstypen werden jedoch hier die Elemente in *eckige Klammern* eingeschlossen, da die derart definierte SET-Konstante alle notierten Elemente des Aufzählungstyps enthält. Im folgenden Beispiel werden so die Monate mit 31 Tagen zu einer Menge lang, die Monate mit 30 Tagen zu einer Menge kurz zusammengeschlossen. Der Monat Februar wird – da er keiner der Mengen angehört – nicht berücksichtigt:

```
TYPE    Monat      =  (Jan,Feb,Mar,Apr,Mai,Jun,Jul,Aug,Sep,Okt,Nov,Dez);
        Monate     =  SET OF Monat;
VAR     lang,kurz  :  Monate; (*Monate mit 31 resp.30 Tagen*);
BEGIN
        lang       := [Jan,Mar,Mai,Jul,Aug,Okt,Dez];
        kurz       := [Apr,Jun,Sep,Nov]
```

Die Verwendung von SETs ist vielseitig. Das obige Beispiel zeigt, wie man SETs bestimmte Elemente zuweisen kann. Ebenso wichtig wie die Zuweisung ist die Abfrage, welche Elemente ein SET enthält. Aus der Mathematik her ist bekannt, daß dies mit einem **Elementoperator** (∈) geschieht. Dieser Elementoperator heißt in PASCAL **IN.** Die Abfrage wird also folgendermaßen notiert:

```
Element IN SET
```

Dabei muß die angesprochene Menge den Typ SET OF Datentyp des Elements besitzen, andernfalls wäre die Abfrage sinnlos, da ein Element eines anderen Typs in der Menge überhaupt nicht vorhanden sein kann. Die Abfrage IN liefert als Ergebnis einen Wahrheitswert, also ein Element des Datentyps BOOLEAN. Somit kann diese Abfrage in Steuerkonstrukten – wie beispielsweise dem IF-Statement – angewandt werden.

Soll beispielsweise eine Liste der Anzahl von Tagen im Monat ausgegeben werden, so kann dies analog dem vorigen Beispiel durch folgendes kleine Programm geschehen:

```
PROGRAM TageimMonat (OUTPUT);
TYPE Monat      = (jan, feb, mar, apr, mai, jun,
                   jul, aug, sep, okt, nov, dez);
     Monate     = SET OF Monat;
VAR  lang, kurz: Monate;
     aktuell   : Monat;
BEGIN
  lang := [jan, mar, mai, jul, aug, okt, dez];
  kurz := [apr, jun, sep, nov];
  FOR aktuell := jan TO dez DO
    IF aktuell IN lang THEN WRITELN(31)
    ELSE IF aktuell IN kurz THEN WRITELN(30)
      ELSE WRITELN(28, ' oder ', 29)
END (* TageimMonat *) .
```

Mit Hilfe von SETs ist es möglich, das Programm 'vocals' von Seite 53 zu vereinfachen. Das dort aufgeführte Programm, das in einem eingegebenen Text die Anzahl aller Vokale und die Anzahl aller eingegebenen Zeichen zählt, könnte demnach folgendermaßen aussehen: Die Vokale können in einem SET OF CHAR niedergelegt werden, der folgendermaßen definiert wird:

Einfügen einer Variablen:

```
VAR Vocals: SET OF CHAR;     (*Menge von Characters, die mit den Vokalen
                             vorbesetzt wird*)
```

Vorbesetzung:

```
Vocals:= ['a', 'e', 'i', 'o', 'u']
```

Dadurch reduziert sich die komplizierte Abfrage, ob das eingelesene Zeichen ein Vokal ist,

```
IF (Ch='a') OR (Ch='e') OR (Ch='i') OR (Ch='o') OR (Ch='u')
THEN
...
```

auf die leicht überschaubare und verständliche Konstruktion, bei der nur noch abgefragt werden muß, ob das eingelesene Zeichen in der Menge der Vokale enthalten ist:

```
IF Ch IN Vocals THEN
```

Abgesehen von der leichteren Lesbarkeit, der daraus resultierenden Verständlichkeit und Übersichtlichkeit ist diese Art der Abfrage auch wesentlich effizienter als die zuerst angeführte, da Mengenoperationen recht einfach auf dem Rechner ablaufen können und im Gegensatz dazu bei der ersten Lösung erst fünf Vergleiche durchgeführt werden müssen, deren Ergebnisse logisch verknüpft werden, bevor das endgültige, benötigte Ergebnis vorliegt.

Eine logisch ähnliche Abfrage wie die Abfrage auf Inhalt ist die Abfrage auf den logischen Einschluß einer Menge in einer anderen. Natürlich müssen die dazu benötigten beiden Mengen den gleichen Basistyp besitzen. Die Abfrage könnte sonst nicht durchgeführt werden und würde bereits durch den Compiler moniert. In einem in PASCAL formulierten Beispiel könnte das folgendermaßen aussehen:

Gegeben seien die folgenden Deklarationen

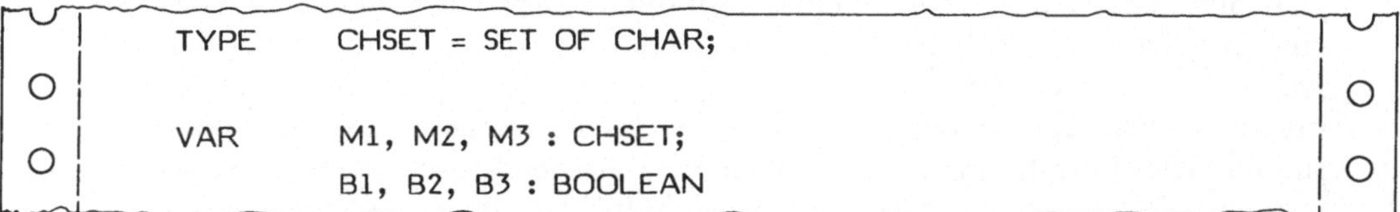

```
TYPE    CHSET = SET OF CHAR;

VAR     M1, M2, M3 : CHSET;
        B1, B2, B3 : BOOLEAN
```

und die Zuweisungen

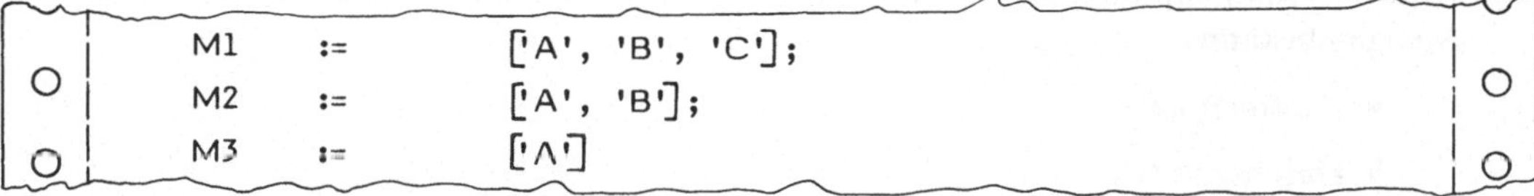

```
M1   :=     ['A', 'B', 'C'];
M2   :=     ['A', 'B'];
M3   :=     ['A']
```

dann liefern die Zuweisungen

```
B1   :=     M2 <= M1;
B2   :=     M2 < = M3;
B3   :=     M2 <= M2
```

folgende Resultate:

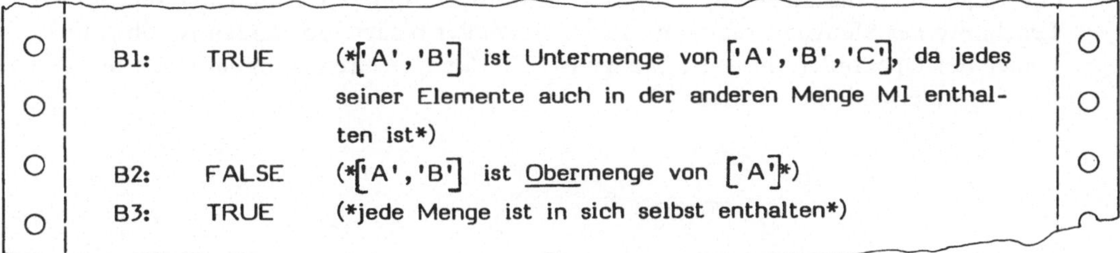

```
B1:   TRUE    (*['A','B'] ist Untermenge von ['A','B','C'], da jedes
               seiner Elemente auch in der anderen Menge M1 enthal-
               ten ist*)
B2:   FALSE   (*['A','B'] ist Obermenge von ['A']*)
B3:   TRUE    (*jede Menge ist in sich selbst enthalten*)
```

Außerdem gilt in jedem Falle:

```
[ ]< = M; (*Die leere Menge ist Untermenge jeder beliebigen Menge*)
```

Operationen mit SETs

Bei den bisherigen Beispielen unterschied sich die Verwendung von SETs grundsätzlich von der bereits bekannter Daten anderen Typs. Bisher wurden nämlich die

SETs rein statisch verwendet, d. h. es wurde ihnen einmal ein Wert zugewiesen, der anschließend nicht mehr verändert wurde. SETs sind jedoch insgesamt auch nur ganz normale Daten, Variablen eines bestimmten Typs – d. h. daß diese Variablen einen bestimmten Inhalt besitzen, dieser Inhalt ist jedoch nicht wie bei den einfachen Variablen ein einzelner Wert, der je nach Datentyp einer bestimmten Interpretation unterliegt, sondern er ist beim SET eine Menge im Normalfalle unbestimmt vieler Einzelelemente. SETs können natürlich ebenso dynamisch verwendet werden wie Variable eines anderen Typs. Man kann ihnen also nicht nur Werte zuweisen, sondern diese Werte müssen auch modifiziert werden können. Dazu dienen die SET-Operationen.

Aus der Mathematik sind im wesentlichen drei verschiedene Operationen mit Mengen bekannt:

- **Vereinigung**
- **Durchschnitt**
- **Differenz**

Diese drei Operationen, deren Operanden jeweils Mengen sind und deren Ergebnis wiederum eine Menge ist, sind in PASCAL ebenfalls erlaubt.

• Vereinigung

Durch die **Mengenvereinigung** werden einer Menge alle Elemente von zwei Mengen zugewiesen. Die beiden Operanden der Mengenvereinigung müssen – wie üblich – Mengen des gleichen Typs sein. In einer Menge kann ein Element nur ein einziges Mal vorhanden sein. Es ist somit der Repräsentant für alle weiteren solchen Elemente, die der Menge zugewiesen werden. Somit ist es möglich, daß das Ergebnis einer Mengenvereinigung gleich einem der beiden Operanden ist, obwohl keiner der Operanden die leere Menge ist. Die Mengenvereinigung läßt sich bildlich folgendermaßen darstellen:

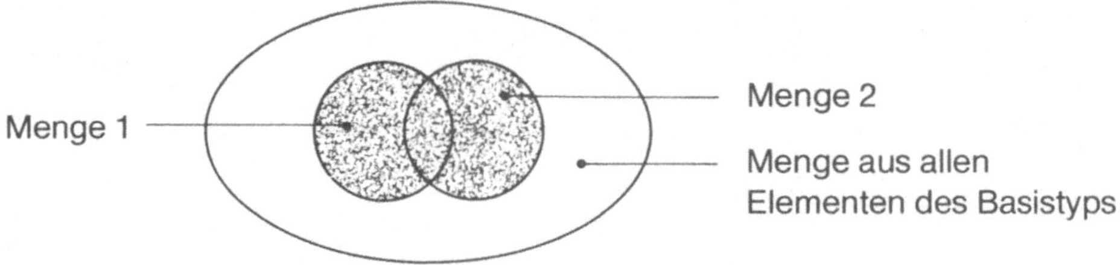

In PASCAL wird die Mengenvereinigung durch das Pluszeichen (+) notiert. Der linke und rechte Operand müssen Mengen sein.

Im folgenden Beispiel ist dies nicht erfüllt:

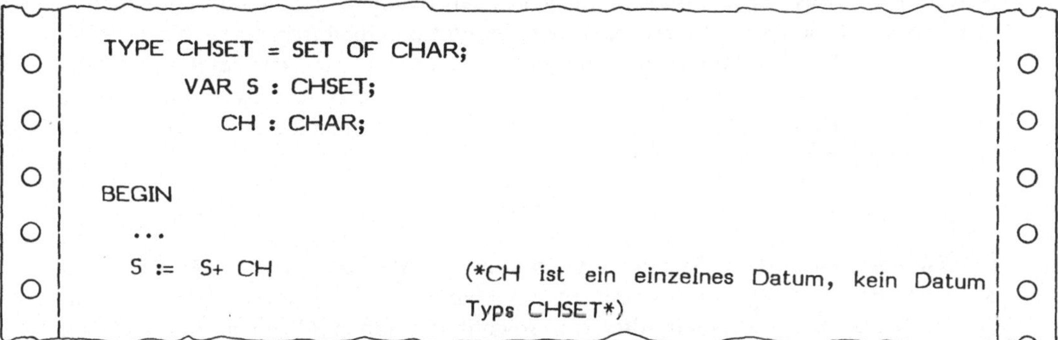

```
TYPE CHSET = SET OF CHAR;
     VAR S : CHSET;
        CH : CHAR;

BEGIN
  ...
  S :=  S+ CH                     (*CH ist ein einzelnes Datum, kein Datum
                                  Typs CHSET*)
```

Dieser Fehler kann auf mehrere Arten beseitigt werden. Die einfachste wird durch folgende Zuweisung realisiert:

```
S := S+[CH]                (*[CH] ist ein Datum des Typs SET OF CHAR
                           (dieser Typ wird implizit zugewiesen) und die
                           Mengenvereinigung ist somit durchzuführen,
                           da beide involvierten Daten vom gleichen Men-
                           gentyp sind.*)
```

Eine etwas umständliche Methode wäre es, eine zusätzliche Variable vom Typ CHSET zu deklarieren,

```
VAR     S1  :=  CHSET
```

dieser den Wert von CH zuzuweisen

```
S1  :=  [CH]
```

und die Mengenvereinigung mit den Mengen S und S1 durchzuführen:

```
S  :=  S + S1
```

Dabei ist jedoch wieder zu beachten, daß auch bei der Zuweisung nicht einfach ein Datum des Basistyps der Mengenvariablen zugewiesen werden kann, sondern ebenfalls nur eine Mengenvariable des gleichen Basistyps.

Diese zweite Methode ist zwar etwas schreibaufwendiger, jedoch sicherer in der Anwendung. Dies beruht auf der Tatsache, daß S und S1 nicht nur implizit den gleichen Typ besitzen, sondern die Typenidentität bereits durch deren Deklaration festgelegt ist. Bei verschiedenen Compilern ist ohnehin die erste angeführte Methode nicht durchzuführen, da S den Typ CHSET besitzt, der zwar die Struktur SET OF CHAR beinhaltet, jedoch nicht mit ihm identisch ist, da ein anderer Name dafür verwendet wird.

- **Durchschnitt**

Der **Durchschnitt** zweier Mengen ist – wie in der Mathematik – folgendermaßen definiert: Er besteht genau aus denjenigen Elementen der beiden Mengen, die in beiden Mengen vorkommen, die also sowohl der einen als auch der anderen Menge angehören. Dies läßt sich bildlich folgendermaßen darstellen:

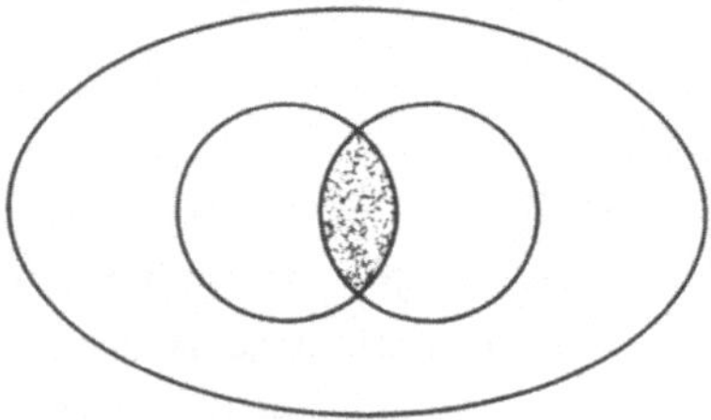

In PASCAL wird der Durchschnitt zweier Mengen durch die Operation mal (*) gebildet. Die Verwendung wird durch folgendes Beispiel demonstriert.

Gegeben seien die folgenden Deklarationen:

```
TYPE
   Fahrzeug        = (Fahrrad, Mofa, Motorrad, PKW, LKW);
   Fahrzeuge       = SET OF Fahrzeug;

VAR      Zweiräder, Motorfahrzeuge, Motorzweiräder: Fahrzeuge;

BEGIN
   Zweiräder       := [Fahrrad .. Motorrad];
   Motorfahrzeuge  := [Mofa .. LKW];
   Motorzweiräder  := Zweiräder * Motorfahrzeuge
```

Wie der Name schon sagt, enthält die Menge der Motorzweiräder alle Fahrzeuge, die einerseits der Menge der Zweiräder und andererseits ebenfalls der Menge der Motorfahrzeuge angehören. Aus diesem Grunde ist die Konstruktion dieser Menge aus den beiden anderen Mengen durch die Bildung des Mengendurchschnitts erhältlich. Zudem ist ebenfalls zu sehen, daß PASCAL auch hier eine problemnahe Beschreibung zuläßt.

- **Mengendifferenz**

Die **Differenzmenge** zweier Mengen erhält man, wenn man alle Elemente der zweiten Menge aus der ersten Menge entfernt. Dabei ist es irrelevant, ob in der zweiten Menge einige Elemente existieren, die in der ersten Menge nicht vorkommen. Diese Elemente brauchen bei der Differenz hier nicht berücksichtigt werden. Graphisch läßt sich die Mengendifferenz folgendermaßen veranschaulichen:

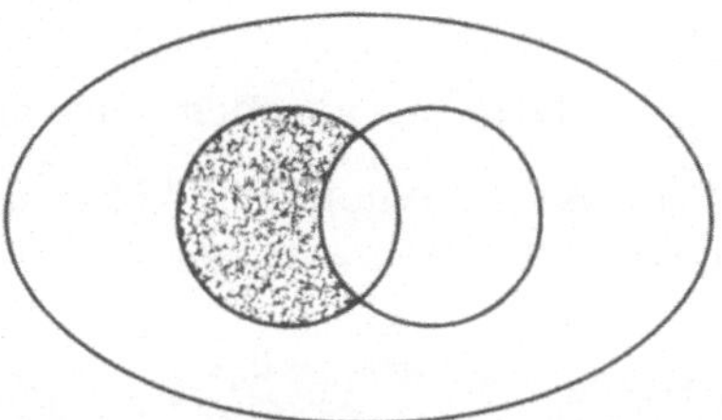

Noch ein kleines Beispiel zur Mengendifferenz.

Gegeben seien die folgenden Deklarationen und Anweisungen:

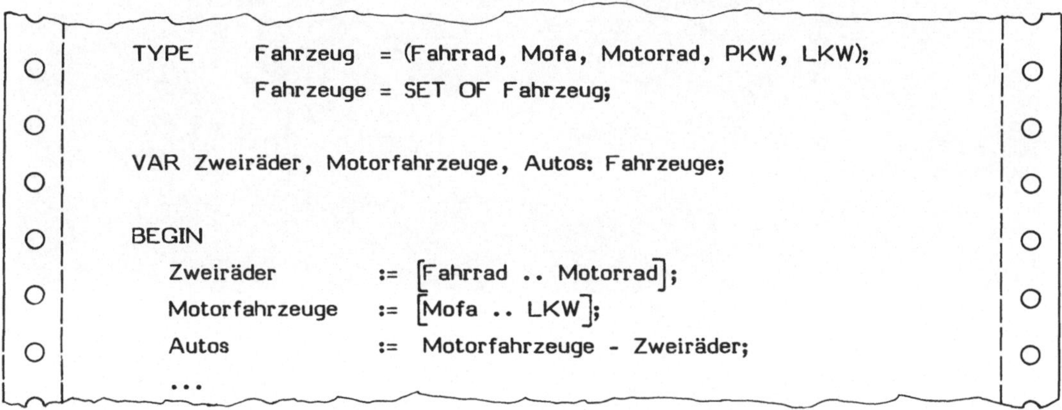

```
TYPE    Fahrzeug  = (Fahrrad, Mofa, Motorrad, PKW, LKW);
        Fahrzeuge = SET OF Fahrzeug;

VAR Zweiräder, Motorfahrzeuge, Autos: Fahrzeuge;

BEGIN
   Zweiräder        := [Fahrrad .. Motorrad];
   Motorfahrzeuge   := [Mofa .. LKW];
   Autos            := Motorfahrzeuge - Zweiräder;
   ...
```

Entfernt man aus der Menge der Motorfahrzeuge (Mofa, Motorrad, PKW und LKW) alle Zweiräder (Mofa und Motorrad; Fahrrad ist nicht enthalten und braucht somit bei der Differenzbildung nicht berücksichtigt werden), so erhält man die Menge aller Autos. Auch hier ist die Schreibweise in PASCAL ganz natürlich aus dem Problem abgeleitet.

Beispiele für das Arbeiten mit Mengen

Eines der Hauptanwendungsgebiete von Mengen ist die Verarbeitung von Zeichen. Im folgenden soll ein angegebener Text analysiert werden, wobei alle im Text verwendeten Zeichen in der vom Rechner vorgegebenen Ordnung gesammelt und wieder ausgegeben werden sollen.

Zum Programm einige Anmerkungen:

1. Wenn READ oder WRITE auf OUTPUT bzw. INPUT verwendet werden, kann die Angabe des 'Gerätes' entfallen.
2. Die Funktion EOF liefert einen Wahrheitswert, der beim Erreichen des Datei-/ Eingabeendes TRUE ist.
3. ORD liefert die Ordnungszahl des angegebenen Zeichens.
4. CHR ist die zu ORD inverse Funktion und liefert also den Zeichenwert der angegebenen Ordnungszahl.

```
PROGRAM Textanalyse (INPUT, OUTPUT);

(* Dieses Programm analysiert einen eingegebenen Text,
   und es gibt alle darin verwendeten Zeichen in der
   vom Rechner vorgegebenen Ordnung wieder aus          *)

TYPE Chars = SET OF CHAR;

VAR  Chset : Chars;   (* Menge zum 'Sammeln' aller eingegebenen Zeichen *)
     ch    : CHAR;    (* Aktuelles eingegebenes Zeichen                 *)

BEGIN
  Chset := [];                  (* Als leere Menge initialisiert *)
  REPEAT
    READ (ch);                  (* aktuelles, eingegebenes Zeichen *)
    Chset := Chset + [ch];      (* Menge um eingegebenes Zeichen erweitern *)
  UNTIL EOF(INPUT);
  FOR ch:=CHR(0) TO CHR(255) DO  (* Rechner'alphabet' habe 256 Zeichen *)
  IF ch in Chset THEN WRITE(ch);
  WRITELN
END (* Textanalyse *) .
```

Der vordeklarierte Datentyp REAL

Die bisherigen Datentypen waren alle Datentypen, die auf allgemeine Aufzählungstypen zurückzuführen waren. Bei den numerischen Datentypen war nun schon die Schwierigkeit aufgetreten, daß bei einer Division nicht immer das exakte Resultat erhalten wurde, sondern ein ganzzahliges Resultat, das erst zusammen mit dem verbleibenden Rest exakt war. Für viele Zwecke jedoch ist dieses Ergebnis nicht mehr ausreichend. Man benötigt einen Datentyp, der entsprechend der gebräuchlichen Darstellung numerischer Daten mit Dezimalpunkt oder -komma arbeitet. Dieser Datentyp wird in PASCAL durch die **REALs** dargestellt.

Während Daten des ganzzahligen Datentyps INTEGER oder von numerischen Unterbereichen für Zählzwecke geeignet sind, stellen Daten des Datentyps REAL also *gebrochene Zahlen* dar. Die Anzahl der gebrochenen Zahlen ist natürlich nicht mehr aufzählbar, wie folgendes Beispiel zeigt:

Schreibt man die Folge der Zahlen auf, die sich dadurch ergibt, daß man – beginnend bei 1 – den Dezimalpunkt jeweils um eine Stelle verschiebt,

1.0
0.1
0.01
0.001
...
0.000...01
0.000...001

so stellt man sofort fest, daß diese Folge nicht mehr endlich viele Zahlen besitzt, wie man das von Folgen aus dem ganzzahligen Bereich der INTEGERs und Unterbereichen davon gewöhnt ist. Man kann ja jede Zahl sofort in deren Nachfolger verwandeln, wenn man eine 0 hinter den Dezimalpunkt einschiebt. Aus diesem Grunde hat diese Folge kein Ende und besitzt also unendlich viele Elemente.

Im Gegensatz zu allen anderen bisher eingeführten Datentypen unterliegt also der Datentyp REAL völlig anderen Gesetzmäßigkeiten und muß somit auch anders behandelt werden.

Es ist offensichtlich, daß nicht jede beliebige REAL-Zahl im Rechner dargestellt werden kann, da der Rechner eine beschränkte Kapazität hat und somit nicht jede der unendlich vielen Möglichkeiten von REALs darstellen kann. Im Rechner wird jede REAL-Zahl durch eine bestimmte interne Zahl repräsentiert, die der gewünschten Zahl möglichst nahe kommt. Bei der Repräsentation geht man von der Tatsache aus, daß jeweils die ersten (linksstehenden) Ziffern die signifikanten und deshalb für die Darstellung am wesentlichsten sind. Der Rechner wird also intern zunächst eine Reihe von (je nach Rechnertyp etwa bis zu 20) Ziffern als signifikant ansehen und speichern. Zudem wird die Stelle des Dezimalpunktes durch einen bestimmten Wert angegeben. Diese Darstellung heißt die Floating-Point-Darstellung mit Mantisse und Exponent. Im folgenden soll angenommen werden, daß ein hypothetischer Rechner jeweils 4 signifikante Stellen erkennt.

Zahl in bekannter Schreibweise	Mantisse	Exponent
3.14	3.140	0
0.01234	1.234	−2
1234	1.234	3
1234.5678	1.235 *)	3
1234.4321	1.234	3
1000000	1.000	6
0.000001234	1.234	−6

*) Je nach Rechner wird die letzte Stelle hier gerundet (1.235) oder ab der ersten nicht mehr darstellbaren Stelle abgeschnitten (1.234). Die meisten Rechner verwenden jedoch die mathematisch exaktere Form der Rundung zur Darstellung solcher Werte.

Aus der obigen Tabelle geht nun klar hervor, daß

- REALs nur bis zu einem bestimmten, rechnerspezifischen Grad die exakte Darstellung numerischer Werte repräsentieren (Rundungs- und Abschneidefehler bei der Darstellung)
- der Wert der darzustellenden Zahl aus Mantisse und Exponent folgendermaßen berechnet werden kann:
  Wert = Mantisse * 10^{Exponent}

Der Dezimalpunkt wird also in der Mantisse um die durch den Exponenten angegebenen Stellen nach rechts (positiver Exponent) oder nach links (negativer Exponent) verschoben.

Aufgrund der inexakten Darstellung einer gebrochenen Zahl durch REALs ergeben sich vor allem bei Operationen mit REALs unter Umständen Schwierigkeiten.

Zur Demonstration zwei kurze Beispiele:

Auf einem hypothetischen Rechner, der eine Mantissenlänge von vier Ziffern zuläßt, sollen die beiden Additionen ausgeführt werden:

exakt	Rechner
100.0	100.0
+ 1.234	+ 1.234
= 101.234	= 101.2
6 gültige Ziffern	4 gültige Ziffern
	Fehler (absolut): 0.034
	(relativ): ca. 0.034%
999.9	999.9
+ 1.234	+ 1.234
= 1001.134	= 1001.
7 gültige Ziffern	4 gültige Ziffern
	Fehler (absolut): 0.134
	(relativ): ca. 0.013%

Bei Substraktion kann der Fehler relativ groß werden, wenn die beiden Zahlen annähernd gleich groß sind:

exakt	Rechner
1.234	1.234
− 1.2339	− 1.234 (Rundung auf 4 Stellen)
= 0.0001	= 0.
eine gültige Ziffer	keine gültige Ziffer!

Diese Fehler sehen auf den ersten Blick zwar etwas unschön aus, scheinen jedoch in den meisten Fällen in Kauf genommen werden zu können. Größere Schwierigkeiten ergeben sich jedoch dann, wenn mit inexakten Ergebnissen weitergerechnet werden muß, da sich Fehler fortpflanzen.

Abschließend kann man sagen, daß es bei der Verwendung von REALs drei mögliche Fehlerquellen gibt, die zu inexakten Resultaten führen können:

1. *Eingabefehler:*
   Diese Fehler resultieren aus einer inexakten Eingabe. Man kann beispielsweise nicht erwarten, daß eine Eingabe, die auf 2 Dezimalstellen genau ist, im Laufe einer Berechnung auf beispielsweise 4 Stellen exakt wird. Es muß dann Vorsorge dafür getroffen werden, daß auch die Ausgabe in entsprechender Genauigkeit vorgenommen wird.

2. *Darstellungsfehler:*
   Diese resultieren daraus, daß die Maschine nicht jede Zahl exakt darstellen kann. Beispielsweise ist dies bei unendlichen Dezimalbrüchen der Fall, die aufgrund der limitierten Maschinengenauigkeit an einer bestimmten Stelle abgeschnitten bzw. gerundet werden.

3. *Rechenfehler:*
Diese Fehler wurden bei den vorigen Beispielen ausführlich erläutert. Eine Reihe dieser Fehler kann durch geschickte Programmierung umgangen werden, bzw. ist es möglich, die Fehler minimal und in vorhersagbaren Grenzen zu halten. Da die Programmierung dieser Art jedoch nicht das Ziel dieses Buches ist, wird hier auf die Spezialliteratur der numerischen Mathematik weiterverwiesen.

Man sieht also, daß, obwohl die REALs eine weitaus größere Genauigkeit bei der Rechnung besitzen als die ganzzahligen Datentypen, auch hier gewisse Schwierigkeiten auftreten, wenn man versucht, jedes Ergebnis exakt zu berechnen. Dieser Effekt dürfte aber den meisten Lesern schon vom Taschenrechner her bekannt sein, wenn man beispielsweise daran denkt, daß

1/3 * 3

auch beim Taschenrechner nicht wieder 1 ergibt. In den meisten Fällen reicht jedoch die Genauigkeit der Rechner für die angegebenen Berechnungen bei weitem aus. Fehler machen sich meistens erst in der achten oder einer noch späteren Dezimalstelle bemerkbar und diese wird im allgemeinen nicht ausgegeben.

Das Programmieren mit REALs

Das Programmieren mit REALs unterscheidet sich nicht wesentlich von dem Programmieren mit INTEGERs. Auch für die REALs sind die 4 Grundrechnungsarten Addition, Subtraktion, Multiplikation und Division möglich. Im Gegensatz zur ganzzahligen Division ist bei den REALs der Schrägstrich (/) das Zeichen für die Division.

Bei der Auswertung von Ausdrücken gilt, ebenso wie bei den ganzzahligen Daten, daß Multiplikation und Division vor Addition und Subtraktion durchgeführt werden. Somit können Klammern entfallen.

Ebenso wie bei ganzzahligen Datentypen ist es auch bei REALs möglich, Konstante zu vereinbaren. Dies ist beispielsweise dann sehr nützlich, wenn bestimmte feste, vorgegebene REALs öfter verwendet werden. Man denke dabei nur an die Kreiszahl pi (3.14159..), die etwa durch folgende Deklaration eingeführt werden kann:

```
CONST pi = 3.14159265;
```

Es kann dann im ganzen Programm auf diese Konstante Bezug genommen werden. Sollen beispielsweise Kreisumfang und -inhalt von einem eingegebenen Radius berechnet werden, so könnte das Programm folgendermaßen aussehen:

```
PROGRAM Kreisberechnung(INPUT, OUTPUT);
(* Dieses Programm berechnet die Flaeche und     *)
(* den Umfang eines Kreises mit gegebenem Radius *)
CONST pi = 3.14159265;        (* Kreiszahl pi         *)
VAR   r  : REAL;              (* Radius               *)
BEGIN
  READ(r);                    (* Eingabe des Radius *)
  WRITELN('Umfang:  ', 2*r*pi);
  WRITELN('Flaeche: ', r*r*pi)
END (* Kreisberechnung *) .
```

Wie dieses Beispiel zeigt, ist es möglich, Daten vom Typ REAL einzulesen und dabei die früher schon verwendete Funktion READ zu verwenden. Ähnlich ist es mit der Ausgabe, die die früher definierte Funktion WRITE bzw. WRITELN verwendet. Die Daten des Typs REAL werden dabei in einer bestimmten standardmäßigen Form ausgegeben, bzw. die Funktion READ erwartet die Daten in dieser Form: die Mantisse (also die gültigen Ziffern), gefolgt evtl. vom Exponenten. Die Mantisse selbst wird durch eine Zahl mit oder ohne Dezimalpunkt und mit oder ohne führendes Vorzeichen dargestellt. Folgt dieser Zahl ein Exponent, so muß dies durch ein großes E angedeutet werden. Der Exponent selbst darf ebenfalls vorzeichenbehaftet sein und darf einen Wert annehmen, der für die Maschine adäquat ist.

Beispiele für korrekte Eingaben wären also:

```
3.14159265
0.00001
-1.2E+3
47E-2
```

Folgende Eingabewerte sind falsch und führen evtl. sogar zu einem Programmabbruch, mindestens aber zu einer Fehlinterpretation des gewünschten Wertes:

```
0.314159 E1      (*Exponent folgt nicht direkt der Mantisse*)
3,14159          (*Dezimalkomma ist nicht erlaubt*)
E3               (*Mantisse fehlt*)
3E -2            (*Leerzeichen bei der Exponentenangabe*)
3.124.577,00     (*Kaufmännische Eingabe nicht definiert*)
3 124 577,00     (*Leerzeichen nicht erlaubt und Dezimalkomma statt
                 Dezimalpunkt verwendet*)
```

Die Funktion WRITE bzw. WRITELN gibt, wie oben erwähnt, einen Wert entsprechend seinem Typ in einer bestimmten Form aus. Das Format der Ausgabe von REALs entspricht dem der Eingabe. Falls keine speziellen Angaben gemacht werden, ist die Ausgabe eines REALs folgende:

VZ Mantisse E Exponent

wobei: VZ: Vorzeichen '–' für negative Ausgabe,
' ' sonst

Mantisse: 'normalisierte' Darstellung, d. h. genau eine Ziffer vor dem Dezimalpunkt

E: Kennzeichen für den Exponenten

Exponent: Vorzeichenbehaftete Zahl in dem vom Rechner vorgegebenen Bereich.

Beispiele:

```
 3.141590000E+00
-1.234543212E-17
 1.704490000E-01
```

Dabei ist die Länge der gesamten Zahl – rechnerspezifisch – vorgegeben. Im Falle der obigen Beispiele ist sie 16, kann aber zwischen 10 und 25 variieren, je nachdem, wie genau der Rechner arbeitet.

Diese Ausgabe ist zum Druck wissenschaftlicher Tabellen geeignet. Weitaus weniger ist sie dafür geeignet, Zahlen, die man täglich braucht, auszugeben. PASCAL bietet für diese Art eine Parametrisierung der Ausgabe WRITE bzw. WRITELN mit Argument REAL an. Im Anschluß an den auszugebenden Wert können durch Doppelpunkte getrennt zwei Zahlen angegeben werden, die

– die gesamte Länge der auszugebenden Zahl und
– die Länge des gebrochenen Teils der Zahl angeben.

Dadurch wird es beispielsweise sehr erleichtert, kaufmännisch orientierte Tabellen, die jeweils auf zwei Dezimalstellen ausgerichtet sind, auszugeben.

Als Beispiel wird ein Programm angegeben, das aus einem gegebenen Warenpreis den Nettopreis und die Mehrwertsteuer berechnet. Der Mehrwertsteuersatz wird dabei als Konstante fest vorgegeben, der Warenpreis als REAL eingelesen. Der Mehrwertsteueranteil am Bruttopreis ergibt sich dann – wie leicht nachzurechnen ist – nach folgender Formel:

Sei Mwst der Mehrwertsteuersatz in Prozent, dann berechnet sich der Anteil der Mehrwertsteuer am Bruttopreis nach:

Mwst/(100 + Mwst) * Brutto

Das gesuchte Programm soll nun eine Liste ausgeben, in der jeweils eine Warennummer, die maximal dreistellig sein kann, anschließend der Bruttopreis für die

Ware, anschließend der Nettopreis und endlich der Mehrwertsteueranteil betragsmäßig ausgegeben werden sollen. Dabei ist zu beachten, daß die Ausgabe gerundet auf zwei Dezimalstellen sein soll und der Betrag für einen Einzelpreis maximal siebenstellig sein kann. Eingabeende soll sein, wenn ein Betrag eingegeben wird, der kleiner oder gleich 0 ist.

Das gesuchte Programm besteht aus einer Initialisierung und einer Schleife, die dann abbricht, wenn der gelesene Wert kleiner gleich 0 ist. Es hat also folgende Struktur:

```
PROGRAM Mehrwertsteuer (INPUT, OUTPUT);
(* Dieses Programm berechnet zu einer Reihe von Eingabewerten,    *)
(* die jeweils die Bruttopreise fuer Waren angeben, den Netto-    *)
(* preis und den Anteil der Mehrwertsteuer am Bruttopreis. Das    *)
(* Eingabeende wird durch die Eingabe 0 angegeben.                *)
CONST Satz                   = 13;   (* Mehrwertsteuer in % *)
VAR   Brutto, Mwst, Mwstteil: REAL;
      i                      :  1..999;
BEGIN
  Mwstteil := Satz / (100+Satz);
  i := 1;
  REPEAT
    READ(Brutto);
    IF Brutto > 0
    THEN BEGIN
      WRITE('Warennummer', i:4);
      WRITE(' Bruttopreis: ', Brutto:10:2);
      Mwst := Mwstteil * Brutto;
      WRITE('Nettopreis: ', Brutto-Mwst:10:2);
      WRITELN(' Mehrwertsteueranteil:', Mwst:9:2);
      i := i+1
    END
  UNTIL Brutto = 0
END (* Mehrwertsteuer *) .
```

Da die Menge der ganzen Zahlen eine echte Untermenge der REALs darstellt, ist es auch möglich, Variablen vom Typ REAL Werte aus dem ganzzahligen Zahlenbereich zuzuweisen. Eine derartige Typenveränderung bei der Zuweisung nennt man Typerweiterung. Umgekehrt ist es natürlich nicht möglich, Variablen eines ganzzahligen Datentyps allgemeine Werte aus dem Bereich der REALs zuzuweisen, da diese im allgemeinen nicht ganzzahlig darstellbar sind.

Gegeben seien die folgenden Deklarationen und Zuweisungen:

```
TYPE positiv        = 0..MAXINT;

VAR    i,j                  : positiv;
       a,b                  : INTEGER;
       p,q                  : REAL;

BEGIN
p := i; p := a;             (*Typerweiterung; korrekte Zuweisungen*)
p := i+j; p := i+a;         (*korrekte Zuweisung, da der Ergebnistyp
                            'erweitert' wird*)
p := q; p := i+q; p := q+1
                            (*korrekte Zuweisung, da in jedem Fall der
                            Ergebnistyp REAL ist*)
i := p; a := p;             (*beide Zuweisungen sind falsch, da - auch
                            falls das Ergebnis ganzzahlig darstellbar sein
                            sollte - es doch dem Datentyp REAL an
                            gehört*)
...
```

In einigen der Beispiele wird auch demonstriert, daß in Ausdrücken ohne weiteres ganzzahlige und REAL-Werte miteinander gemischt auftreten dürfen, wenn das Ergebnis des Ausdrucks – wie durch den Datentyp auf der linken Seite der Zuweisung festgelegt – aus dem Wertebereich der REALs sein muß.

PASCAL sieht eine Reihe von Funktionen vor, deren Argumente jeweils numerisch sein müssen. Sie werden in der folgenden Liste zusammengefaßt:

ABS(x)	berechnet den Absolutwert von x (x entweder ganzzahlig oder vom Typ REAL).
SQR(x)	berechnet das Quadrat von x (x entweder ganzzahlig oder vom Typ REAL).
SIN(x)	berechnet den Sinus von x.
COS(x)	berechnet den Cosinus von x.
ARCTAN(x)	berechnet den inversen Tangens (Arcustangens) von x.
EXP(x)	berechnet e (Basis der natürlichen Logarithmen) potenziert mit x.
LN(x)	berechnet den natürlichen Logarithmus von x.
SQRT(x)	berechnet die Quadratwurzel von x.

Die Parameter von SIN und COS, sowie das Resultat von ARCTAN sind die Winkelangaben im Winkelmaß, nicht in Grad.

Die beiden folgenden Funktionen dienen der Umwandlung von Werten aus dem Bereich der REALs in den Bereich der ganzen Zahlen. Sie liefern also als Ergebnis einen INTEGER-Wert. Dabei ist natürlich zu beachten, daß für eine Reihe von REAL-Werten das Ergebnis der Umwandlung in ganze Zahlen nicht mehr auf dem Rechner dargestellt werden kann; in diesen Fällen führt die Anwendung dieser Funktionen zu einem Fehler.

ROUND(x) berechnet den (gerundeten) nächstliegenden ganzzahligen Wert von x.

TRUNC(x) liefert den ganzzahligen Anteil von x.

Der Unterschied der beiden Funktionen soll an einem Beispiel gezeigt werden:

```
ROUND(2.1) = 2          TRUNC(2.1) = 2
ROUND(2.5) = 3          TRUNC(2.5) = 2
ROUND(2.9) = 3          TRUNC(2.9) = 2
```

Die Funktion ROUND kann durch TRUNC dargestellt werden:

```
ROUND(x) = TRUNC(x+0.5)
```

Mit Hilfe der obigen Funktionen wäre die Berechnung der Kreisfläche aus dem Radius (siehe Beispiel weiter oben) besser durch folgende Formel durchgeführt worden:

```
Fläche := SQR(r)*pi
```

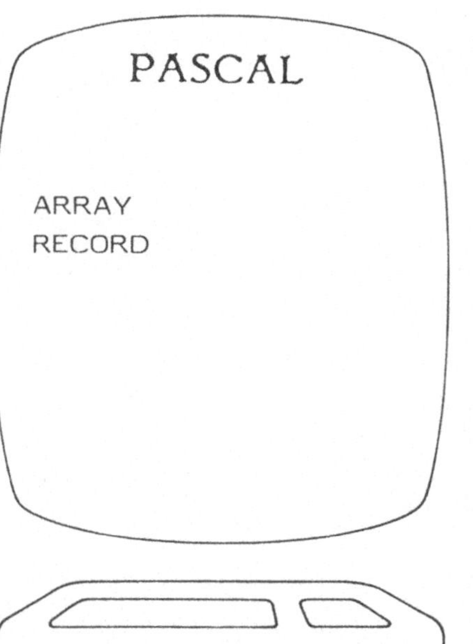
PASCAL
ARRAY
RECORD

ARRAY

Wozu braucht man ARRAYs?
ARRAYs in PASCAL
Deklaration von ARRAYs
Mehrdimensionale ARRAYs

RECORD

Notwendigkeit für RECORDs
RECORDs in PASCAL
Operationen mit RECORDs
Anwendung von RECORDs
als Einheiten
Komponentenweise Anwendung
von RECORDs
RECORDs mit Variantenteilen
Das WITH-Statement

Alle bisher eingeführten Datentypen haben sich dadurch ausgezeichnet, daß Variablen von ihrem Typ genau einen Wert beinhalten können. Dieser Wert wird entsprechend der Typdeklaration interpretiert.

Häufig ist es jedoch von großer Hilfe, wenn mehrere unterschiedliche Daten zusammengefaßt und als Einheit betrachtet werden können. Ein solches Datum ist dann natürlich nicht mehr einfach zu nennen. Wegen der Zusammensetzung aus Daten mit unterschiedlichen Typen heißt ein solcher Datentyp *zusammengesetzt* oder *strukturiert,* da er im Gegensatz zu den anderen einfachen Daten eine dem Anwender bekannte innere Struktur aufweist.

Solche Strukturen sind aus dem täglichen Sprachgebrauch her bereits bekannt und werden – nicht nur bei der Programmierung – häufig verwendet. In PASCAL gibt es zwei solche Arten von Strukturen:

- **ARRAY**

und

- **RECORD.**

Im folgenden werden diese beiden Strukturen systematisch anhand von Beispielen eingeführt.

ARRAY

Wozu braucht man ARRAYs?

Das folgende Beispielprogramm wird zunächst mit den bisher bekannten Mitteln entwickelt; dabei werden also nur Daten einfacher Typen verwendet. Es ist dann zwar ablauffähig, kann jedoch durch Einführung adäquater strukturierter Daten verbessert werden.

Als Beispiel dient folgendes Problem:
In einer Abteilung eines Kaufhauses sollen die Einzelumsätze der fünf Verkäuferinnen statistisch erfaßt werden. Dabei sollen sowohl die Einzelumsätze absolut als auch relativ zum Gesamtumsatz berechnet werden.

Gesucht wird nach einem Programm, das jeden Verkauf einer Verkäuferin registriert, den Warenpreis sowohl zum Einzelumsatz der Verkäuferin als auch zum Gesamtumsatz addiert und schließlich am Tagesende die geforderte Statistik ausgibt.

Dieses Programm wird gemäß den im ersten Kapitel eingeführten Methoden entwickelt. Dazu wird zunächst der Grobablauf durch das folgende Struktogramm wiedergegeben:

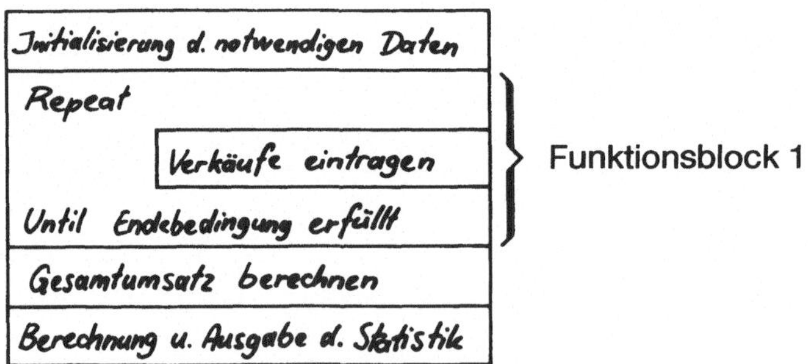

Der erste notwendige Verfeinerungsschritt betrifft den Funktionsblock, der wiederholt ausgeführt wird: Die Repeat-until-Schleife, in der die Verkäufe eingetragen werden. Aus dem dargestellten Grobstruktogramm des Funktionsblockes 1 wird dann durch Verfeinerung folgendes Struktogramm:

Repeat

Nummer der aktuellen Verkäuferin einlesen				
Verkaufspreis einlesen				
Verzweigung je nach Personalnummer der Verk.				
Umsatz der Verk. 1 erhöhen	Umsatz der Verk. 2 erhöhen	Umsatz der Verk. 3 erhöhen	Umsatz der Verk. 4 erhöhen	Umsatz der Verk. 5 erhöhen

Until Endebedingung erfüllt

Da für die Einzelumsätze jeweils eigene Variablen verwendet werden, entstand das Struktogramm in dieser Form. Die Umsätze der einzelnen Verkäuferinnen können ja nur dann korrekt aufsummiert werden, wenn entsprechend der Personalnummer verzweigt wird.

Die Realisierung durch einzelne Variablen führt somit zu einer spezifischen Programmstruktur, die in PASCAL durch einen CASE-Konstrukt realisiert werden kann.

Im folgenden werden die bisher benötigten Daten eingeführt.

Sicher ist, daß für die Einzelumsätze der Verkäuferinnen jeweils eine Variable vom Typ REAL benötigt wird:

```
VAR UV1, UV2, UV3, UV4, UV5: REAL
```

Um die jeweilige Verkäuferin zu identifizieren (Kriterium für die CASE-Anweisung), wird eine weitere Variable benötigt, deren Typ den Bereich der Personalnummern der Verkäuferinnen umfassen muß. Schließlich benötigt man in diesem Bereich noch eine weitere Zahl, mit der das Abbruchkriterium realisiert wird. Unter der Voraussetzung, daß die Personalnummern von 1 bis 5 laufen und das Abbruchkriterium durch 0 realisiert wird, ergibt sich folgende Deklaration:

```
VAR Verkäuferin: 0..5
```

Der Warenpreis wird in einer weiteren Variablen gespeichert:

```
VAR Preis: REAL
```

Schließlich wird der Gesamtumsatz in einer weiteren Variablen abgespeichert.

Dafür ergibt sich folgende Deklaration:

```
VAR  Umsatz: REAL
```

Bei der nächsten Verfeinerung werden zunächst die Teile Initialisierung und Ausgabe betrachtet. Dabei läßt sich unschwer feststellen, daß bei beiden Teilen für jede Umsatzvariable gleichartige Aktionen durchzuführen sind: Alle Variablen müssen mit dem gleichen Wert (0.0) initialisiert werden. Schließlich ist für die Berechnung des relativen Anteils am Gesamtumsatz die gleiche Formel für jede Variable anzuwenden. Da aber unterschiedliche Daten verwendet werden, muß dies jeweils ausprogrammiert werden.

Somit ergibt sich für die Initialisierung das folgende Programmstück:

```
UV1 := 0.0;
UV2 := 0.0;
UV3 := 0.0;
UV4 := 0.0;
UV5 := 0.0
```

Die Ausgabe wird durch folgende Aktionen realisiert:

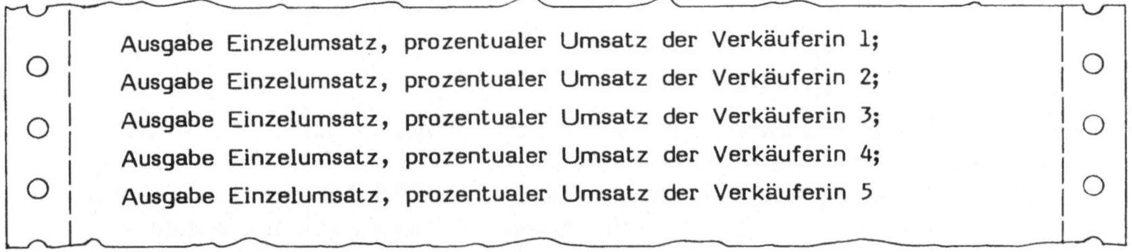

```
Ausgabe Einzelumsatz, prozentualer Umsatz der Verkäuferin 1;
Ausgabe Einzelumsatz, prozentualer Umsatz der Verkäuferin 2;
Ausgabe Einzelumsatz, prozentualer Umsatz der Verkäuferin 3;
Ausgabe Einzelumsatz, prozentualer Umsatz der Verkäuferin 4;
Ausgabe Einzelumsatz, prozentualer Umsatz der Verkäuferin 5
```

Obwohl sowohl die Anweisungen bei der Initialisierung als auch bei der Ausführung sich sehr ähnlich sind und nicht grundlegend unterscheiden, müssen sie auf jeden Fall korrekt ausprogrammiert werden. Somit ergibt sich insgesamt ein relativ komplexes Programm:

```
PROGRAM Umsatz (INPUT, OUTPUT);

(* Dieses Programm summiert einzelne Betraege so lange, bis die
   Verkaeuferinnummer 0 - die keiner Verkaeuferin zugeordnet ist -
   eingegeben wird. Anschliessend werden die Einzelumsaetze der
   fuenf Verkaeuferinnen mit der Nummer der jeweiligen Verkaeufe-
   rin und dem prozentualen Anteil am Gesamtumsatz berechnet.       *)

(* Anmerkung: Bei READ/LN oder WRITE/LN kann INPUT bzw. OUTPUT
              weggelassen werden. Die beiden Angaben werden, falls
              nichts anderes angegeben wird, automatisch eingefuegt. *)

CONST Anzahlverk = 5;                  (* 5 Verkaeuferinnen vorhanden *)

VAR   UV1, UV2, UV3, UV4, UV5: REAL;   (* Einzelumsaetze *)
      Gesamtumsatz:            REAL;
      Preis:                   REAL;
      Verknummer:              0..Anzahlverk;

BEGIN

  WRITELN('Umsatzberechnung fuer eine Abteilung');
  UV1:=0.0; UV2:=0.0; UV3:=0.0; UV4:=0.0; UV5:=0.0;
  REPEAT
    WRITELN('Verkaeuferinnummer:');
    READLN(Verknummer);                (* Eingabe der Verkaeuferinnummer *)
    IF Verknummer in [1..5]            (* richtige Nummer? *)
    THEN BEGIN
      WRITELN('Warenpreis:');
      READLN(Preis);                   (* Einlesen des Preises *)
      CASE Verknummer OF
        1: UV1:=UV1+Preis;
        2: UV2:=UV2+Preis;
        3: UV3:=UV3+Preis;
        4: UV4:=UV4+Preis;
        5: UV5:=UV5+Preis
      END (* CASE *)
    END (* THEN BEGIN *)
  UNTIL Verknummer = 0;                (* Endekriterium *)
  Gesamtumsatz := UV1+UV2+UV3+UV4+UV5; (* Ausgabe vorbereiten *)
  WRITELN;
  WRITELN('Verkaeuferin | erzielter Umsatz | prozentual');
  WRITELN('-------------+------------------+-----------');
  (* Anmerkungen zu den folgenden Ausgaben:
     1. Die erste Ausgabe ist stets die Ausgabe der Prsonalnummer
     2. Die durch ':' getrennten Angaben dienen der Aufteilung der
        Ausgabe in Spalten (Druckanweisungen). Diese werden bei der
        Erlaeuterung der Prozeduren WRITE und WRITELN erklaert.      *)
  WRITELN(1:12, ' | ', UV1:13:2, ' DM | ', 100*UV1/Gesamtumsatz:9:3, '%');
  WRITELN(2:12, ' | ', UV2:13:2, ' DM | ', 100*UV2/Gesamtumsatz:9:3, '%');
  WRITELN(3:12, ' | ', UV3:13:2, ' DM | ', 100*UV3/Gesamtumsatz:9:3, '%');
  WRITELN(4:12, ' | ', UV4:13:2, ' DM | ', 100*UV4/Gesamtumsatz:9:3, '%');
  WRITELN(5:12, ' | ', UV5:13:2, ' DM | ', 100*UV5/Gesamtumsatz:9:3, '%')

END (* UMSATZ *) .
```

Bereits weiter oben wurde angesprochen, daß die Verarbeitung der Daten mittels einzelner Variablen umständlich ist und zu einem langen und umständlichen Programm führt. Weitaus einfacher könnten mehrere Programmteile gestaltet werden, würde man umgangssprachliche Formen anwenden können wie zum Beispiel: 'Addiere den Warenpreis zum Umsatz der vierten Verkäuferin'. Der wesentliche Unterschied dieser Anweisung gegenüber der im Programm gebrauchten liegt darin, daß für die Aufnahme der Einzelumsätze nicht mehr jeweils eine eigene

Variable verwendet wird, sondern alle Einzelumsätze aller Verkäuferinnen in genau einer Variablen gespeichert werden. Will man nun einen bestimmten Wert aus diesem zusammengesetzten Datum erhalten, so benötigt man ein Auswahlkriterium, in diesem Fall die Nummer der Verkäuferin.

Ein Datum dieser Art sieht dann in der graphischen Darstellung folgendermaßen aus:

Werte	Einzel-umsatz	Einzel-umsatz	Einzel-umsatz	Einzel-umsatz	Einzel-umsatz
Index	Verk 1	Verk 2	Verk 3	Verk 4	Verk 5

Man sieht hier sehr deutlich eine Zweiteilung des zusammengesetzten Datums:

Einerseits sind die Werte wie einzelne Daten eines bestimmten Typs anzusehen, andererseits gibt es noch einen Index, mit dem jeweils ein Wert aus der Gesamtstruktur ausgewählt werden kann.

Diese Zugriffsart heißt der *Zugriff auf indizierte Variable.* Solche Variablen stellen eine Reihe (engl.: array) dar und heißen **ARRAY.**

Die Abarbeitung von ARRAYs kann nun nicht so einfach geschehen wie von einfachen Variablen. Im Normalfall muß erst ein Element ausgewählt werden, d. h. die ARRAY-Variable muß indiziert werden. Diese indizierte Variable kann dann, wenn sie einfachen Typs ist, wie jedes andere deklarierte Datum verwendet werden.

Diese Art des Zugriffs erscheint auf den ersten Blick kompliziert und gegenüber einfachen Variablen keine nennenswerten Vorteile zu besitzen. Je nach gestellter Aufgabe sind jedoch ARRAYs gerade wegen der Möglichkeit der Verwendung indizierter Werte genau die adäquate Darstellung von gewünschten Daten. Dies ist insbesondere dann der Fall, wenn der Index einfach bearbeitbar ist, wie beim Verkäuferinnen-Beispiel.

Durch die Einführung einer ARRAY-Variablen für die Einzelumsätze der Verkäuferinnen ergeben sich nämlich Änderungen im oben entwickelten Programm, die ganz wesentlich zu einer Vereinfachung und Verallgemeinerung beitragen:

1. Die Initialisierung vereinfacht sich zu einer Schleife.

2. Die CASE-Anweisung entfällt. Der Zugriff zu den Einzelumsätzen geschieht ja mittels eines Index auf ein ARRAY. Der Index ist die Verkäuferinnennummer, wurde durch die READ-Anweisung eingegeben und kann direkt verwendet werden.

3. Die Ausgabe vereinfacht sich – wie die Initialisierung – zu einer Schleife über alle möglichen Indizes. Statt der fünf fast identischen Ausgabeanweisungen kann eine einzige verwendet werden, wobei durch den Index der jeweilige Einzelumsatz ausgewählt bzw. die Personalnummer angegeben wird.

Da also zusammengesetzte Daten unter Umständen für die Programmierung außerordentlich nützlich sind, sind sie auch in PASCAL zugelassen. Bevor nun das vereinfachte Programm angeführt wird, werden noch allgemeine Eigenschaften von ARRAYs in PASCAL erläutert.

ARRAYs in PASCAL

Welche Eigenschaften haben ARRAYs in PASCAL?

1. Durch ein ARRAY wird stets eine bestimmte Menge von Daten gleichen Typs zu einer Einheit zusammengefaßt. Diese Einheit kann als Gesamtheit betrachtet und eventuell auch so verarbeitet werden. Ihre einzelnen Elemente, die Komponenten, können – wenn sie ausgewählt werden – genauso wie Daten des Komponententyps verwendet werden. Insbesondere sind alle Operationen darauf zulässig, die der Datentyp erlaubt.

2. Als Auswahlkriterium für eine Komponente eines ARRAY dient ein *Index*. Die zulässigen Indexwerte müssen bei der Deklaration des ARRAY bzw. bereits bei der Deklaration des ARRAY-Typs bekannt sein. Der Indextyp ist ein Datentyp und kann ebenfalls deklariert werden. Er muß ein Aufzählungstyp sein, da die Indexmenge begrenzt sein und eine bestimmte Ordnung besitzen muß. Sonst könnten die Einzelkomponenten nicht mit Sicherheit bei der Indizierung ausgewählt werden.

Bei ARRAYs kann man also von der Kombination von zwei miteinander verbundenen Datentypen sprechen, dem *Komponententyp* (oder dem Elementtyp) und dem *Indextyp,* die beide gemeinsam zu einem neuen, strukturierten Datentyp zusammengefaßt werden. Jeder Wert des Indextyps zeigt dabei genau auf eine Komponente des ARRAY. Dies ist deshalb möglich, weil bei der Deklaration des ARRAY der Indextyp bereits bekannt (zuvor deklariert) ist und dadurch jedem Wert genau ein Element zugeordnet werden kann. Die Zuordnungsreihenfolge entspricht dabei der durch die Deklaration des Indextyps vorgegebenen Ordnung, die ja durch den Aufzählungstyp festgelegt ist.

Bei der Deklaration des ARRAY bzw. des ARRAY-Typs sind also alle möglichen Indizes bereits fest vorgegeben. Über den Inhalt der einzelnen Komponenten kann jedoch nichts ausgesagt werden, wie auch bei einfachen Variablen. Nach der Deklaration sind also von einem ARRAY folgende Eigenschaften bekannt:

Anzahl der Elemente	(Anzahl der Elemente des Indextyps)
Reihenfolge der Elemente	(Reihenfolge der Elemente des Indextyps)
Typ der Elemente	(Typfestlegung)

Bisher wurde keine Einschränkung bezüglich der Art des Indextyps gemacht. Es scheint also möglich, daß jeder beliebige Aufzählungstyp als Indextyp verwendet werden könnte. Dies ist im Prinzip richtig, jedoch gibt es folgende offensichtliche Einschränkung: Es ist nicht möglich, einen Aufzählungstyp als Indextyp eines ARRAY zu verwenden, der 'zu viele' Werte besitzt.

Dabei ist 'zu viele' so zu verstehen, daß gewährleistet sein muß, daß das deklarierte ARRAY auch im Speicher des Rechners untergebracht werden kann. Aus diesem Grund kann der vordeklarierte Aufzählungstyp INTEGER nicht als Indextyp verwendet werden, obwohl er – abgesehen von der Menge seiner Werte – verwendbar wäre. Ein Teilbereich der INTEGERs kann natürlich als Indextyp angewandt werden, was ja auch im Verkäuferinnen-Beispiel demonstriert wurde.

Als Elementtyp kann jeder beliebige Datentyp verwendet werden. Dabei spielt es keine Rolle, ob der zu verwendende Typ vordeklariert ist oder erst vom Benutzer eingeführt wurde. Später wird noch demonstriert, daß sogar strukturierte Datentypen als Elementtypen verwendbar sind.

Deklaration von ARRAYs

ARRAYs werden analog den Daten einfachen Typs deklariert. Der wesentliche Unterschied gegenüber diesen einfachen Daten liegt darin, daß bei ARRAYs zwei verschiedene Datentypen zu definieren sind: der Index- und der Elementtyp. Insofern ist also die Deklaration auf der Typseite komplexer als bei einfachen Daten.

Grundsätzlich gibt es zwei Wege – analog den Daten einfachen Typs – ein ARRAY zu deklarieren:

1. Man definiert zunächst nur den ARRAY-Typ als Datentyp und dann erst die Variablen dieses Typs
2. oder man definiert den Datentyp implizit bei der Variablendeklaration.

Dabei unterscheiden sich die beiden Teile der Typdeklaration von ARRAYs in beiden Fällen nicht, d. h. daß die Typdeklaration unabhängig davon, ob sie als reine Typdeklaration angeführt oder implizit bei der Deklaration einer Variablen verwendet wird, immer das gleiche Aussehen hat:

```
ARRAY [<Indextyp>] OF <Elementtyp>
```

Die beiden in spitze Klammern eingeschlossenen Typen sind entsprechend den oben angeführten Regeln anzugeben:

<Indextyp>: Kann ein beliebiger Aufzählungstyp sein, mit der Einschränkung, daß das so deklarierte ARRAY gespeichert werden kann.
<Elementtyp>: Kann ein beliebiger Datentyp sein.

Die Wortsymbole *ARRAY* und *OF* sind fest vorgegeben. Die Typen bzw. Typnamen für Index und Elemente können vom Benutzer frei vorgegeben werden. Dies bedeutet insbesondere, daß sowohl für den Index- als auch für den Elementtyp implizite Typdeklarationen als auch Typnamen zulässig sind.

Will man also einen ARRAY-Typ deklarieren, so wird im Typdeklarationsteil folgendermaßen verfahren:

```
TYPE<ARRAYtyp>          = ARRAY <Indextyp> OF <Elementtyp>
```

Eine ARRAY-Variable wird dann so deklariert:

```
VAR<ARRAYname>          :<ARRAYtyp>
```

bzw.

```
<ARRAYname>: ARRAY <Indextyp> OF <Elementtyp>(*implizite Typdeklaration*)
```

Natürlich ist es auch zulässig, daß mehrere ARRAY-Variablen gleichen Typs, durch Kommata voneinander getrennt, in einer Deklarationszeile angegeben werden, wie es auch schon bei einfachen Variablen möglich war.

Beispiele für ARRAY-Deklarationen:

Aus dem obigen Beispiel der Berechnung der Einzelumsätze kann folgende Deklaration abgeleitet werden:

```
VAR Einzelumsätze : ARRAY [0 .. Anzahlverk] OF  REAL
```

In diesem Fall wird der Indextyp direkt angegeben. Es wäre genauso gut möglich gewesen, diesen Typ zu benennen, etwa durch:

```
TYPE Personalnummer = 0 .. Anzahlverk
```

und dann die Variable folgendermaßen zu deklarieren:

```
VAR Einzelumsätze : ARRAY [Personalnummer] OF  REAL
```

Ein weiteres Beispiel zeigt einen vordeklarierten Indextyp:

```
VAR Aktion : ARRAY [boolean] OF  INTEGER
```

In diesem Fall sind die zulässigen Indizes die beiden Werte TRUE und FALSE, also der Wertebereich des Typs BOOLEAN. Insgesamt besteht also das ARRAY 'Aktion' aus zwei Elementen:

Element mit Index FALSE	Element mit Index TRUE

Dabei wird die Ordnung des Typs BOOLEAN (also die 'Reihenfolge' der beiden Wahrheitswerte FALSE und TRUE) sichtbar.

Wie wird nun auf die einzelnen Elemente von ARRAYs zugegriffen?

Die einzelnen Elemente unterscheiden sich nicht wesentlich von bisher bekannten Variablen irgendeines Typs. Somit können ihnen Werte zugewiesen werden oder ihre Werte können für Berechnungen in Ausdrücken verwendet werden. Der einzige Unterschied zu den anderen Variablen besteht darin, daß sie nicht direkt durch einen Namen angesprochen werden können, sondern nur durch den Namen der ARRAY-Variablen und Auswahl durch den Index.

Indizes sind aus der Mathematik her bekannt – sie werden dort meistens durch tiefgestellte kleine Buchstaben dargestellt. Diese Darstellung ist in PASCAL und anderen Programmiersprachen technisch nicht möglich, da die meisten Geräte keine Tiefstellung von Zeichen kennen. Zudem ist aufgrund der obigen Ausführungen bereits deutlich geworden, daß die ausschließliche Verwendung kleiner Buchstaben für Indizes eine wesentliche Einschränkung gegenüber dem in PASCAL verwendeten Konzept darstellt, da hier ja (fast) alle Aufzählungstypen als Indextypen zugelassen sind.

Als Werte für Indizes sind also alle Möglichkeiten zugelassen, auf die ein Wert des Indextyps dargestellt werden kann:

1. Konstante des Indextyps
2. Variable des Indextyps
3. Ergebnis eines Ausdrucks, das vom Indextyp ist.

Die Indizes selbst werden durch Einschluß in eckige Klammern dargestellt, so wie bei der Deklaration die Definition des Indextyps. Innerhalb der eckigen Klammer steht dann eine Konstante, Variable oder ein Ausdruck des Indextyps.

Will man zum Beispiel den Einzelumsatz der vierten Verkäuferin bestimmen, so geschieht dies durch folgenden Zugriff:

```
Einzelumsätze [4]
```

Sollen in einer Schleife alle Einzelumsätze bearbeitet werden (wie das im Beispiel bei der Ausgabe der Fall ist). so kann der Zugriff am leichtesten durch eine Laufvariable als Index realisiert werden (zugrundegelegt sind die obigen Deklarationen):

```
VAR Verknummer : Personalnummern;
...
    FOR Verknummer := 1 TO 5 DO
        Einzelumsätze [Verknummer]:= ...
```

Hier wird deutlich, daß also eine einzige Laufanweisung oder Schleife genügt, um alle Werte eines ARRAY abzuarbeiten, was sicher vorteilhafter ist als die im Beispiel gezeigte Methode. Dies wird am besten durch das modifizierte Programm UMSATZ demonstriert, das deutlich kürzer geworden ist, vor allem in den geänderten Teilen:

```
PROGRAM Umsatz (INPUT, OUTPUT);

(* Dieses Programm summiert einzelne Betraege so lange, bis die
   Verkaeuferinnummer 0 - die keiner Verkaeuferin zugeordnet ist -
   eingegeben wird. Anschliessend werden die Einzelumsaetze der
   fuenf Verkaeuferinnen mit der Nummer der jeweiligen Verkaeufe-
   rin und dem prozentualen Anteil am Gesamtumsatz berechnet.      *)

(* Anmerkung: Bei READ/LN oder WRITE/LN kann INPUT bzw. OUTPUT
              weggelassen werden. Die beiden Angaben werden, falls
              nichts anderes angegeben wird, automatisch eingefuegt. *)

(* ************** Verbesserte Version ************** *)

CONST Anzahlverk  = 5;                 (* 5 Verkaeuferinnen vorhanden *)

TYPE  Persnummern = 0..Anzahlverk;     (* Personalnummern der Verkaeuferinnen *)

VAR   UA          : ARRAY [Persnummern] OF REAL; (* Einzelumsaetze *)
                                       (* Der Gesamtumsatz wird im
                                          Element 0 gespeichert     *)
      Preis       : REAL;
      Verknummer  : Persnummern;

BEGIN

  WRITELN('Umsatzberechnung fuer eine Abteilung');
  FOR Verknummer := 1 TO Anzahlverk DO UA[Verknummer] := 0;
  REPEAT
    WRITELN('Verkaeuferinnummer:');
    READLN(Verknummer);                (* Eingabe der Verkaeuferinnummer *)
    IF Verknummer in [1..5]            (* richtige Nummer? *)
    THEN BEGIN
      WRITELN('Warenpreis:');
      READLN(Preis);                   (* Einlesen des Preises *)
      UA[Verknummer] := UA[Verknummer]+Preis
    END (* THEN BEGIN *)
  UNTIL Verknummer = 0;                (* Endekriterium *)
  UA[0] := UA[1]+UA[2]+UA[3]+UA[4]+UA[5];
  WRITELN;
  WRITELN('Verkaeuferin | erzielter Umsatz | prozentual');
  WRITELN('-------------+------------------+-----------');
  (* Anmerkungen zu den folgenden Ausgaben:
     1. Die erste Ausgabe ist stets die Ausgabe der Prsonalnummer
     2. Die durch ':' getrennten Angaben dienen der Aufteilung der
        Ausgabe in Spalten (Druckanweisungen). Diese werden bei der
        Erlaeuterung der Prozeduren WRITE und WRITELN erklaert.     *)
  FOR Verknummer := 1 TO 5 DO
    WRITELN(Verknummer:12, ' | ', UA[Verknummer]:13:2,
            ' DM | ', 100*UA[Verknummer]/UA[0]:9:3, '%')
END (* UMSATZ *) .
```

Schließlich sei noch ein weiteres Beispiel für ARRAYs betrachtet. Sieht man sich eine Textzeile an, so stellt man fest, daß sie aus der Aneinanderreihung einzelner Zeichen besteht. Man könnte also den Typ einer Textzeile folgendermaßen definieren:

```
TYPE Textzeile = ARRAY [1 .. 80] OF CHAR
```

Durch diese Deklaration wird ein Typ definiert, bei dem bis zu 80 Zeichen pro Zeile auftreten können. Eine entsprechende Variablendeklaration könnte dann z. B. folgendermaßen aussehen:

```
VAR Zeile : Textzeile
```

Auf die einzelnen Zeichen könnte dann durch Indizierung mit einem Wert zwischen 1 und 80 zugegriffen werden.

Diese Deklaration hat aber noch einen kleinen Nachteil, der zunächst nicht offensichtlich wird: Da bei der Speicherung von ARRAYs, um möglichst schnellen Zugriff zu den einzelnen Elementen zu erhalten, normalerweise die einzelnen Elemente jeweils in Maschinenworten abgespeichert werden (jedes Element beginnt dann an einer Wortgrenze), verliert man hier unnötig Speicherplatz, da CHARacters bei fast allen Maschinen weniger als ein Wort zur Speicherung benötigen.

Graphisch läßt sich das folgendermaßen veranschaulichen:

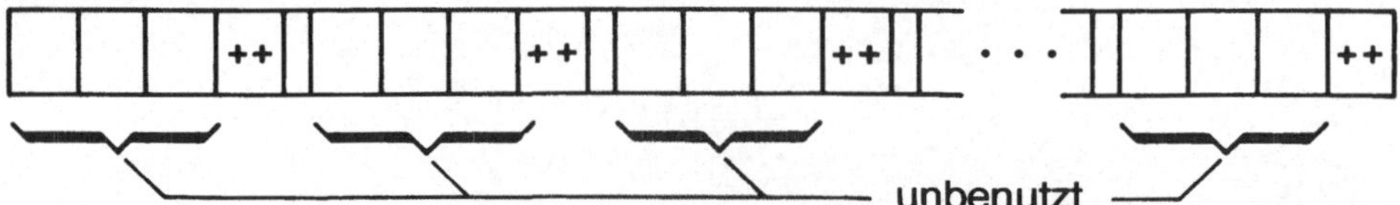

Bei der Abbildung wurde angenommen, daß ein Wort vier Bytes belegt. Das würde bedeuten, daß 75% – also 3 Bytes – jedes Wortes bei dieser Art der Speicherung nicht verwendet würden. Nur im jeweils letzten Byte würde das aktuelle Zeichen abgespeichert sein (in der Darstellung durch ++ gekennzeichnet). Dies hat jedoch zudem noch einen weiteren Nachteil: Solche Strings können nicht ausgegeben werden, ohne daß man jedes Zeichen einzeln ausgibt. Die Anweisung

```
WRITELN (Zeile)
```

kann nicht ausgeführt werden.

Abhilfe schafft folgende Anweisung: Man gibt an, daß die Speicherung eines solchen ARRAY speicherplatzoptimal vorgenommen werden soll. Dabei wird dann in Kauf genommen, daß der Zugriff zu den einzelnen Elementen unter Umständen etwas verlangsamt wird. Dies ist jedoch bei der Verarbeitung von Strings (Zeichenfolgen) normalerweise belanglos, da diese meistens als Gesamtheit verwendet werden. Die Angabe der Speicherplatzoptimierung geschieht durch das Wortsymbol PACKED und eine korrekte String-Typdeklaration hat dann folgendes Aussehen:

```
CONST     Stringlength = 40;
TYPE      Stringindex  = 1 .. Stringlength;
          String       = PACKED ARRAY [Stringindex] OF  CHAR;
VAR       Zeile        : String
```

In diesem Fall kann der Inhalt der Variablen 'Zeile' direkt durch eine WRITE- bzw. WRITELN-Anweisung ausgegeben werden:

```
WRITELN(Zeile)
```

Die Zuweisung eines Wertes an diese Variable geschieht dann durch:

```
Zeile :=     `Dies ist eine Zeile mit Text.
```

Zu beachten ist, daß der String auf der rechten Seite der Zuweisung die gleiche Länge besitzen muß wie in der Typdeklaration angegeben. Ist dies nicht der Fall, so gibt es einen Typkonflikt.

Achtung:
Die Verwendung von Strings ist in vielen PASCAL-Dialekten unterschiedlich. Eine Reihe von Compilern hat bereits den Typ STRING vordeklariert. so daß das obige Beispiel zu Fehlern führen kann. Außerdem ist es bei vielen Implementierungen möglich, Strings auch unterschiedlicher Länge einander zuzuweisen. Schließlich ist häufig noch ein Paket mit Funktionen realisiert, mit denen Strings effizient verarbeitet werden können. Dazu zählen z.B. Funktionen wie Konkatenation, Suche nach Teilstrings, Einfügen oder Löschen von Stringteilen usw. Die dargestellte Methode ist jedoch die, die in Standard PASCAL definiert ist.

Mehrdimensionale ARRAYs

Es gibt Probleme, bei denen auch strukturierte Daten, evtl. sogar ARRAYs, mehrfach auftreten und so wieder in einer bestimmten Anordnung geschrieben werden könnten.

Dazu ein Beispiel:

Das Programm UMSATZ soll so modifiziert werden, daß nicht nur die Einzelumsätze aller Verkäuferinnen pro Tag berechnet werden, sondern jede Stunde während der Ladenzeit. Schließlich soll die gleiche Statistik wie im bisherigen Programm ausgegeben werden.

Da bei dieser Aufgabenstellung zwischen 9.00 und 18.00 Uhr neunmal gleichartige Daten anfallen, wie im bisherigen Programm ein einziges Mal, ist es fast unumgänglich, auch diese wieder zu einem ARRAY anzuordnen.

Dies ist in PASCAL möglich. Wie aus der Definition der Syntax im vorigen Abschnitt schon deutlich wurde, spielt der Typ der einzelnen Elemente für den Benutzer keine Rolle bei der Deklaration. Es wurde nichts darüber ausgesagt, ob der Typ ein einfacher Datentyp sein muß oder auch strukturiert sein kann.

In dem oben genannten Beispiel der Analyse zu jeder Stunde könnte man sich folgende Daten überlegen:

Benötigt wird ein Datum – z. B. mit dem Namen Analyse – das für jede Verkäuferin den Umsatz pro Stunde aufnehmen kann. Von der Struktur her entspricht es damit einer geordneten Reihe von ARRAYs, wie im einfachen Beispiel deklariert. Im Gegensatz dazu ist jedoch für jede Stunde ein eigenes Datum dieser Art notwendig; die Struktur dieser Daten ist jedoch völlig identisch.

Mit den bisherigen sprachlichen Mitteln könnte ein solches Datum nicht als Einheit deklariert werden. Man müßte also eine Reihe gleichstrukturierter Daten, z. B. Analyse9, Analyse10, . . ., Analyse17 deklarieren. PASCAL bietet jedoch die Möglichkeit, diese gleichartigen Daten zu einem einzigen 'ARRAY' Analyse zusammenzufassen.

Die Struktur des Datums Analyse kann dann durch folgendes Bild verdeutlicht werden:

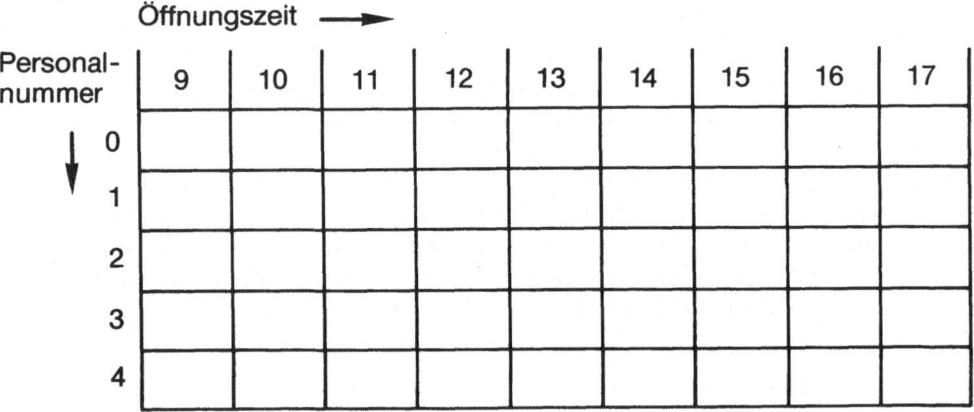

Es ergibt sich, daß durch den Zugriff über die Tageszeit jeweils genau ein Element vom Typ Stundenumsatz erhältlich ist. Dieses kann wiederum durch eine Indizierung mit Hilfe einer Personalnummer weiter aufgespalten werden, so daß sich insgesamt eine zweistufige Indizierung ergibt. Die erste liefert ein Datum des Typs Stundenumsatz, die zweite ein Einzeldatum des Typs REAL. Diese doppelte Indizierung könnte folgendermaßen aussehen: Soll beispielsweise um 14.00 Uhr ein Eintrag für die Verkäuferin der Personalnummer 4 von DM 17.20 eingetragen werden, so müßte das folgendermaßen notiert werden:

```
Analyse [14] [4] := Analyse [14] [4] + 17.20
```

(Anmerkung: Die Addition ergibt sich aus der Aufgabenstellung.)

Diese Schreibweise ist aufwendig. Aus diesem Grund erlaubt PASCAL eine abgekürzte Schreibweise, die jedoch nicht so systematisch zu erklären ist wie die oben genannte. Die rechte Seite der Zuweisung reduziert sich mit ihr auf:

```
Analyse [14,4] + 17.20
```

Die einzelnen Indizes werden dabei in ihrer Definitionsreihenfolge hintereinander geschrieben und jeweils durch Kommata getrennt.

Durch diese Schreibweise wird jedoch ebenfalls die Hierarchie deutlich: Zunächst wird über die Uhrzeit indiziert, was ein Datum des Typs Stundenumsatz ergibt, das dann wiederum durch eine Personalnummer weiter verfeinert werden kann. Diese Schreibweise ist aus der Mathematik her bekannt, wo bei Matrizen die einzelnen Indizes zwar tiefgestellt, aber hintereinander und durch Kommata getrennt notiert werden.

Durch die Möglichkeit, auch strukturierte Daten zu ARRAYs zusammenzufassen, ergibt sich eine Reihe von sinnvollen Anwendungsmöglichkeiten.

Betrachtet man zur weiteren Demonstration als Beispiel eine Bibliothek, so besteht sie aus einzelnen Büchern, diese wiederum aus einzelnen Seiten und eine Seite selbst aus Zeilen, die aus Zeichen aufgebaut sind. Diese Hierarchie läßt sich nun in PASCAL ebenfalls durch eine äquivalente Typdefinition beschreiben.

```
TYPE
    Zeile        =        ARRAY [1 .. 99] OF CHAR;
    Seite        =        ARRAY [1 .. 80] OF Zeile;
    Buch         =        ARRAY [1 .. 1000] OF Seite;
    Bibliothek   =        ARRAY [1 .. 10000] OF Buch;

VAR Hausbibliothek : Bibliothek
```

Durch eine vierfache Indizierung ist es dann möglich, in der Variablen Hausbibliothek auf einzelne Elemente, d.h. Zeichen der Bibliothek zuzugreifen. Diese Hierarchie zeigt das ARRAY-Konzept überaus deutlich.

RECORD

Notwendigkeit für RECORDs

Im letzten Abschnitt wurde eine Datenstruktur eingeführt, mit der gleichartige Daten als Einheit bearbeitet werden können: die Struktur des ARRAY.

Wenn man nun allgemeine Daten betrachtet, so wird man feststellen, daß die Zusammenfassung gleichartiger Elemente zu einer Einheit nur einen bestimmten Teil aller notwendigen Anwendungsfälle abdecken kann.

Dazu folgendes Beispiel:

Es soll ein Kalenderdatum der Form

Tag Monat Jahr

dargestellt werden.

Die einzelnen Komponenten dieses Datums können zwar alle numerisch dargestellt werden. Sie besitzen jedoch unterschiedliche Wertebereiche:

```
Tag:       1 .. 31
Monat:     1 .. 12
Jahr:      0 .. 2000 (eine von mehreren Möglichkeiten)
```

Eine Zusammenfassung dieser einzelnen Elemente mittels eines ARRAY wäre nur dann möglich, wenn alle Komponenten den gleichen Datentyp besitzen würden.

Betrachtet man zudem die Art des Zugriffes, so wird man feststellen, daß durch einen indizierten Zugriff auch die Art der Verwendung dieses dreiteiligen Datums nicht klar dargestellt wird. Dazu kann man sich veranschaulichen, daß in unterschiedlichen Ländern die Art der Darstellung von Kalenderdaten unterschiedlich ist:

Deutschland:	Tag Monat Jahr
USA:	Jahr Monat Tag

Realisierte man die Darstellung eines Datums also durch ein ARRAY, so würden dadurch diese speziellen Eigenschaften in keiner Weise berücksichtigt werden können. Zudem wäre eine derartige Darstellung für den Programmierer mißverständlich.

Gesucht ist also eine Möglichkeit der Darstellung zusammengesetzter Daten in einer Einheit, die es ermöglicht

- Daten auch unterschiedlichen Typs zusammenzufassen,
- auf die einzelnen Komponenten ohne explizites Wissen der Reihenfolge zuzugreifen.

Diese Anforderungen werden durch **RECORDs** erfüllt.

RECORDs in PASCAL

Die Sprache PASCAL bietet die Möglichkeit, auch zusammengesetzte Daten mit unterschiedlichen Einzeltypen als RECORDs darzustellen. RECORDs besitzen viele Ähnlichkeiten mit ARRAYs. Ihre Anwendung ist in vielen Fällen ähnlich.

Ebenso wie einfache Datentypen können RECORD-Typen deklariert werden. Dazu dient eine Anweisung im Typdeklarationsteil des Deklarationsteils. Das oben genannte Beispiel eines Datums hätte in PASCAL folgende Form:

```
TYPE Datum =   RECORD
                         Tag:      1 .. 31;
                         Monat:    1 .. 12;
                         Jahr:     0 .. 2000
               END
```

An diesem Beispiel ist schon die Notation von RECORD-Typen ersichtlich:

- Eingeleitet wird die Typdefinition eines RECORD durch das Wortsymbol RECORD,
- beendet durch das Wortsymbol END.
- Analog zu allen Typdefinitionen werden die einzelnen Deklarationen durch Semikolons voneinander getrennt, wobei auch hier das Semikolon nicht zur Typdeklaration gehört.

Die einzelnen Elemente (Komponenten) des so definierten RECORD können jeden Datentyp besitzen, der entweder zuvor deklariert wurde oder Standardtyp ist.

Durch die Verwendung symbolischer Monatsnamen könnte das obige Beispiel noch besser veranschaulicht werden:

```
TYPE Monatsname = (Jan, Feb, Mar, Apr, Mai, Jun,
                   Jul, Aug, Sep, Okt, Nov, Dez);
        Datum =    RECORD
                           Tag:      1 .. 31;
                           Monat:    Monatsname;
                           Jahr:     0 .. 2000
                   END
```

Die einzelnen Werte der Komponente 'Monat' besitzen dann nicht mehr numerische Werte zwischen 1 und 12, sondern einen der zuvor deklarierten symbolischen Werte Jan bis Dez. Die Verarbeitung dieser Komponente wird dadurch natürlich auch auf die Verarbeitung ihrer symbolischen Werte beschränkt.

Man kann sich nun die Darstellung eines solchen Datentyps durch folgendes Bild veranschaulichen:

Das Datum besteht aus drei einzelnen Teilen:

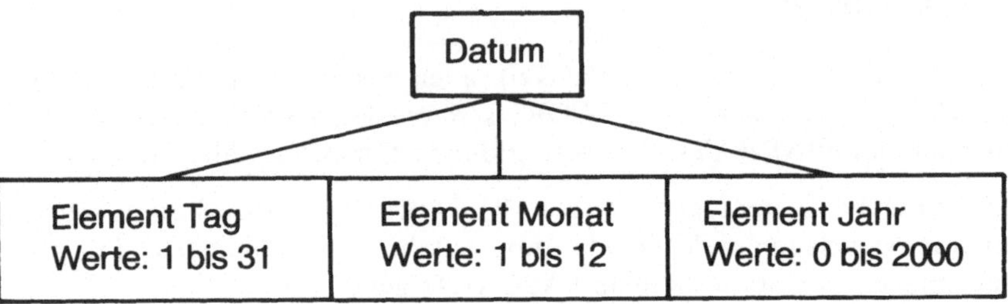

Jedes der drei Elemente ist – unabhängig von seiner Aufschreibung – nur durch einen *Namen*, nicht durch einen Index auswählbar.

Die einzelnen Komponenten eines RECORD können natürlich auch vom gleichen Typ sein, wenn die Anwendung dies erfordert. Als Beispiel seien die komplexen Zahlen angeführt, die man bekanntlich als Zahlenpaar mit einem reellen und einem imaginären Teil darstellen kann. Die einzelnen Beträge sind jeweils reell. Da die reellen Zahlen in PASCAL annäherungsweise durch REALs dargestellt werden, ergibt sich für die komplexen Zahlen folgende Typdeklaration:

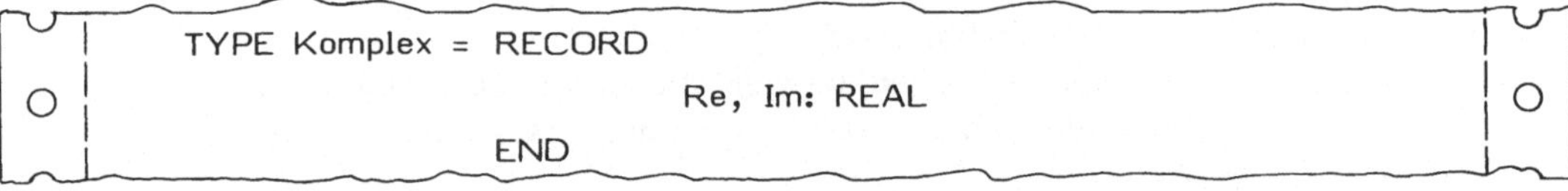

```
TYPE Komplex = RECORD
                            Re, Im: REAL
               END
```

Man sieht, daß ähnlich wie bei der Typdefinition einfacher Typen auch hier die Möglichkeit gegeben ist, die Namen mehrerer Daten gleichen Typs, durch Kommata getrennt, hintereinander aufzuschreiben. Ein Datum des Typs Komplex besteht also nach obiger Definition aus zwei Komponenten mit den Namen Re bzw. Im, die beide den Datentyp REAL besitzen.

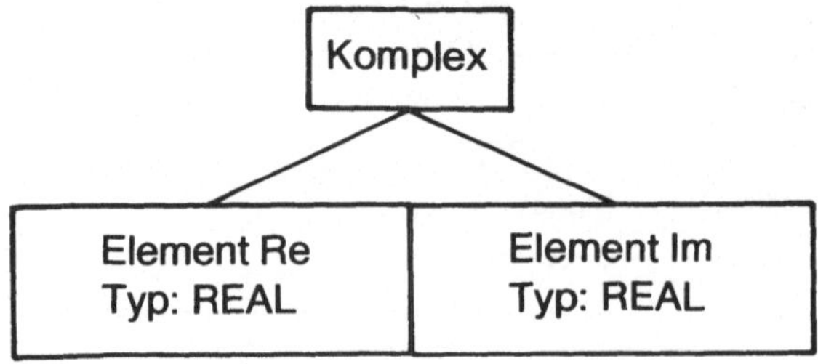

Ähnlich wie bei ARRAYs kann es in manchen Fällen notwendig sein, daß der Aufbau einer Datenstruktur selbst wieder einzelne Komponenten komplexeren Typs beinhaltet, wie z.B. ARRAYs oder RECORDs.

Dazu ein Beispiel:

Es soll eine Datenstruktur definiert werden, die es ermöglicht, Angaben über Personen, wie Namen, Geburtsdatum, Familienstand, sowie Anschrift zu speichern. Die einzelnen Hauptkomponenten eines solchen RECORD sind dann natürlich durch die einzelnen Typen der einzelnen Daten gegeben. Nimmt man weiter an, daß für diese Komponenten noch die Datentypen zu definieren sind, so könnte das Beispiel durch folgende Deklaration realisiert werden:

```
TYPE Name      = PACKED ARRAY [1..20] OF CHAR;
     String    = PACKED ARRAY [1..40] OF CHAR;
     Famstand  = (led, verh, verw, gesch, dgl);
     Datum     =          RECORD
                                Tag:       1 .. 31;
                                Monat:     1 .. 12;
                                Jahr:      0 .. 2000
                          END;
     Anschrift =          RECORD
                                Straße, Wohnort:    String;
                                PLZ:                1 .. 9999;
                                Hausnummer:         1 .. 999
                          END;
     Person    =          RECORD
                                Vorname, Nachname: Name;
                                Stand:             Famstand;
                                Geburtsdatum:      Datum;
                                Adresse:           Anschrift
                          END
```

Diese Folge von Typdeklarationen definiert eine Struktur folgender Art:

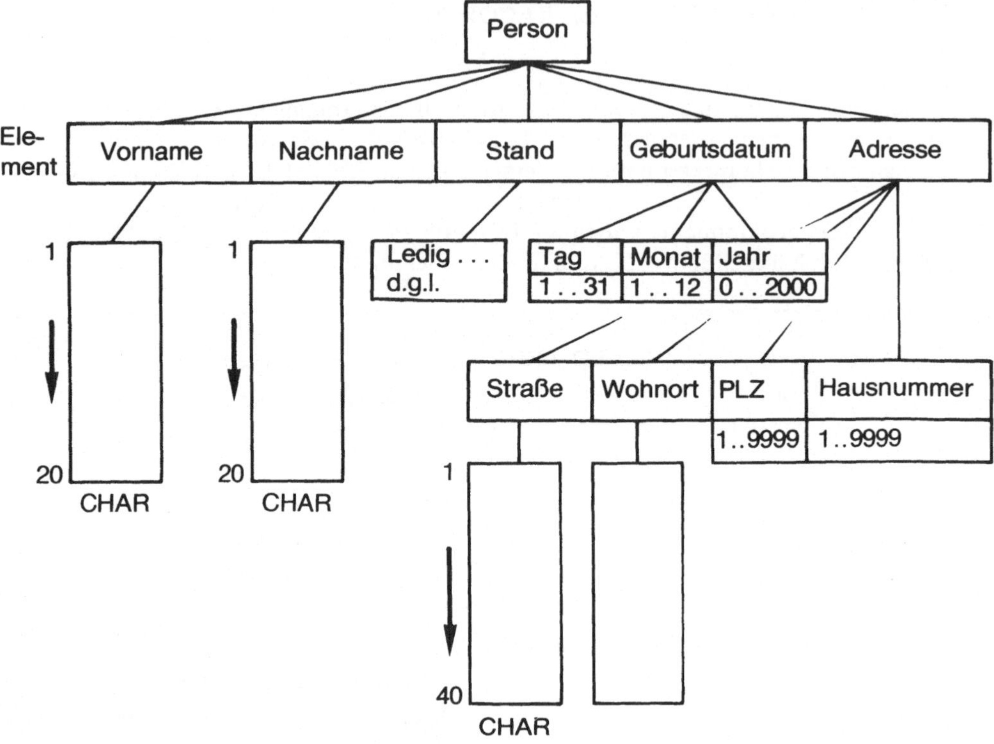

Im Anschluß an die Typdefinition des gewünschten RECORD-Datentyps können dann – wie bei anderen Datentypen – Variablen dieses Typs in der bekannten Weise deklariert werden:

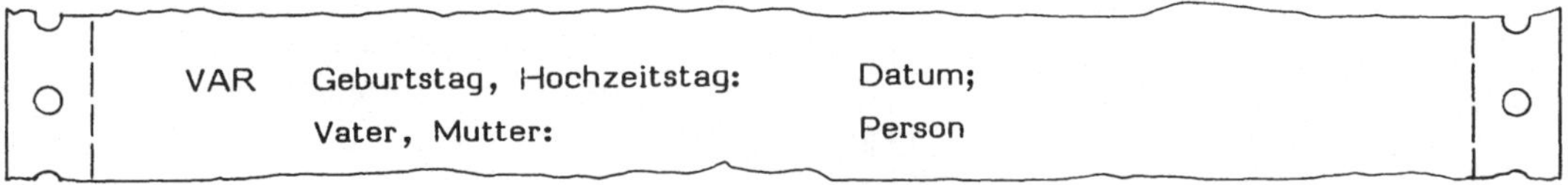

```
VAR   Geburtstag, Hochzeitstag:     Datum;
      Vater, Mutter:                Person
```

Für die so definierten Variablen gilt – ebenso wie für alle anderen Daten – daß durch die bloße Deklaration das Datum noch keinen definierten Wert enthält. Vielmehr muß erst durch die Verwendung der einzelnen Variablen ein definierter Inhalt spezifiziert werden. Dazu dienen die Operationen mit RECORDs.

Operationen mit RECORDs

Analog zur Anwendung aller anderen bisher eingeführten Datentypen wird die Wertzuweisung an RECORDs durch die Zuweisungsoperation := durchgeführt.

Anwendung von RECORDs als Einheiten

Obwohl RECORDs strukturierte Datentypen darstellen, sind sie als Einheit verwendbar. Ohne die Verarbeitung von RECORDs als Einheit wäre auch die Verwendung von strukturierten Daten sehr infrage gestellt, da in diesem Fall die Zusammenfassung verschiedener Daten zu einer Einheit zwar syntaktisch gegeben wäre, bei der Verarbeitung jedoch wieder darauf verzichtet werden müßte. Die Abfrage auf Gleichheit ('=') bzw. Ungleichheit ('<>') von RECORDs ist ebenfalls möglich.

Die Zuweisung von RECORDs als Einheiten geschieht analog zu allen anderen bisher besprochenen Datentypen:

ZielRECORD := QuellRECORD

Grundlegend für diese Zuweisung ist aber wieder das bekannte Konzept der Typverträglichkeit. Ziel und QuellRECORD müssen identischen Typs sein:

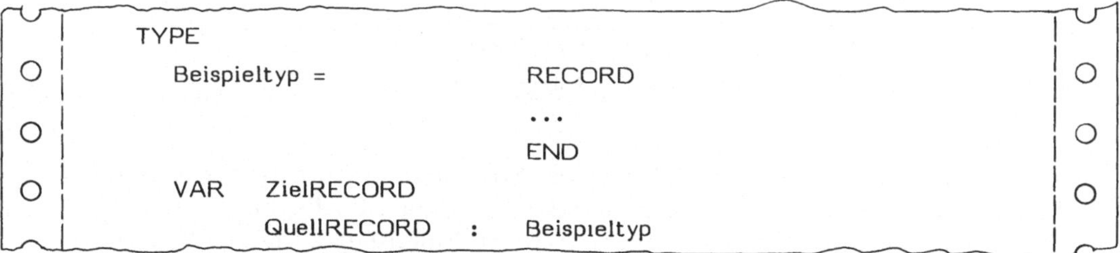

```
TYPE
   Beispieltyp =          RECORD
                          ...
                          END
   VAR   ZielRECORD
         QuellRECORD   :  Beispieltyp
```

Durch diese Typverträglichkeit wird gewährleistet, daß schon zur Übersetzungszeit eine Reihe von Fehlern erkannt werden können, die sonst nur durch langwierige Tests aufgefunden werden könnten.

Anmerkung:
Bei manchen Compilern reicht zur Typverträglichkeit bereits die Übereinstimmung aller einzelnen Komponententypen (Strukturäquivalenz). Dies ist u. U. jedoch nicht im Sinne des Programmierers, wie folgendes Beispiel zeigt:

Gegeben seien zwei verschiedene Darstellungen von komplexen Zahlen:

a) Darstellung durch Koordinaten in der Gauß'schen Zahlenebene (entspricht der Darstellung durch Real- und Imaginärteil im obigen Beispiel).

b) Darstellung durch Winkel und Vektorlänge.

In beiden Fällen ist die Struktur der Daten gleich: Sie werden immer durch zwei REALs dargestellt, wobei jedoch die Interpretation der beiden Werte unterschiedlich ist. Die Deklaration dieser beiden Typen hätte dann in PASCAL folgendes Aussehen:

```
TYPE
   Komplex1      =      RECORD
                                  Re, Im: REAL
                        END;
   Komplex2      =      RECORD
                                  Re, Phi: REAL
                        END
```

Entsprechende Datendeklarationen wären dann z. B.:

```
VAR      K1      :      Komplex1;
         K2      :      Komplex2
```

Eine Zuweisung von K2 an K1 wäre bei Strukturäquivalenz durchaus erlaubt. Wie man aber an folgendem Bild leicht erkennen kann, ist bei richtiger Interpretation der beiden Datentypen mit einer derartigen Zuweisung auch eine Wertänderung gegeben. Diese Wertänderung entspricht jedoch nicht den Zuweisungsregeln.

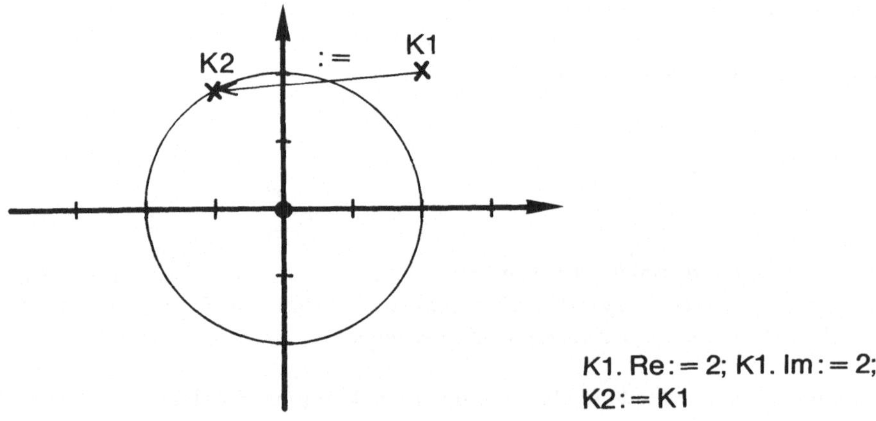

Bild: Fehlerhafte Zuweisung von komplexen Zahlen unterschiedlicher Darstellung.

Aus der Anwendung einfacher Datentypen ist auch schon die Zuweisung von konstanten Werten an Variable bekannt. Diese Art der Wertzuweisung ist bei RECORDs nicht erlaubt.

Komponentenweise Anwendung von RECORDs

Der vorige Abschnitt hat gezeigt, daß – analog zu ARRAYs – RECORDs als Einheit verwendet werden können. Ähnlich wie die Komponenten von ARRAYs einzeln verwendet werden können, ist dies auch bei RECORDs der Fall.

WäDrend bei ARRAYs die einzelnen Elemente durch Indizierung ausgewählt werden, ist dieses Verfahren bei RECORDs nicht mehr möglich, da hier ja die Reihenfolge der Aufschreibung nicht relevant ist. In diesem Falle muß also eine symbolische Bezeichnung für die einzelnen Komponenten möglich sein. Diese symbolische Bezeichnung geschieht durch die **Qualifikation.**

Die Qualifikation basiert auf folgendem Prinzip:

Durch den Namen einer RECORDvariablen wird die Einheit – als Gesamtheit aller einzelnen Komponenten – angesprochen. In der Deklaration des RECORDtyps wurden für die einzelnen Komponenten bereits symbolische Namen festgelegt. Im Beispiel des RECORDtyps Datum sind dies die symbolischen Namen Tag, Monat und Jahr. Möchte man nun auf eine einzelne Komponente zugreifen, so notiert man zunächst den Namen der RECORDvariablen, gefolgt von einem Punkt, wiederum gefolgt von dem Namen der gewünschten Komponente.

Dazu folgendes Beispiel:

Gegeben seien die Deklarationen:

```
TYPE
        Datum    =      RECORD
                                  Tag:      1..31;
                                  Monat:    1..12;
                                  Jahr:     0..2000
                        END;
   VAR Geburtstag,
        heute,
        Hochzeitstag     :        Datum
```

Will man nun auf die Komponente 'Tag' der Variablen 'Geburtstag' zugreifen, so geschieht das auf folgende Art:

```
Geburtstag.Tag
```

Durch diesen derart *qualifizierten* (oder zusammengesetzten) Namen erhält man ein Datum des Typs '1 . . 31'. Damit können nun alle darauf zulässigen Operationen ausgeführt werden.

Ist die gleiche Typdefinition des Typs Datum wie auf der vorigen Seite gegeben, sowie die folgende Variablenvereinbarung

```
VAR   Geburtstag, heute: Datum;
      Tagesdatum: 1..31;
      Akt_Monat: 1...12;
      heuer: 1..9999
```

dann sind folgende Zuweisungen erlaubt:

```
heute.Tag := 14;
heute.Monat := 5;
heute.Jahr := 1981              (*Initialisierung der RECORDvariab-
                                len heute*)
Tagesdatum := heute.Tag;        (*das aktuelle Tagesdatum wird
                                der RECORDvariablen heute entnom-
                                men*)
Akt_Monat := heute.Monat;       (*hier wird der aktuelle Monat der
                                RECORDvariablen heute entnommen*)
heuer := heute.Jahr;            (*die Qualifikation liefert das mo-
                                mentane Jahr; der Wert wird der
                                Variablen heuer zugewiesen*)
heute.Tag := heute.Tag+1;       (*durch diese Zuweisung wird das
                                Tagesdatum um 1 erhöht*)
```

Anmerkung: Die letzte Zuweisung kann natürlich bei Monatswechsel zu einem Fehler führen.

Es bleibt also festzustellen, daß durch diese Qualifikationen jeweils auf ein Datum (das wie eine Variable behandelt werden kann) zugegriffen werden kann, das somit also auch einen genau definierten Typ besitzt und die für diesen Typ erlaubten Operationen zuläßt.

Diese Methode kann auch dann verwendet werden, wenn einzelne Komponenten wieder strukturierte Datentypen – wie z. B. ARRAYs oder RECORDs – sind. Zur Erläuterung sei das bereits erwähnte Beispiel des RECORDs Person angeführt. Betrachtet wird eine Variable namens Vater vom Typ Person. Wie bereits bekannt, kann durch

```
Vater.Vorname
```

auf eine Variable des Typs Name zugegriffen werden, die den Vornamen der Variablen Vater enthält. Da der Datentyp 'Name' jedoch ein ARRAY ist, kann durch Indizierung auf die einzelnen dort verwendeten Komponenten zugegriffen werden:

```
Vater.Vorname [1]
```

liefert den ersten Buchstaben des Vornamens der Variablen Vater vom Typ Person. Durch die oben angeführte Qualifikation und Indizierung erhält man ja einen Zeichenwert. Auf ähnliche Weise kann der Vorname und Nachname dieser Variablen überprüft oder geändert werden.

Möchte man dagegen auf das erste Zeichen der Straße, in der der Vater wohnt, zugreifen, so kann dies durch folgende Qualifikation und Indizierung erreicht werden:

```
Vater.Adresse.Straße [1]
```

Hier wurde demonstriert, daß auch mehrfach geschachtelte RECORDvariablen auf ähnliche Art und Weise durch Qualifikation aufgebrochen werden können.

Durch die Qualifikation innerhalb von RECORDs kann man also auf die einzelnen Komponenten zugreifen. Dies ist auch dann der Fall, wenn einzelne ARRAY-Komponenten RECORDs sind. Dazu folgendes Beispiel:

Es sollen die Geburtstage aller Mitglieder einer Familie gespeichert werden. Dazu dient dann folgende Typdefinition:

```
TYPE Familie = (Vater, Mutter, Tochter);
```

und die folgende Variablenvereinbarung:

```
VAR    Geburtstage=        ARRAY [Familie] OF RECORD
                           Tag:      1..31;
                           Monat:    1..12;
                           Jahr:     1830..1980
                           END;
```

Soll nun der Geburtstag einer Tochter eingetragen werden, so lautet die dazu notwendige Anweisungsfolge:

```
Geburtstage[Tochter].Tag := 8;
Geburtstage[Tochter].Monat := 2;
Geburtstage[Tochter].Jahr := 1980
```

An diesem Beispiel wird deutlich, daß durch die Indizierung der einzelnen ARRAY-Elemente wieder RECORDs entstehen, in denen einzelne Komponenten durch Qualifikation erreicht werden können.

RECORDs mit Varianteteilen

Alle bisherigen Typvereinbarungen waren dadurch ausgezeichnet, daß sowohl Anzahl als auch Typen der Komponenten genau festgelegt sind. Nun gibt es jedoch eine ganze Reihe von Anwendungsfällen, in denen zwar ein Teil der Komponenten identisch ist, jedoch – in Abhängigkeit eines bestimmten Kriteriums – eine Reihe von Komponenten variieren können. Dazu ein Beispiel:

Bei einer Personenbeschreibung kann man – wie aus den vorigen Abschnitten bekannt – ein RECORD des Typs Person definieren. Geht man jedoch mit der Detaillierung der Personendaten noch etwas weiter und beachtet man auch den Familienstand, so könnte man unter Umständen noch folgende Daten gebrauchen:

- Falls die Person verheiratet ist, das Hochzeitsdatum,
- falls die Person geschieden ist, das letzte Hochzeitsdatum, das Scheidungsdatum, sowie eine Anzeige, ob diese Scheidung die erste war und
- falls die Person dauernd getrennt vom Ehepartner lebt, sowohl das Hochzeitsdatum als auch die Dauer der Trennung.

Alle anderen Daten, wie Name, Vorname, Anschrift stimmen unabhängig vom Familienstand in ihren Typen überein. Unterschiede bei der Struktur der Personendaten ergeben sich nur als Konsequenz des jeweiligen Familienstandes.

PASCAL bietet nun die Möglichkeit, dies zu berücksichtigen. Es wäre zwar im Prinzip möglich, alle möglichen Daten mit in das RECORD einzubeziehen, jedoch ist dies sowohl vom Speicherplatz als auch von der Programmierung her nicht vernünftig. Einerseits würde man eine große Menge Speicher verschenken, zum andern würde die Komplexität des RECORDs unnötig aufgebauscht und zugleich die Möglichkeit für die fehlerhafte Verwendung einzelner Daten gegeben. Um diese Schwierigkeiten zu umgehen, gibt es in PASCAL die Möglichkeit, RECORDs mit **varianten Teilen** (Varianten) zu definieren. Dieser Variantenteil des RECORDs muß als letzte mögliche Komponente im RECORD angegeben werden. Dies bedeutet, daß eine Typdefinition eines RECORDs nun folgendes Aussehen hat:

```
TYPE Typname = RECORD  (*hier werden die Komponenten definiert, die
                       für alle unterschiedlichen Fälle identisch sind*)
               CASE    Auswahlkriterium OF
                       Alternative_1:((*alle Felder, die spezifisch
                                      für Alternative_1 sind*));
                       Alternative_2:((*alle Felder, die spezifisch
                                      für Alternative_2 sind*))
               ...
               END
```

Wie sieht nun dieses Auswahlkriterium aus? Aus der Konstruktion des Variantenteils des RECORDs ist schon ersichtlich, daß hier eine ähnliche Konstruktion wie beim CASE-Statement erwartet wird. Man sieht auch, daß die einzelnen Fälle ähnlich wie beim CASE-Statement konstruiert sind, wobei die aktuellen Felder in Klammern eingeschlossen werden. So ist es nur logisch, daß das Auswahlkriterium aus einem Aufzählungstyp besteht, der zwischen CASE und OF definiert wird. Im Falle einer Person würde also hier ein Familienstand angeführt und die einzelnen Alternativen beim jeweiligen Familienstand werden dann in den Variantendefinitionen aufgeführt.

```
CASE Familienstand OF
        led:(eigene Wohnung:BOOLEAN);
        verh,verw:(Hochzeitsdatum:Datum);
        gesch,dgl:(Hochzeitsdatum,Trennungsdatum:Datum)
END
```

Das WITH-Statement

Die Zuweisung von Werten zu den einzelnen RECORDkomponenten ist bei langen RECORDs ausgesprochen umständlich. Ein Beispiel dafür liefert die Initialisierung eines RECORDs des Typs Person. Um eine Variable dieses Typs komplett zu initialisieren, müssen 10 Zuweisungen geschrieben werden, die jeweils auf der linken Seite voll qualifizierte Variablen erfordern:

```
Tochter.Vorname := 'Viola                ';
Tochter.Nachname := 'Meier               ';
Tochter.Stand := led;
Tochter.Geburtsdatum.Tag := 8;
Tochter.Geburtsdatum.Monat := 2;
Tochter.Geburtsdatum.Jahr := 1980;
Tochter.Adresse.Straße := 'Lilienstrasse                    ';
Tochter.Adresse.Wohnort := 'Muenchen                           ';
Tochter.Adresse.PLZ := 8000;
Tochter.Adresse.Hausnummer := 60
```

Erst durch diese 10 Anweisungen – die alle nur die Variable namens 'Tochter' initialisieren – ist der Inhalt dieses RECORDs komplett spezifiziert. Diese Anweisungsfolge kann durch die Verwendung eines **WITH-Statements** vereinfacht werden, wenngleich auch die einzelnen Anweisungen alle noch erhalten bleiben müssen, da ja nur Komponenten einzeln geändert werden können.

Mit Hilfe eines WITH-Statements würde dann die obige Anweisungsfolge in folgende Form übergeführt:

```
WITH      Tochter DO
BEGIN
   Vorname := 'Viola                ';
   Nachname := 'Meier                ';
   Stand := led;
   Geburtsdatum.Tag := 8;
   Geburtsdatum.Monat := 2;
   Geburtsdatum.Jahr := 1980;
   Adresse.Straße := 'Lilienstrasse                    ';
   Adresse.Wohnort := 'Muenchen                           ';
   Adresse.PLZ := 8000;
   Adresse.Hausnummer := 60
END (*WITH*)
```

Man sieht, daß durch das WITH-Statement eine Anweisungsfolge (durch BEGIN und END geklammert) eine bestimmte RECORDvariable ausgewählt wird, für die dann alle weiteren Komponentennamen Gültigkeit besitzen. Dadurch wird die Eindeutigkeit gewährleistet. Es wäre ja durchaus möglich, daß in der Umgebung dieses WITH-Statements mehrere RECORDvariablen des TYPs Person verwendet werden. Durch das Anführen der RECORDvariablen Tochter wird in dem zugehörigen Anweisungsteil (zwischen BEGIN und END) nur auf Komponenten der RECORDvariablen Tochter zugegriffen, nicht jedoch auf andere Variablen, wie beispielsweise Vater oder Mutter.

In dem RECORDtyp Person kommen jedoch noch weitere, innere RECORDs vor, wie z.B. Datum oder Adresse. Diese RECORDS wurden im obigen Beispiel voll ausprogrammiert. Es wäre nun möglich, innerhalb des BEGIN/END-Blockes des WITH-Statements hier noch ein weiteres WITH-Statement anzuführen; jedoch bietet PASCAL eine weitere Möglichkeit, um die Zuweisung von derart komplexen Strukturen vereinfacht zu schreiben.

Wird ein weiteres RECORD in einem RECORD bearbeitet, so können die einzelnen Komponentennamen, durch Kommata getrennt, im WITH-Statement angegeben werden. Im obigen Beispiel wäre dann die einfachste Umformung der ersten Anweisungsfolge:

```
WITH Tochter, Geburtsdatum, Adresse DO
BEGIN
   Vorname := 'Viola            ';
   Nachname := 'Meier            ';
   Stand := led;
   Geburtstag := '8';
   Monat := '2';
   Jahr := '1980'
   Straße := 'Lilienstrasse                  ';
   Wohnort := 'Muenchen                      ';
   PLZ := 8000;
   Hausnummer := 60
END (*WITH*)
```

Dies ist nun die einfachste Form der Initialisierung oder Besetzung aller Werte eines RECORDs vom Typ Person. Hier ist weiter zu beachten, daß – wie bereits angeführt – alle Komponentennamen nur einmal verwendet werden dürfen, d.h. sie dürfen weder als Konstanten, Datentypen oder Variablen außerhalb dieses RECORDs verwendet werden. Wäre dies nämlich der Fall, würde die Eindeutigkeit dieser Zuweisungen nicht mehr gewahrt werden können.

Die Anwendung des WITH-Statements ist natürlich nicht nur auf einzelne RECORDvariablen beschränkt, da ja ARRAYs von RECORDs gebildet werden können, wobei auch hier das WITH-Statement verwendet werden kann. Dazu folgendes Beispiel:

```
TYPE Familie = (Vater, Mutter, Tochter);
VAR meineFamilie:
                      ARRAY [Familie] OF Person;
                                (*der Typ Person sei wie in den vorigen Ab-
                                schnitten definiert*)
   Mitglied: Familie;
   .
   .
   .
   BEGIN
   ...     Mitglied := Vater;
           WITH meineFamilie [Mitglied] DO
           BEGIN
                      Name :='Meier               ';
                      .
                      .
                      .
                      .
           END (*With*)
```

Durch diese Anweisungsfolge wird der Komponente Vater in dem ARRAY von Personen ein aktueller Wert (d. h. alle einzelnen Komponenten) zugewiesen.

In diesem Zusammenhang ist zu bemerken, daß im Anweisungsblock des WITH-Statements der Index des ARRAY nicht mehr verändert werden darf. Es darf also beispielsweise keine Anweisung der folgenden Art dort stehen:

```
    Mitglied              := SUCC (Mitglied)
```

Bei einer Anweisung dieser Art würde ja die Eindeutigkeit nicht gewährleistet, da das einmal ausgewählte RECORD nicht weiter verarbeitet werden kann.

Trotzdem ist es möglich, auf einfache Art und Weise allen ARRAY-Komponenten Werte zuzuweisen. Beachtet man zudem, daß es sich hier um eine Familie handelt (wo wohl der Familienname aller Mitglieder gleich sein kann), so kann dies durch das folgende Programmstück realisiert werden:

```
TYPE Familie = (Vater, Mutter, Tochter);
VAR
   meineFamilie: ARRAY [Familie] Of Person;
   Mitglied: Familie;
   BEGIN
       FOR Mitglied := Vater TO Tochter DO
       WITH
                  meineFamilie [Mitglied] , Adresse DO
                  BEGIN
                     Name       := 'Meier                ';
                     Straße     := 'Lilienstrasse                  ';
                     Ort        := 'Muenchen                          ';
                     PLZ        := 8000;
                     Hausnummer:= 60
                  END (*WITH, FOR*);

                  (Hier sind alle gemeinsamen Daten der Familie zugewie-
                  sen)

       WITH meineFamilie [Vater ] , Geburtsdatum DO
                  ...Zuweisung der spezifischen Daten für Komponente Va-
                  ter
       WITH meineFamilie [Mutter], Geburtsdatum DO
                  ...Zuweisung der spezifischen Daten für Komponente Mut-
                  ter
       WITH meineFamilie [Tochter], Geburtsdatum DO
                  ...Zuweisung der spezifischen Daten für Komponente Toch-
                  ter
```

PASCAL

Der Speicher der Maschine
Das Arbeiten mit Pointers
Anwendung von Pointers

Der Speicher der Maschine

Das Arbeiten mit Pointers

Anwendung von Pointers

Das Verarbeiten einer Liste
Beispiel Stammbaum

Die bisher eingeführten Daten zeichnen sich dadurch aus, daß für sie Namen vergeben werden konnten, mit denen man ihre Werte direkt erhält. Es gibt jedoch eine Reihe von Anwendungsfällen, bei denen diese Eigenschaft nicht gewünscht, ja sogar hinderlich ist. Man denke dabei nur an den Aufbau von dynamisch langen Daten, die durch diese Art nicht realisiert werden können.

Abhilfe schafft hier der Speicher des Rechners selbst. Der Speicher besteht ja aus einer Ansammlung gleichartiger Elemente, die fortlaufend numeriert – 'adressiert' – sind. Für Probleme der genannten Art ist also ein Datentyp notwendig, dem Speicherzellen dynamisch, d. h. zur Laufzeit, zugeordnet werden können.

Dieser Datentyp heißt in PASCAL **'pointer'**, d. h. Zeiger.

Der Speicher der Maschine

Wie bereits oben erwähnt, kann jede Speicherzelle durch ihre Adresse ausgewählt, beschrieben oder ihr Inhalt gelesen werden. Dabei wird als Speicherzelle üblicherweise das Byte angenommen, wodurch sich für die Darstellung eines Speichers in PASCAL-Datentypen folgende Form ergäbe:

```
TYPE  Byte    = 0..255;                (*8 Bits entsprechen 256 möglichen
                                       Werten*)
VAR   Memory : PACKED ARRAY [0..Speicherobergrenze] OF Byte;
```

Die hier eingeführte Variable 'Memory' würde dann einen Speicher repräsentieren, bei dem jedes Byte durch die Adresse (aus dem Wertebereich 0 .. Speicherobergrenze) über eine Indizierung angesprochen werden könnte. Dieser Zugriff schließt jedoch die Typüberprüfung, die ja ein grundlegender Bestandteil der Sprache ist, aus.

Aus diesem Grunde sollte der Speicher nicht auf diese triviale Art und Weise verwendet werden, sondern ähnlich wie bei der Verwendung anderer Datentypen, bei denen man sich über die Repräsentation des Datums im Speicher keine Gedanken mehr machen muß.

Die den Pointers zugrundeliegende Idee ist es nun, jeweils einen Datentyp an einen Pointer anzubinden. Dazu wird der Speicher nicht mehr auf die oben genannte Art und Weise als Ansammlung von Bytes betrachtet, sondern eher 'logisch' als eine mögliche Ansammlung von Werten bestimmter Datentypen. Wird nun ein Zeiger auf eine Speicherzelle vereinbart, so kann dieser Zeiger ja auch direkt auf ein Datum zeigen und nicht auf ein Byte, das mit einem bestimmten Wert, oder einem Teil eines Wertes belegt ist. Diese Typbindung bei den Zeigern erlaubt die sichere Verwendung von *dynamischen Daten.*

Dies läßt sich graphisch folgendermaßen veranschaulichen:

Statische Daten:

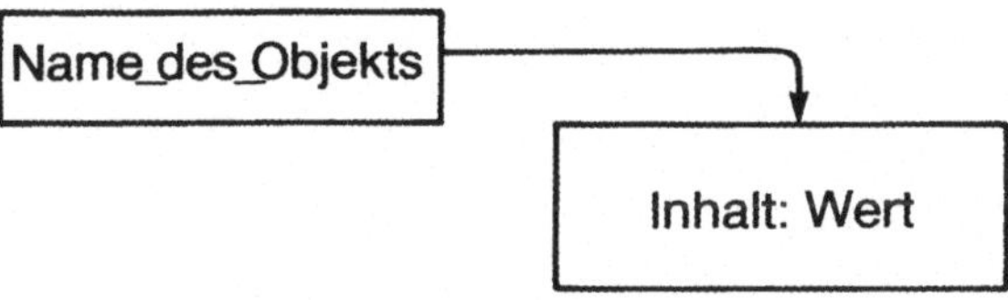

Dynamische Daten:

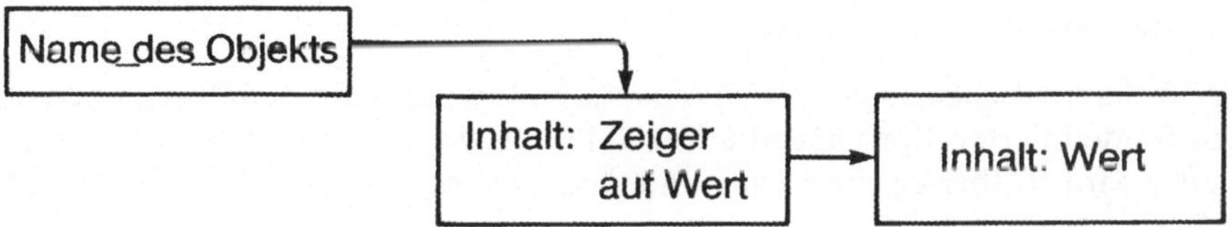

Man sieht hier sehr deutlich, daß durch die Verwendung von Zeigern ein 'zweistufiges' Verfahren zur Bestimmung des Wertes einer Variablen definiert wird: der Zeiger selbst ist ein Datum (wie jede andere statische Variable eines bestimmten Datentyps). Inhalt eines Zeigers ist jedoch ein Verweis auf eine Speicherstelle, an der der Wert der Variablen abgelegt ist. Der 'Wertebereich' von Zeigern umfaßt also alle möglichen Adressen im Speicher, an denen Daten abgelegt sein können. Nach Definition ist dies also der Datentyp.

Der Wert der Variablen ergibt sich erst aus der Interpretationsvorschrift, mit der das Datum zu verarbeiten ist: dem Datentyp der dynamischen Variablen. Ein Speicher besitzt also keinen verarbeitbaren Wert. Sein Inhalt zeigt nur auf eine Speicherstelle, an der ein Datum des entsprechenden Typs abgelegt ist.

Das Arbeiten mit Pointers

Bisher ist noch nicht klargeworden, warum Daten, die über Zeiger erreicht werden, *dynamisch* heißen.

Der Begriff der *statischen* Daten ist einfach zu erläutern: Jeder Name zeigt genau auf einen festdefinierten Speicher (die Variable), an der der erwartete Wert abgelegt ist oder wird. Dabei existiert eine eindeutige Zuordnung zwischen Name und Adresse.

Im Gegensatz dazu können Zeiger (deren eigene Adresse fest ist), auf Daten unterschiedlichsten Typs zeigen – u. U. also auch auf weitere Zeiger. Geht man nun davon aus, daß durch diese Art eine Liste aufgebaut wird, so muß man zur Laufzeit je nach Eingabewerten u. U. unterschiedlich viele Daten eines bestimmten Typs 'erzeugen'. (Man denke sich als Beispiel den Aufbau einer Personaldatei, bei der die Anzahl der aufzunehmenden Personen nicht von vorneherein fest vorgegeben ist. Je nach Anzahl der eingegebenen Personendaten müssen dann unterschiedlich viele Einzelelemente generiert werden.) Wegen dieser Möglichkeit, zur Laufzeit dynamisch viele Daten eines Typs zu erzeugen, heißen diese Daten selbst *dynamisch.*

Geht man nach der oben skizzierten Art der Adressierung vor, so benötigt man zwei Schritte, um ein dynamisches Datum bereitzustellen:

- Deklaration des Pointers (eine statische Variable, die auf einen Speicherbereich zeigt) und
- Erzeugung des Datums.

Der erste Schritt ist analog zur Deklaration anderer Daten. Wegen der Typbindung hat er folgendes Aussehen:

Im Variablendeklarationsteil wird ein Zeiger auf ein Datum eines bestimmten Typs deklariert, z. B.:

```
VAR   PInt:    ↑INTEGER;     (*zeigt auf einen ganzzahligen Wert*)
      PChar:   ↑CHAR;        (*zeigt auf ein CHARACTER*)
```

Das Zeichen '↑' (Pfeil nach oben) ist das Symbol für einen Zeiger (Anmerkung: Je nach PASCAL-Implementierung kann dieses Zeichen durch ein anderes ersetzt sein, wie z. B. '∧'). Die beiden Deklarationen sind also folgendermaßen zu lesen:

"Deklaration einer Variablen des Datentyps" 'Zeiger auf INTEGER' und Namen 'PInt' und
"Deklaration einer Variablen des Datentyps" 'Zeiger auf CHAR' und Namen 'PChar'.

Da jeder Zeiger selbst einen Datentyp besitzt, kann dieser natürlich zuvor auch im Typdeklarationsteil definiert werden. Die beiden obigen Beispiele könnten dann folgendermaßen umgeschrieben werden:

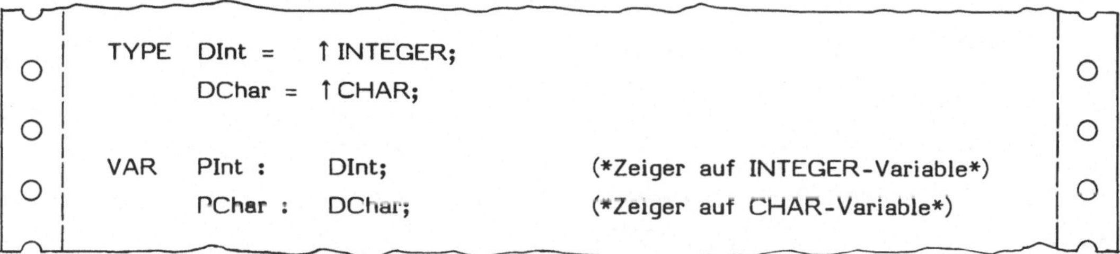

```
TYPE  DInt  =   ↑INTEGER;
      DChar =   ↑CHAR;

VAR   PInt  :    DInt;          (*Zeiger auf INTEGER-Variable*)
      PChar :    DChar;         (*Zeiger auf CHAR-Variable*)
```

Diese Vorgehensweise wird – analog zu statischen Deklarationen – immer dann verwendet, wenn

- entweder mehrere Variable dieses Typs vereinbart werden sollen oder
- die Lesbarkeit des Programms durch explizite Deklarationen erhöht werden soll.

Nach der Deklaration eines Zeigers hat dieser – wie Daten anderer Typen – noch keinen Wert, mit dem gearbeitet werden könnte. Als Initialwert kann man jedem Pointer den Wert **NIL** (nicht zu verwechseln mit 0) zuweisen, der angibt, daß der Zeiger nicht auf einen bestimmten Speicherplatz zeigt, also noch kein Verweis vorliegt. NIL ist somit eine 'Adresse außerhalb des zugreifbaren Speichers'.

Dieser Wert wird auch dann verwendet, wenn Listen mit Verkettungen der einzelnen Elemente erzeugt werden. Beispielsweise kann der Verweis auf den Nachfolger des letzten Elements der Wert NIL sein, wodurch das Listenende angezeigt werden kann. Eine solche 'einfach' verkettete Liste hat folgendes Aussehen:

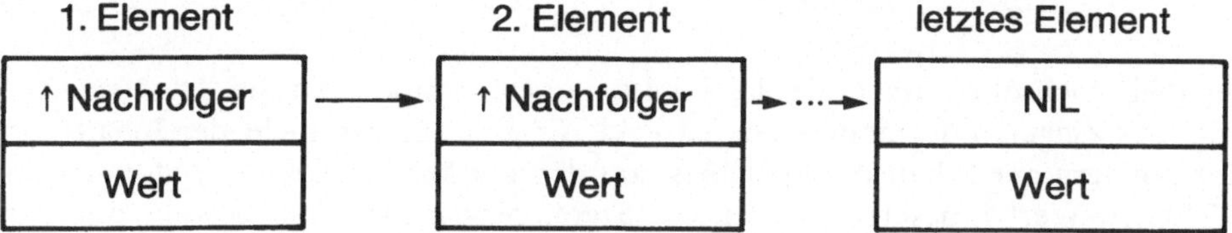

Nun ist jedoch erst der erste Teil der Verwendung dynamischer Daten geregelt. Wie werden nun solche Variable erzeugt?

Wie bereits oben erwähnt, müssen solche Daten zur Laufzeit erzeugt werden; dies bedeutet insbesondere, daß dafür keine Deklaration möglich ist, da dadurch ja bereits die Variable fest definiert werden würde. Man benötigt also eine Prozedur, mit deren Hilfe dynamische Daten erzeugt werden. Diese Prozedur heißt **NEW** (erzeuge neues dynamisches Datum). Ihr Aufruf bewirkt folgendes:

- Zunächst wird Speicherplatz für die zu erzeugende Variable reserviert.
- Anschließend wird die Adresse dieses Speicherplatzes dem Benutzer zurückgegeben, und zwar in dem angegebenen Pointer.

Dazu ein Beispiel:

```
VAR   PInt:      ↑INTEGER;
...
BEGIN
...
      NEW(PInt)
...
END
```

Der Aufruf NEW(PInt) bewirkt die Reservierung eines Speicherplatzes, der für eine INTEGER-Variable benötigt wird. Die gefundene Adresse wird in PInt dem Benutzer zur Verfügung gestellt.

Nun zeigt also ein Pointer auf ein Datum eines bestimmten Typs. Die Modifikation oder allgemein der Zugriff darauf kann nun nicht allein durch die Verwendung des Pointers allein geschehen, da ja das Adressierungsverfahren zweistufig ist. Wie wird nun auf eine dynamische Variable zugegriffen?

Dieser Zugriff wird an obigem Beispiel demonstriert: Es soll die Variable, auf die der Zeiger PInt zeigt, mit dem Wert 4 besetzt werden. Dies geschieht durch folgende Anweisung:

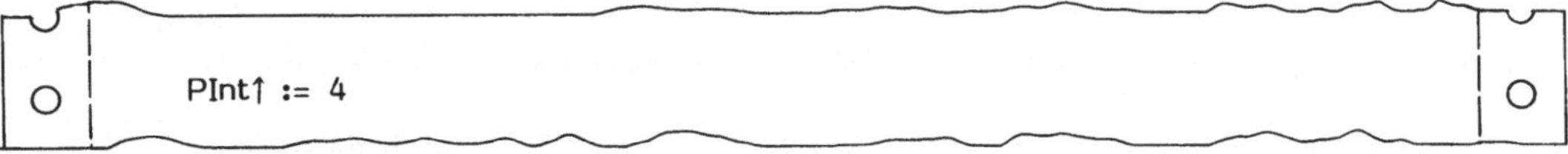

```
PInt↑ := 4
```

Der Pfeil nach oben am Ende des Pointernamens symbolisiert die 'Dereferenzierung' des Zeigers oder anders ausgedrückt: Er gibt an, daß nicht der Inhalt von PInt, sondern der Inhalt des Speichers, auf den der Wert von PInt zeigt, mit dem INTEGER-Wert 4 besetzt wird. Diese Dereferenzierung kann sowohl auf der linken als auch auf der rechten Seite einer Zuweisung verwendet werden. Soll beispielsweise eine INTEGER-Variable mit Namen I mit dem Wert von PInt besetzt werden, so geschieht dies auf folgende Art:

```
I := PInt↑
```

Dies läßt sich graphisch folgendermaßen veranschaulichen:

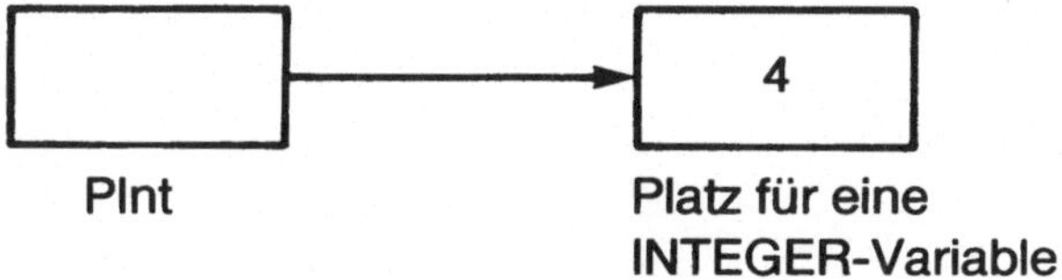

Als Faustregel kann man sich also merken:

- Wird ein Datentyp durch einen Pfeil nach oben **eingeleitet,** so bedeutet dies, daß ein Pointer auf ein Datum vorliegt, dessen Wert durch einen Aufruf von NEW bestimmt wird.
- Wird ein Name durch einen Pfeil nach oben **abgeschlossen,** so bedeutet dies, daß nicht der Inhalt des Datums verwendet wird, sondern der Wert an der Adresse, die durch den Inhalt des Namens spezifiziert wurde.

Natürlich können Zeiger aber selbst als Daten verwendet werden. Für sie existieren jedoch keine verarbeitenden Operationen, wie z. B. Addition oder Subtraktion. Pointers können einander nur zugewiesen werden. Dabei ist wesentlich, daß auch hier die Typübereinstimmung gewährleistet sein muß: Es können nur Pointers identischer Typen einander zugewiesen werden. Aus diesem Grund ist folgende Zuweisung fehlerhaft:

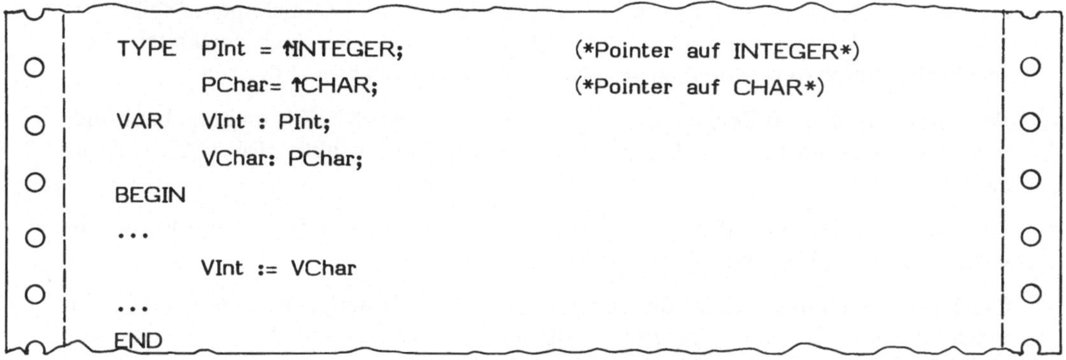

```
TYPE  PInt = ↑INTEGER;          (*Pointer auf INTEGER*)
      PChar= ↑CHAR;             (*Pointer auf CHAR*)
VAR   VInt : PInt;
      VChar: PChar;
BEGIN
...
      VInt := VChar
...
END
```

Die beiden verwendeten Datentypen, auf die die Pointer VInt und VChar zeigen, sind nicht vom gleichen Typ. Es wäre möglich, daß VInt↑ den Wert −4 besitzt, wodurch eine Zuweisung dieses Wertes an VChar↑ zu einem Laufzeitfehler führen würde. Wegen der strengen Typbindung und der Überprüfung können in PASCAL derartige Fehler nicht mehr auftreten.

Zusätzlich können Pointers auch auf Gleichheit oder Ungleichheit verglichen werden, wobei ebenfalls Typübereinstimmung herrschen muß.

Anwendung von Pointers

Im folgenden werden zwei Programme angeführt, die die Verwendung von Zeigern demonstrieren sollen. Zunächst wird eine doppelt verkettete Liste aufgebaut. Dieses Beispiel demonstriert sowohl den Aufbau wie auch die Abarbeitung einer solchen Liste. Das zweite Beispiel demonstriert den Aufbau einer etwas komplexeren nichtlinearen Struktur: Es wird ein Stammbaum aufgebaut. Dieses zweite Beispiel wird hier nur in Pseudoprogrammform angeführt.

Das Verarbeiten einer Liste

Aufgabe dieses Programms ist es, eine Liste im Speicher anzulegen. Daraus werden Elemente entfernt und die modifizierte Liste schließlich vorwärts und rückwärts abgearbeitet. Dabei sollen die einzelnen Elemente untereinander sowohl vorwärts als auch rückwärts verkettet sein. Der Typ der einzelnen Listenelemente spielt für das Beispiel keine wesentliche Rolle. Man kann sich den hier gewählten Typ INTEGER durch den aktuell zu verwendenden Datentyp ersetzt denken.

Wesentlich an diesem Beispiel ist lediglich die Art, wie solche Listen aufgebaut und verarbeitet werden können. Dazu gibt das Beispiel die exakten PASCAL-Anweisungen an.

Die einzelnen Elemente der Liste werden – der Einfachheit halber – jeweils nur mit einer ganzen Zahl besetzt.

Zunächst ist es wesentlich, sich über ein einziges Listenelement Gedanken zu machen: Hier wird ein RECORD nötig sein, in dem sowohl der Vorgänger, als auch der Nachfolger des aktuellen Listenelements durch dessen Zeiger repräsentiert wird. Zugleich muß natürlich auch der benötigte Datentyp der einzutragenden Daten (im Beispiel: INTEGER) festgelegt werden.

Man kommt somit zu folgender Typdefinition eines Listenelements:

```
LIST      =      RECORD
                       NEXT, PREV: LPOINT;
                       Daten     : Listtyp
                 END
```

In dieser Definition wird noch der Typ LPOINT verwendet. LPOINT selbst ist ein Zeiger auf ein Listenelement und hat somit folgende Typdefinition:

```
LPOINT = ↑LIST
```

Listtyp stellt im gewählten Beispiel INTEGER dar.

In Grobform besitzt das Programm folgende Struktur:

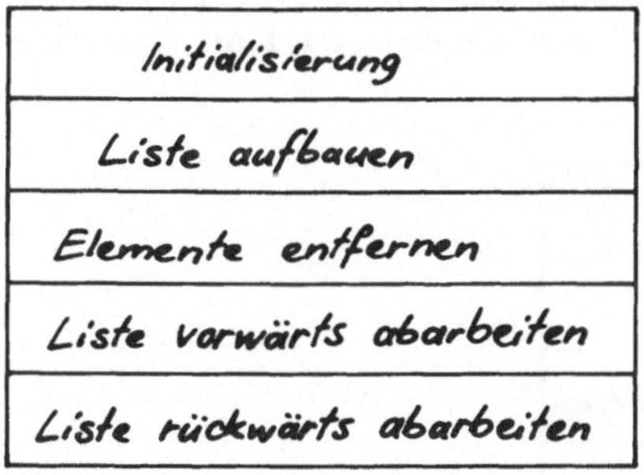

Initialisierung
Liste aufbauen
Elemente entfernen
Liste vorwärts abarbeiten
Liste rückwärts abarbeiten

Die beiden Abarbeitungsarten 'vorwärts' und 'rückwärts' wurden gewählt, damit demonstriert werden kann, daß doppelt verkettete Listen einfach in beiden möglichen Richtungen abgearbeitet werden können.

Bevor nun die weiteren Verfeinerungsschritte eingeleitet werden, ist es notwendig, sich Gedanken über die verwendeten Daten zu machen. Man stößt dabei auf drei nötige Variablen, die alle vom Typ Zeiger auf ein Listenelement – also LPOINT – sind. Diese Variablen werden *'LNEW', 'LISTANF', 'LISTEND'* genannt. Sie werden im Lauf der Abarbeitung gebraucht:

LNEW: Enthält ein neues Listenelement, in das Daten eingetragen werden bzw. das zur Zeit bearbeitet wird.
LISTANF: Markiert den Listenanfang.
LISTEND: Enthält stets das letzte Element der aktuellen Liste.

Nun soll der Aufbau einer Liste demonstriert werden.

Die Anzahl der Listenelemente wird beim Programmstart eingelesen. Die Elemente können dann in einer FOR-Schleife aufgebaut werden. Innerhalb der Schleife muß zunächst jeweils Platz für einen Listeneintrag geschaffen werden. Dies geschieht mittels eines Aufrufs der Standardprozedur NEW. Im nächsten Schritt ist es notwendig, diesen Eintrag mit den bereits existierenden zu verketten.

Da ein neuer Eintrag ans Ende der bereits existierenden Liste angefügt wird, wird der Zeiger auf das nächste Listenelement mit NIL vorbesetzt (kein Vorwärtsverweis). Zugleich erhalten die Daten einen bestimmten Wert (im Beispiel wird der aktuelle Wert eingelesen).

Nun ist es notwendig, zu unterscheiden, ob bereits ein Listenelement vorhanden ist oder nicht. Denn wenn bereits eines vorhanden ist, muß der Zeiger zum Vorgänger besetzt werden. Im anderen Falle wird er mit NIL vorbesetzt. Wenn die Liste leer ist (dies bedeutet, daß der erste Eintrag in die Liste gemacht wird), wird zunächst der Listenanfangszeiger (das Datum Liste) mit dem aus NEW erhaltenen Wert vorbesetzt. Anschließend wird der Vorgänger auf NIL gesetzt. Im anderen Falle – wenn bereits Listenelemente vorhanden sind – wird das letzte Listenelement mit dem aktuellen verknüpft, indem dessen Vorwärtszeiger den Wert erhält, der aus der Prozedur NEW erhalten wurde. Zugleich muß der Vorgänger des neuen Elements mit dem Zeiger auf das alte Listenende übereinstimmen.

Schließlich bleibt noch in beiden Fällen die Aufgabe, sich das neue Listenende zu merken. Die Verfeinerung des Programmstücks *'Liste aufbauen'*, ist dann durch folgendes Struktogramm realisiert:

Für alle Elemente

Platz für Eintragung besorgen

Neues Element hat keinen Nachfolger

Daten eintragen

erstes Element?

Ja	Nein
Listenanfang merken	Nachfolger im bisher letzten Element setzen
Markieren, daß kein Vorgänger vorhanden	Vorgänger im neuen Element setzen

Listenende merken

Der Listenaufbau selbst kann auch graphisch dargestellt werden. Dazu folgendes Bild:

Anfang (nur ein Element vorhanden):

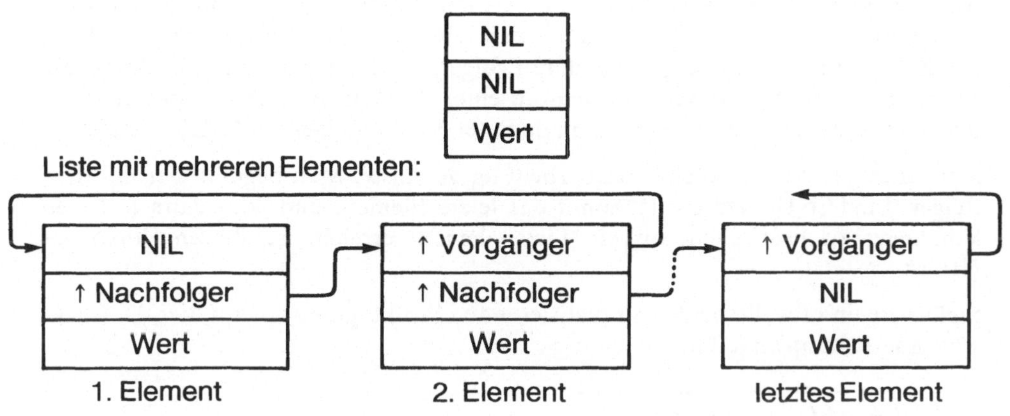

Beim Entfernen eines Listenelements muß

- das Element zunächst gesucht und
- dann die Verkettung erneuert werden.

Die Veränderung der Verkettung wird dabei folgendermaßen durchgeführt:

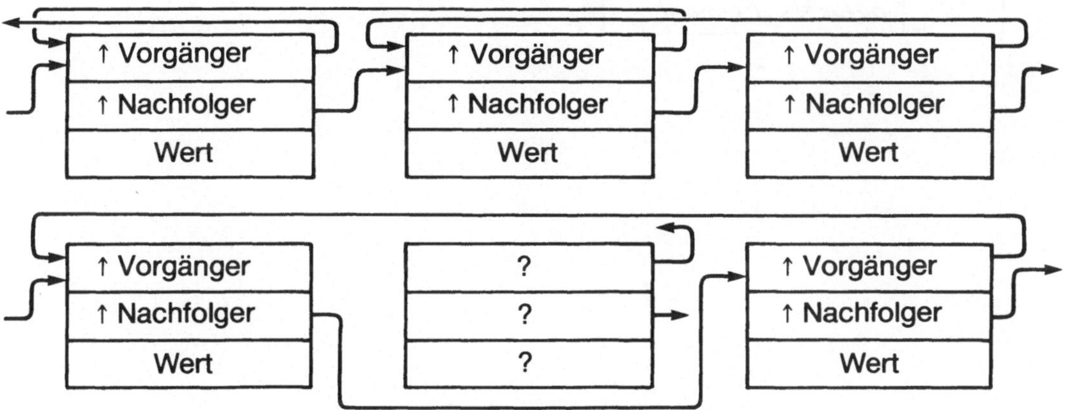

Durch diese Zeigermanipulation bleibt das Element zwar im Speicher nach wie vor erhalten, es kann jedoch nicht mehr erreicht werden. Bei der Manipulation sind die beiden Extremfälle zu betrachten, daß das zu entfernende Element der Listenanfang bzw. das Listenende ist. In diesen Fällen müssen noch zusätzliche Aktionen durchgeführt werden. Schließlich ist auch noch zu beachten, daß bei der Entfernung aller Listenelemente abgebrochen wird (es kann ja dann kein weiteres Element mehr entfernt werden).

Die nächsten beiden Verfeinerungsschritte betreffen das *Abarbeiten der Liste.* Bei beiden Richtungen geschieht dies auf ähnliche Weise. Es ist dabei nur die Abarbeitungsrichtung umgekehrt.

Aus der obigen Graphik ist bereits die Art der Abarbeitung ersichtlich. Wird die Liste vorwärts abgearbeitet, so beginnt man mit dem ersten Listenelement, auf das der Zeiger 'LISTANF' zeigt. Das daran folgende Element erhält man durch die Komponente NEXT. Somit kann man in einer WHILE-Schleife so lange abarbeiten, bis ein Element gefunden wird, in dem der NEXT-Zeiger mit NIL besetzt ist.

Ähnliches gilt für die Rückwärtsabarbeitung der Liste. Man beginnt hier mit dem Zeiger 'LISTEND', verarbeitet somit das letzte Element und fährt dann fort, den Vorgänger zu bearbeiten, bis ein Listenelement erreicht ist, dessen Vorgänger NIL ist.

Stellvertretend für die beiden zu realisierenden Struktogramme wird hier die Rückwärtsabarbeitung angeführt.

<table>
<tr><td colspan="2">'Laufvariable' vorbesetzen
(mit ↑ Listenende)</td></tr>
<tr><td colspan="2">WHILE Element vorhanden DO</td></tr>
<tr><td rowspan="2"></td><td>Daten bearbeiten</td></tr>
<tr><td>Vorgänger wird
aktuelles Element</td></tr>
</table>

Das komplette, ablauffähige Programm hat dann folgendes Aussehen:

```
PROGRAM Listenbearbeitung (INPUT, OUTPUT);

(* Dieses Programm baut eine Liste im Speicher auf. *)
(* Der Typ der Listenelemente sei INTEGER, koennte  *)
(* jedoch bei Bedarf durch einen eigenen benutzer-  *)
(* definierten Typ mit den entsprechenden Operatio- *)
(* nen ersetzt werden.                              *)

CONST maxnumber = 20;          (* maximale Anzahl von Listenelementen  *)

TYPE  listtyp   = INTEGER;                   (* Typ eines Datums           *)
      lpoint    = ^list;                     (* Zeiger-Typ-Deklaration     *)
      list      = RECORD
                     next, prev: lpoint;     (* Zeiger auf Listenelemente *)
                     data      : listtyp;    (* Listendatum               *)
                  END (* list-Deklaration *) ;

VAR   liste,                                 (* Zeiger auf Listenanfang    *)
      lnew,                                  (* aktuelles Element          *)
      listanf,                               (* markiert stets Anfang      *)
      listend   : lpoint;                    (* zeigt auf letztes Element *)

      linhalt   : INTEGER;                   (* Aufnahme eines Wertes      *)
      elzahl,                                (* aktuelle Anzahl Elemente  *)
      elnumber,                              (* Nummer eines Elements      *)
      i         : 0..maxnumber;              (* Hilfsvariable f. Schleife *)
      yn        : char;                      (* Eingabevariable            *)

BEGIN
  listanf:=NIL;                              (* Vorbesetzung               *)
  WRITELN('Aus wievielen Elementen soll die Liste bestehen (1..20)?');
  READLN(elzahl);
  FOR i:=1 TO elzahl DO
  BEGIN
    new(lnew);                               (* neues Element anlegen      *)
    lnew^.next := NIL;                       (* kein Nachfolger            *)
    WRITELN('Inhalt von Element ', i:0, ': ');
    READLN(lnew^.data);
    IF listanf=NIL                           (* erstes Element?            *)
    THEN BEGIN
      listanf:=lnew;                         (* Listenanfang merken        *)
      lnew^.prev:=NIL                        (* kein Vorgaenger            *)
    END
    ELSE BEGIN
      listend^.next:=lnew;                   (* Vorwaerts-Verkettung       *)
      lnew^.prev:=listend                    (* Rueckwaerts-Verkettung     *)
    END;
    listend:=lnew                            (* neues Listenende markieren*)
  END (* FOR *);
```

```
(* ****************************   Elemente aus der Liste entfernen *)

WRITELN('Elemente aus der Liste entfernen.');
yn:='y';                                  (* Vorbesetzung             *)
REPEAT
  REPEAT
    WRITELN('Es sind noch ', elzahl:0, ' Elemente vorhanden.');
    WRITELN('Welches Element soll verwendet werden? ');
    READLN(elnumber)
  UNTIL elnumber<=elzahl;
  elzahl:=elzahl-1;                       (* Elementanzahl verringern *)
  lnew:=listanf;                          (* Vorbesetzung             *)
  FOR i:=2 to elnumber DO lnew:=lnew^.next;
  IF lnew^.prev<>NIL                      (* Verkettung aendern       *)
  THEN BEGIN liste:=lnew^.prev; liste^.next:=lnew^.next END
  ELSE listanf:=lnew^.next;
  IF lnew^.next<>NIL
  THEN BEGIN liste:=lnew^.next; liste^.prev:=lnew^.prev END
  ELSE listend:=lnew^.prev;
  WRITELN('Ein weiteres Element entfernen? (y/n)  ');
  READLN(yn)
UNTIL (yn<>'y') OR (elzahl=0);

(* *****************************************  Vorwaertsverarbeitung  *)

WRITELN('Die geaenderte Liste wird in richtiger Reihenfolge ausgegeben.');
lnew:=listanf;
WRITE('Liste: (');
WHILE lnew<>NIL
DO BEGIN
  WRITE(lnew^.data);
  lnew:=lnew^.next;
  IF lnew<>NIL THEN WRITE(', ')       (* Ausgabeformatierung          *)
END;
WRITELN(')');

(* ***************************************  Rueckwaertsverarbeitung *)

WRITELN('Die geaenderte Liste wird in umgekehrter Reihenfolge ausgegeben.');
lnew:=listend;
WRITE('Liste: (');
WHILE lnew<>NIL
DO BEGIN
  WRITE(lnew^.data);
  lnew:=lnew^.prev;
  IF lnew<>NIL THEN WRITE(', ')       (* Ausgabeformatierung          *)
END;
WRITELN(')')

END (* Listenarbeitung *) .
```

Zu diesem Programm noch einige Erläuterungen:

Sowohl das Bearbeiten als auch das Eintragen von Daten wird in diesem Beispiel trivial realisiert. Als Datum wird nur eine ganze Zahl eingetragen. Das Bearbeiten wird auf die Ausgabe der entsprechenden Zahl reduziert. Für konkrete Anwendungsfälle müßte hier sowohl der entsprechende Datentyp, als auch dessen Bearbeitung verwendet werden.

Beispiel Stammbaum

In diesem Beispiel soll eine relativ komplexe Struktur von Daten im Speicher aufgebaut werden. Diese Daten sollen in verschiedener Art und Weise miteinander verbunden werden. Als Beispiel für die 'Verwandtschaftsbeziehungen' der Daten zueinander werden Familienbeziehungen genommen.

Für einen Stammbaum sind – außer den persönlichen Daten – die Daten von Eltern, Geschwistern und Kindern von Bedeutung. Da jedoch die Linie über die Geschwister nicht weitergeführt wird, werden diese nur dem Namen nach erwähnt und somit die Verwandtschaftsbeziehung angedeutet. Für die Eltern gelten jedoch ähnliche Richtlinien wie sie für die letzte Person des Stammbaums gelten. Auch hier müssen deren Eltern wieder angeführt werden, wobei bei den Großeltern die Linie weitergeführt wird, bei den Geschwistern (den Onkeln und Tanten) jedoch nicht. Insgesamt ergibt sich hier eine relativ komplexe Struktur folgender Art:

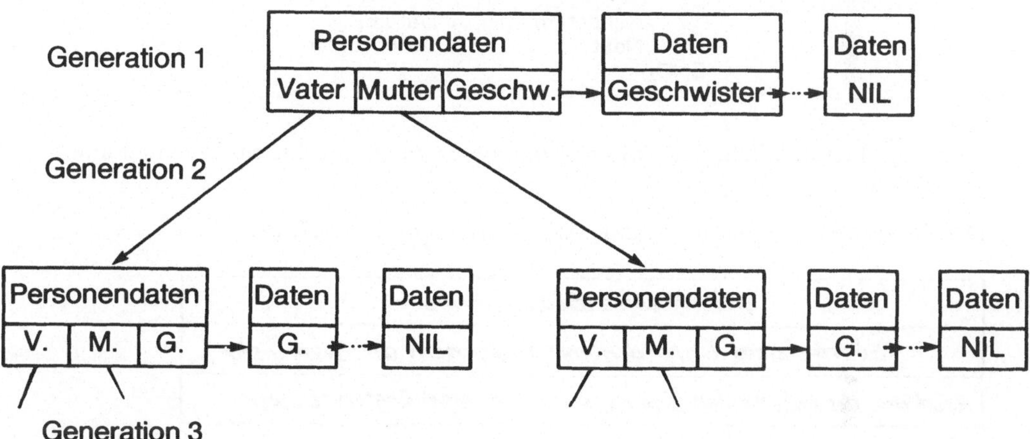

Die dargestellte Struktur ist also primär ein Binärbaum, wobei jedoch jeder Knoten dieses Baums noch bestimmte Elemente besitzen kann, die als einfach gekettete Liste an ihn angefügt werden.

Damit sind hier also zwei Datentypen bei der Verarbeitung wesentlich: der Typ 'Stammbaum', bei dem sowohl Geschwister, als auch die Eltern aufgeführt werden, und natürlich Name und Vorname der Person, sowie der Typ 'Geschwister' (später im Beispiel geschwptr genannt), bei dem nur folgende Geschwister sowie Name und Vorname aufgeführt werden.

Anders ausgedrückt: an jede Komponente des Baums ist noch eine lineare, einfach gekettete Liste angehängt.

Die beiden Datentypen haben dann folgendes Aussehen:

```
TYPE stammptr    = ↑stammbaum;
     geschwptr   = ↑Geschwister;
     Datum       =  RECORD
                       Tag            : 1..31;
                       Monat          : 1..12;
                       Jahr           : 1500..2000
                    END;
     stammbaum =    RECORD
                       Name, Vorname: PACKED ARRAY [1..20] OF
                                      CHAR;
                       Gebdatum       : Datum;
                       Vater, Mutter  : stammptr;
                       Geschw         : geschwptr
                    END;
     Geschwister=   RECORD
                       Vorname        : PACKED ARRAY [1..20] OF
                                      CHAR;
                       Gebdatum       : Datum;
                       Next           : Geschwister
                    END
```

Man sieht hier deutlich, daß zwischen Baumelementen und Listenelementen unterschieden wird.

Das Programm muß dann folgende Aktionen durchführen können:

Eintrag eines Baumelements
Eintrag eines Listenelements (Speichern der Geschwister)
Ausdruck des aufgebauten Baums, sowie der angehängten Listen

Das Programm selbst ist an dieser Stelle zu komplex. Vielleicht gelingt es dem aufmerksamen Leser, das Programm mit seinen persönlichen Daten selbst zu entwickeln.

Beim Schreiben des Programms sollte man auf folgende Punkte achten:

1. Auf welche Art und Weise werden die neuen Einträge mit den alten verkettet?
2. Wie werden neue Generationen erzeugt?
3. Welche Möglichkeit gibt es, einen solchen Baum trotz der limitierten Breite eines Druckers entsprechend der Struktur auszudrucken?

PASCAL

Zugriffsmechanismus
Dateideklaration und Zugriff
Textfiles

Programme

Daten, Datentypen

Strukturierte Datentypen

Pointers

Dateien: Allgemeine Ein-/Ausgabe

Funktionen und Prozeduren

Das Goto-Statement

Programmentwicklung

Anhang

Zugriffsmechanismus

Dateideklaration und Zugriff

Dateideklaration
Zugriff zu Dateien
Eingabedateien
Ausgabedateien
Anwendungsbeispiel

Textfiles

Aufbau von Textfiles
Die Funktionen READ und READLN
Die Prozeduren WRITE und WRITELN
Die Funktion EOLN

Zugriffsmechanismus

Alle bisher verwendeten Daten waren dadurch charakterisiert, daß man sie entweder durch ihren Namen bzw. wie im letzten Kapitel eingeführt, durch einen Zeiger erhalten kann. Diese beiden Datenzugriffe heißen statisch bzw. dynamisch.

Diese beiden Zugriffsarten, egal ob statisch oder dynamisch, sind in keiner Weise abhängig von der Art der verwendeten Daten, speziell des verwendeten Datentyps.

Für strukturierte Daten wurden bisher jedoch drei unterschiedliche Zugriffsarten eingeführt. **Zugriffsart** bedeutet in diesem Zusammenhang die Aufspaltung der einzelnen Gesamtdaten in ihre Teilelemente und das Verarbeiten dieser Teilelemente als speziellen Datentyp innerhalb des strukturierten Datentyps. Die im zweiten und dritten Kapitel eingeführten Zugriffsarten waren:

Index: Für die Adressierung einzelner ARRAY-Elemente.

Qualifikation: Für die Verarbeitung der einzelnen Komponenten eines RECORDs.

Beschreibung: Für den Test auf das Vorhandensein eines Elements in einer Menge.

Alle drei bisher bekannten strukturierten Daten, also ARRAY, RECORD und SET haben gemein, daß die Anzahl ihrer Elemente fest ist. Bei den ARRAYs ist für die Anzahl der Elemente der Datentyp des Indexbereichs maßgebend. Für RECORDs wird die Anzahl der Einzelelemente durch direkte Aufschreibung festgelegt. Bei den SETs ist die maximale Anzahl durch die Implementierung des PASCAL-Systems vorgegeben.

Nun stellt sich jedoch die Frage, welchen Datentyp man verwenden kann, wenn die Anzahl der Elemente eines strukturierten Typs nicht von Anfang an klar ist bzw. sich erst im Laufe der Programmabarbeitung ergibt.

Zudem wurde ein weiteres Problem bisher nicht gelöst: das Problem der Ein-/Ausgabe von allgemeinen Daten. Alle bisherigen Programmbeispiele hatten die Eigenart, daß für Ein- und Ausgabe jeweils nur die Namen INPUT und OUTPUT verwendet wurden, wobei nicht genau beschrieben wurde, was diese bedeuten. Auf jeden Fall waren die Beispiele jedoch so gestaltet, daß nur Daten der Typen CHAR, String (PACKED ARRAY [ ] OF CHAR) oder numerische Daten ein- bzw. ausgegeben wurden. Es bleibt jedoch die Frage, wie andere Daten permanent gespeichert bzw. von einem permanenten Speichermedium wieder eingelesen und verarbeitet werden können.

Diese permanente Speicherung wird vom Rechnersystem auf Dateien durchgeführt, d.h. daß eine permanente Speicherung von Daten außerhalb des Hauptspeichers möglich ist. Dadurch kann der Informationsstrom zwischen peripheren Speichern und Hauptspeicher geregelt werden.

Wenn versucht würde, diese Speicherart bzw. diese Zugriffsart zu klassifizieren, so könnte man sagen: Es wird hier jeweils ein Element zur Abarbeitungszeit verarbeitet. Bekannt ist diese Vorgehensweise schon von den einmal eingeführten Ein- und Ausgabedateien INPUT und OUTPUT, bei denen jeweils genau ein Element eingelesen bzw. ausgegeben wurde und kein Zugriff auf bereits verarbeitete oder erst in Zukunft zu bearbeitende Daten möglich ist.

Aufgrund der Beschränkungen dieser Dateien INPUT und OUTPUT bzw. der für sie zuständigen Funktionen READ bzw. READLN und WRITE bzw. WRITELN können sie jedoch nicht in jedem Fall verwendet werden. Es ist also notwendig, ein *Konzept für allgemeine Ein- und Ausgabe zu entwickeln.*

Dateideklaration und Zugriff

Dateideklaration

Dateien sind also das Kommunikationsmittel, mit dem ein Programm mit der Außenwelt kommunizieren kann. Trotz dieser speziellen Funktion sind sie natürlich aber auch nur Daten wie alle anderen einfachen und strukturierten Daten auch. Aus diesem Grunde müssen sie ebenso deklariert werden.

Da sie jedoch eine spezielle Funktion mit der Umwelt des Programms erfüllen, ist es nicht nur notwendig, ihren Typ (siehe unten) zu deklarieren, sondern sie direkt als Parameter des Programms (siehe auch Parameter von Prozeduren und Funktionen im folgenden Kapitel) zu betrachten. Die Kommunikationsfunktion, die Dateien besitzen, ist ja nichts anderes als eine bestimmte Parameterisierung des Gesamtprogramms.

Aus diesem Grunde werden die im Programm verwendeten symbolischen Dateinamen direkt in der Programmdefinitionszeile angeführt. Dies wurde bisher schon bei den Dateien INPUT und OUTPUT angesprochen. Falls weitere Dateien oder andere als INPUT und OUTPUT verwendet werden, werden die symbolischen Namen dieser Dateien (die der Programmierer in seinem Programm verwenden kann und auch definiert) in der Programmzeile mit angeführt. Dazu einige Beispiele:

```
PROGRAM    Verwaltung (INPUT, OUTPUT, Personaldatei);
PROGRAM    Sort (Eingabe, Hilfsdatei, Ausgabe);
PROGRAM    Unsinn (INPUT);
```

Man sieht, daß die Programmzeile folgendes Aussehen hat:

- Wortsymbol PROGRAM
- Programmname
- in runde Klammern eingeschlossene Liste von Dateien, deren symbolische Namen jeweils durch Kommata voneinander getrennt sind.

Die Reihenfolge der Aufschreibung der Dateinamen in der Liste ist für die weitere Verwendung irrelevant.

Durch diese Einführung der Dateinamen wird nun die Kommunikationsfunktion dieser Dateien im Programm definiert. *(Anmerkung: Die symbolischen Dateinamen im Programm müssen nicht unbedingt mit den aktuellen Dateinamen bei der Verwendung übereinstimmen. Fast alle PASCAL-Implementierungen verwenden unterschiedliche Methoden, wie aktuelle Dateinamen den symbolischen des Programms zugewiesen werden. Eine häufige Lösung ist die Zuweisung der Programmnamen in einem sog. Dateidialog, der vor der Ausführung des Programms mit dem Benutzer durchgeführt wird. Eine generelle Beschreibung kann hier nicht gegeben werden.)*

Für die Verwendung von Daten aus Dateien ist natürlich auch deren Typ notwendig. Wäre der Typ nicht bekannt, so wäre auch die Interpretationsmöglichkeit der Ein- bzw. Ausgabedaten und damit auch die Fehleranfälligkeit des Programms bzw. der erzeugten Daten sehr groß.

Aus diesem Grunde muß in PASCAL bei der Dateideklaration der Typ der einzelnen Elemente der Datei mit angegeben werden. Die Deklaration selbst wird – wie alle anderen Datendeklarationen – im Variablendeklarationsteil des Deklarationsteils durchgeführt (dabei können natürlich FILE-Typen verwendet werden, die bereits im Typdeklarationsteil eingeführt wurden). Wichtig ist es also hier, sich zu merken, daß eine Datei stets aus einer (fast beliebig großen) Menge einzelner Elemente besteht, die gleichen Typ besitzen. Ähnlich wie bei den ARRAYs sieht dann die Typdefinition von FILE-Typen aus:

```
TYPE  Eingabe = FILE OF Eingabetyp;
      Ausgabe = FILE OF Ausgabetyp
```

Die Variablendeklaration von Dateien wird äquivalent zu allen anderen Variablendeklarationen durchgeführt:

```
VAR   Ein           :     Eingabe;
      Aus           :     Ausgabe;
      Ganzzahl      :     FILE OF INTEGER;
      Pos           :     FILE OF 0 .. MAXINT
```

Bei der Deklaration wird nicht spezifiziert, ob eine Datei als Ein- oder Ausgabedatei fungieren soll. Dies wird erst später durch die Verwendung der Datei festgelegt.

Zugriff zu Dateien

Die bisherigen Erläuterungen waren nur darauf ausgerichtet, das Wesen einer Datei zu erklären. Nun ist eine Datei aber dazu da, daß sie entweder die produzierten Daten aufnimmt (sie dient in diesem Fall dem Programm als Ausgabedatei) bzw. daß das Programm von der Datei Daten einlesen kann (in diesem Fall dient die Datei als Eingabedatei für das Programm).

Außerdem könnte man sich vorstellen, daß Programme Dateien verwenden, die gleichzeitig sowohl Eingabe- wie auch Ausgabedateien sind. Solche Dateien sind in PASCAL jedoch nicht realisierbar. *(Anmerkung: Es gibt jedoch spezielle PASCAL-Dialekte, die das zulassen; in diesem Buch soll jedoch Standard-PASCAL beschrieben werden und in diesem Sprachvorrat sind Ein-/Ausgabedateien nicht vorgesehen.)*

Eingabedateien

Bevor eine Datei vom Benutzer verwendet werden kann, muß das Betriebssystem einige Aktionen durchführen. Insbesondere muß die Datei eröffnet und zur Verwendung freigegeben werden. Die bisherigen PASCAL-Anweisungen, die mit der Dateiverarbeitung zu tun hatten, beschränken sich jedoch nur auf eine Deklaration von FILE-Typen bzw. auf die Deklaration der entsprechenden Datei als Variable dieses Typs.

Es ist also notwendig, dem Betriebssystem mitzuteilen, daß eine Datei verwendet wird. Dies geschieht mittels der Prozedur

RESET.

Die Prozedur RESET braucht als Parameter den symbolischen Dateinamen, der in der Variablenspezifikation vereinbart wurde. Korrekte Aufrufe für diese Funktion wären (nach den obigen Variablendeklarationen):

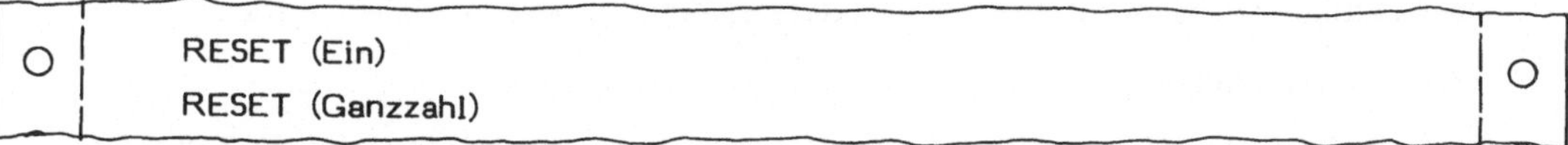

```
RESET (Ein)
RESET (Ganzzahl)
```

Anmerkung: Sowohl die Datei 'Ein' wie auch die Datei 'Ganzzahl' werden in diesem Falle als Eingabedateien verwendet.

Welche Auswirkungen hat die Ausführung der Prozedur RESET auf das Programm?

Zunächst wird – wie oben erwähnt – dem Betriebssystem mitgeteilt, daß eine Datei verwendet wird. Das Betriebssystem eröffnet diese Datei und stellt die in der Datei gespeicherten Daten dem Programm zur Verfügung. Diese Daten können nun sukzessive (d. h. fortlaufend vom ersten bis zum letzten Eintrag der Datei) gelesen und im Programm verarbeitet werden.

Beim Rücksetzen einer Datei (RESET) wird mit dem Eröffnen der Datei auch bereits das erste Element der Datei zur Verfügung gestellt. Dies geschieht auf folgende Art und Weise:

> Das erste Element wird in einem sog. 'Filebuffer' (Dateipuffer) gebracht, auf den das Programm direkten Zugriff hat.

Dies läßt sich graphisch folgendermaßen veranschaulichen:

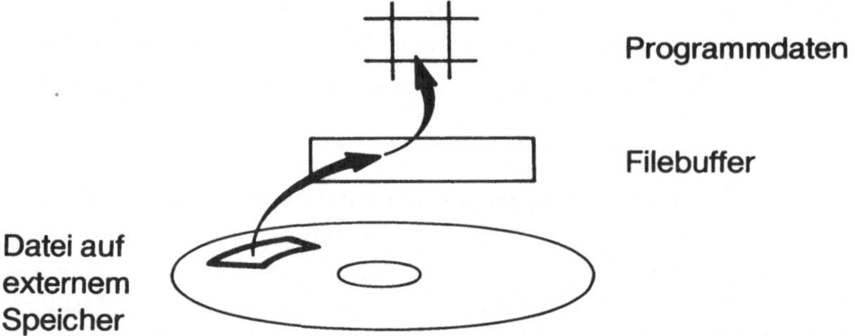

Auf diese Art gesehen hat die Variablendeklaration einer Datei folgenden Effekt: Dem Programm wird eine Variable des Typs eines Dateieintrags zur Verfügung gestellt, in das jeweils vom Inhalt der Datei das nächste zu lesende Element kopiert wird.

Der aktuelle Inhalt des Dateipuffers kann einer Variablen zugewiesen werden, deren Typ natürlich mit dem Dateibasistyp übereinstimmen muß. Nun ist noch zu beachten, daß der Dateipuffer keine Variable im herkömmlichen Sinne darstellt, sondern dynamisch vom System 'irgendwo' im Speicher abgelegt wird. Der Zugriff ist also analog zu dem durchzuführen, der bei Zeigern bereits erklärt wurde:

Dazu ein Beispiel:

Es wird die Datei 'Ganzzahl' betrachtet, die aus einer Ansammlung von INTEGERs besteht. Wird nun mittels der Prozedur

```
RESET (Ganzzahl)
```

die Datei eröffnet, so wird das erste Element dieser Datei im Dateipuffer abgelegt. Es sei zudem eine Variable i vom Typ INTEGER vereinbart. Dann kann die Variable i mit dem eingelesenen Wert besetzt werden, wenn man folgende Anweisung verwendet:

```
i:=Ganzzahl↑
```

Aus dieser Erklärung wird klar, daß 'Ganzzahl' einen Zeiger zum Dateipuffer für diese Datei darstellt. Der aktuelle Inhalt kann dann ausgelesen werden.

Durch das Auslesen des Inhalts des Dateipuffers wird dieser natürlich nicht verändert. Es ist also noch notwendig – beim Verarbeiten aller Daten einer Datei – das nächste Element einzulesen. Dies kann nicht mit der Prozedur RESET geschehen, da diese Prozedur die Datei ja eröffnet und auf den Anfang positioniert. Es ist also eine weitere Prozedur notwendig, mit der Daten eingelesen werden können: die Prozedur **GET.** Diese hat als Parameter – ebenso wie die Prozedur RESET – den symbolischen Dateinamen, der in der Variablendeklaration vereinbart wurde.

Beim obigen Beispiel der Verarbeitung der Datei 'Ganzzahl' müßte nach dem Auslesen des aktuellen Inhalts des Dateipuffers diese Prozedur aufgerufen werden, um das nächste Element zu erhalten:

```
GET (Ganzzahl)
```

Die Hintereinanderausführung der beiden Anweisungen

```
i:=Ganzzahl↑ ; GET (Ganzzahl)
```

hat zur Folge, daß

1. die Variable i den zuletzt gelesenen Wert aus der Datei beinhaltet und
2. der Dateipuffer den Wert des nächsten Elements enthält. Dies ist identisch zur Anweisung
   READ (Ganzzahl, i).

Wenn nun durch die Prozedur GET ständig auf die nächste Dateiposition fortgeschaltet werden kann, wobei diese Komponente dem aktuellen Dateipuffer zugewiesen wird, ist es noch notwendig, zu wissen, wann die Datei zu Ende ist. Dafür ist in PASCAL eine Funktion vorgesehen, die **EOF** (**E**ND **O**F **F**ILE) heißt. Diese Funktion liefert als Ergebnis einen Wahrheitswert (also vom Typ BOOLEAN) ab und besitzt als Parameter den Namen der Datei (der in der Variablendeklaration vereinbart wurde).

Wenn also die letzte Komponente einer Datei eingelesen wird (durch GET), so liefert die Abfrage EOF (f) (wobei f für einen Dateinamen steht) den Wert TRUE, in allen anderen Fällen FALSE. In diesem Falle enthält die Puffervariable einen undefinierten Wert.

Ist bereits beim Rücksetzen der Datei festgestellt worden, daß die Datei leer ist ('empty file'), so ist bereits nach der Ausführung der Prozedur RESET die END OF FILE-Bedingung wahr.

Es ist also vernünftig, schon nach dem Rücksetzen – um unnötige Laufzeitfehler zu vermeiden – eine Abfrage auf END OF FILE einzufügen. Anschließend könnte in einer WHILE-Schleife verarbeitet und eingelesen werden, solange die END OF FILE-Bedingung nicht erfüllt ist.

Das folgende Pseudoprogramm zeigt diese Verarbeitungsart:

```
(f steht dabei für einen Dateinamen)

RESET (f);
IF EOF(f)
THEN Meldung ausdrucken
ELSE
        WHILE NOT EOF(f) DO
        BEGIN
                Verarbeiten von f↑;
                GET(f)
        END
```

Natürlich wäre es auch möglich, auf die Fallabfrage nach der RESET-Anweisung zu verzichten, jedoch nimmt man dann in Kauf, daß der Benutzer nicht darauf hingewiesen wird, daß er versucht, von einer leeren Datei einzulesen.

Ausgabedateien

Analog zum Eröffnen von Eingabedateien muß beim Beschreiben von Dateien dem Betriebssystem mitgeteilt werden, daß eine Datei zu eröffnen ist. Dies geschieht mittels der Prozedur **REWRITE.** Auch hier wird als Parameter wieder der Name der Datei angegeben, zum Beispiel:

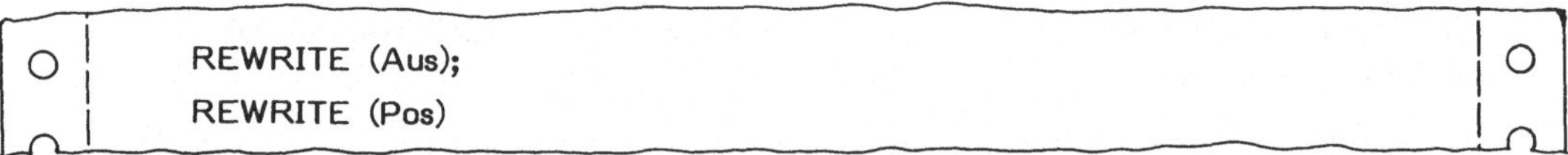

```
REWRITE (Aus);
REWRITE (Pos)
```

Die Prozedur REWRITE hat folgende Effekte:

Zunächst wird eine Ausgabedatei eröffnet, die leer ist. Falls die Datei bereits existiert, wird der aktuelle Inhalt gelöscht. EOF wird wahr (da die Datei noch leer ist, muß EOF nach Definition wahr sein).

Dies bedeutet aber auch, daß stets ans Ende der Datei geschrieben wird, und daß zusätzlich jede Abfrage auf END OF FILE für eine Ausgabedatei den Wert TRUE liefert.

Analog zu Eingabedateien wird durch die Variablendeklaration eine Puffervariable deklariert, auf die mittels eines Zeigers zugegriffen werden kann. Auch hier gelten die gleichen Zugriffsregeln wie sie im Kapitel für Zeiger definiert wurden.

Dies läßt sich graphisch folgendermaßen veranschaulichen:

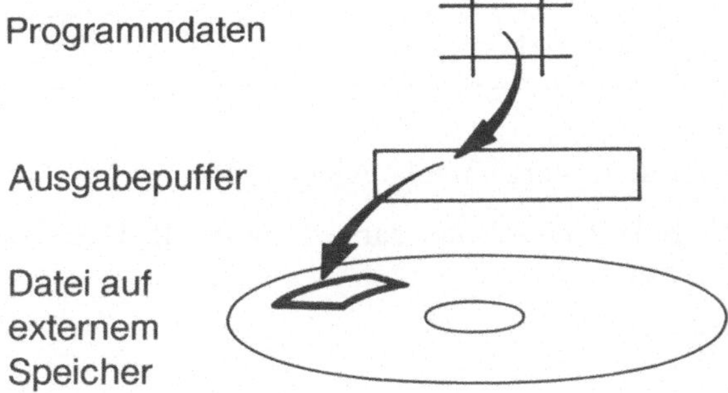

Analog zur Prozedur GET existiert für Ausgabedateien eine Prozedur **PUT,** mit der der aktuelle Inhalt des Dateipuffers auf die Datei geschrieben werden kann. Dabei ist zu beachten, daß vor der Anwendung von PUT stets END OF FILE wahr sein muß (dies ist nach der Ausführung der Prozedur REWRITE der Fall), damit immer ans Ende der aktuellen Datei geschrieben wird. Nach der Ausführung der Prozedur PUT bleibt END OF FILE wahr, der Pufferinhalt wird undefiniert. Es ist also nicht möglich, mehrere PUT-Anweisungen hintereinander zu schreiben, ohne daß der Puffervariablen ein neuer Wert zugewiesen wird.

Anwendungsbeispiel

Das folgende Beispiel zeigt schematisch die Anwendung von Ein- und Ausgabedateien. Es wird eine Datei, deren Komponenten ganze Zahlen sind, eingelesen und – wenn das eingelesene Datum positiv ist – auf die Ausgabedatei geschrieben. Alle negativen Zahlen werden also nicht auf der Ausgabedatei gespeichert.

```
PROGRAM Filedemo(INTIN, POSOUT);
TYPE positiv = 0..MAXINT;      (* alle positiven ganzen Zahlen und 0 *)
VAR  i       : INTEGER;
     INTIN   : FILE OF INTEGER;
     POSOUT  : FILE OF positiv;
BEGIN
  RESET(INTIN); REWRITE(POSOUT);  (* Eroeffnen der Dateien          *)
  WHILE not(EOF(INTIN)) DO
  BEGIN
    i := INTIN^;
    IF i > 0 THEN BEGIN
      POSOUT^ := i;
      PUT(POSOUT)
    END;
    GET(INTIN)
  END (* WHILE *)
END (* Filedemo *) .
```

Mögliche Verbesserungen: direkte Zuweisung der Pufferinhalte:

```
IF intin↑ > 0 THEN BEGIN posout↑:=intin↑
```

Dadurch entfallen die Zeilen 3 (außer dem Wortsymbol VAR) und 10.

Zu beachten ist, daß FILE OF INTEGER eine Datei darstellt, in der INTEGERs in ihrer internen Darstellung abgelegt sind.

Textfiles

In den bisherigen Ausführungen wurde von allgemeinen Dateien gesprochen. Die Dateien konnten als Komponenten jeden beliebigen Datentyp besitzen. Es gibt jedoch eine spezielle Art von Dateien, die vornehmlich zur Kommunikation zwischen Mensch und Maschine geeignet sind: Es sind dies die Dateien mit abdruckbaren Zeichen, d. h. Dateien, deren Komponenten CHARacters sind.

Aufbau von Textfiles

Textdateien bestehen also aus einzelnen Zeichen. Diese Zeichen können eingelesen, verarbeitet und ausgegeben werden. Im bisherigen Verlauf wurden bestimmte Textdateien bereits häufig angesprochen: Es sind dies die Dateien INPUT und OUTPUT.

Hier wird nun deutlich, welche Bedeutung bei den bisherigen Programmen diese beiden Programmparameter besitzen. Sie definieren nämlich nur eine Eingabedatei (INPUT) oder eine Ausgabedatei (OUTPUT). Diese Dateien haben spezielles Format. Sie konnten mit bereits eingeführten Prozeduren wie READ oder WRITE bearbeitet werden.

Zudem besitzen sie eine spezielle Eigenschaft: sie sind zeilenorientiert. Es ist also möglich, Textzeilen einzulesen bzw. Textzeilen auszugeben (Anmerkung: Die direkte Eingabe einer ganzen Zeile durch eine einzige Anweisung ist jedoch nicht möglich). Eine derartige Struktur ist bei Dateien allgemeiner Art nicht möglich. Dateien allgemeiner Art bestehen nur aus einer Ansammlung ihrer Komponenten und besitzen keine zusätzliche Struktur.

Für Textdateien ist in PASCAL eine spezielle Vorkehrung getroffen: Es gibt einen Standarddatentyp, der sie beschreibt. Dieser Standarddatentyp heißt **TEXT.**

Wird nun eine Textdatei – nicht jedoch INPUT oder OUTPUT (die standardmäßig vordeklariert sind) – deklariert, so hat die Deklaration folgendes Aussehen:

```
VAR Eindatei, Ausdatei: TEXT
```

Es ist zu beachten, daß die Datentypen TEXT und FILE OF CHAR nicht gleich sind, da im zweiten Falle die gewünschte Datei keine Zeilenorientierung besitzt. In diesem Fall besteht sie nur – wie alle anderen Dateien – aus einer Sammlung von einzelnen Komponenten, hier des Datentyps CHAR.

Die Funktionen READ und READLN

Ohne weitere Erläuterungen wurden diese beiden Funktionen bereits in den ersten Kapiteln dieses Buches angewandt. Nun sollen sie jedoch etwas detaillierter erläutert werden.

Aus den bisherigen Beispielen ist jedoch auch schon klar geworden, daß mittels der Funktion **READ** Variablen unterschiedlicher Datentypen eingelesen werden können, wenn READ auf eine Textdatei angewandt wird. Beispielsweise konnte durch

```
READ (i)
```

– wobei i vom Typ INTEGER ist – ein ganzzahliger Wert eingelesen werden und in der INTEGER-Variablen i abgespeichert werden. Die Prozedur READ führt also – zusätzlich zu ihrer Eingabefunktion – hier eine Konversion durch: Es wird eine Zeichenfolge als ganze Zahl interpretiert, konvertiert und in i als INTEGER abgespeichert.

Ähnliches gilt, wenn die einzulesende Variable vom Typ REAL ist.

Es ist also möglich, durch die Prozedur sowohl Daten des Typs CHAR, INTEGER oder REAL einzulesen und in Variablen des entsprechenden Typs abzuspeichern. Dabei ist jedoch Grundvoraussetzung, daß von einer Textdatei eingelesen wird.

Anders als bei benutzerdefinierten Prozeduren können diese eine variable Anzahl von Parametern besitzen. Es ist bei diesen Prozeduren also möglich, daß durch einen einzigen Prozeduraufruf mehrere Variablen gelesen werden. In diesem Falle werden die Variablennamen, durch Kommata getrennt, hintereinander in der Parameterliste angeführt.

Soll nun von einer Textdatei eingelesen werden, die nicht INPUT ist, so muß in der READ-Anweisung deren Name angeführt werden. Er ist der erste Parameter dieser Prozedur.

Beispiel:

Es sei eine Textdatei mit Namen 'Eindatei' vereinbart. Dann kann mittels folgenden Prozeduraufrufs:

```
READ (Eindatei, c, i, r)
```

wobei c vom Typ CHAR, i vom Typ INTEGER und r vom Typ REAL ist, jede dieser drei Variablen mit einem Eingabewert versehen werden.

Die Eingabefunktion der Prozedur READ könnte durch die Prozedur GET (zumindestens bei CHAR-Variablen) realisiert werden. Somit steht der Aufruf:

```
READ (f,Ch)
```

wobei f eine Textdatei und Ch eine Variable des Typs CHAR darstellt, für:

```
Ch:=f↑;
GET(f)
```

Wegen der Zeilenorientierung von Textdateien kann der Fall eintreten, daß nur ein Teil einer Zeile gelesen und der Rest ignoriert werden soll. Dazu wird zweckmäßigerweise die Prozedur **READLN** verwendet. Ihre Einlesefunktion ist identisch zu der der Prozedur READ. Jedoch wird nach dem Einlesen des letzten Parameters zur nächsten Zeile der Eingabedatei fortgeschaltet. Bei einem weiteren Aufruf einer Prozedur READ oder READLN wird dann das erste Zeichen der nächsten Zeile gelesen.

Die genaue Spezifikation für die beiden Prozeduren befindet sich im Anhang.

Die Prozeduren WRITE und WRITELN

Die inverse Funktion zu READ/READLN ist die Ausgabeanweisung **WRITE** bzw. **WRITELN.** Durch diese beiden Prozeduren können Textdateien beschrieben werden.

Analog zur Prozedur READ ist es bei WRITE möglich, mehrere Werte (dargestellt durch Variable, Konstante oder Ausdrücke) vom Typ INTEGER, REAL oder CHAR (auch in einer einzigen Anweisung) auf die entsprechende Textdatei zu schreiben. Zudem können auch Variable vom Typ BOOLEAN und PACKED ARRAY [ ] OF CHAR verarbeitet werden.

Ähnlich wie bei der Eingabeprozedur READ wird der Name der zu beschreibenden Textdatei als erster Parameter angegeben. Wird dieser Parameter weggelassen, so wird die Datei OUTPUT für die Ausgabe verwendet.

Häufig wird die Ausgabe in formatierter Form gewünscht. Die Prozedur WRITE bzw. WRITELN bietet auch hierfür Möglichkeiten:

Es ist möglich, jede auszugebende Variable mit einer bzw. zwei Formatangaben zu versehen, die die Ausgabelänge spezifizieren. Im Normalfall kann ein einzelner Wert angegeben werden, der von der auszugebenden Variablen durch einen Doppelpunkt getrennt ist. Dieser Wert gibt die minimale Drucklänge an. Sollen z.B. ganze Zahlen mit einer Breite von 10 Zeichen ausgegeben werden, so kann dies folgendermaßen geschehen (vorausgesetzt, i und j seien vom Typ INTEGER):

```
WRITE (i:10,j:10)
```

Wird die Ausgabelänge weggelassen, so werden nur soviele Zeichen ausgegeben, wie minimal notwendig sind bzw. der Compiler standardmäßig für den entsprechenden Datentyp vorsieht. Auf jeden Fall werden aber soviele Zeichen ausgegeben, wie für die Darstellung des Wertes notwendig sind.

Für die Ausgabe von REALs gibt es noch die Möglichkeit, ein zweites Längenattribut anzugeben. Werden beide Attribute verwendet, so wird die Ausgabe von REAL nicht in Gleitpunktform (also in normalisierter Form mit Darstellung zur Basis 10), sondern in Fixpunktform vorgenommen. Das erste Längenattribut gibt dann – wie auch bei anderen Typen – die minimale Länge an; das zweite Attribut spezifiziert die Anzahl der Stellen nach dem Komma, die noch ausgedruckt werden sollen.

Dazu einige Beispiele (Pi besitze den Wert 3.14159):

```
WRITELN (Pi, Pi:10, Pi:10:5)
```

liefert:

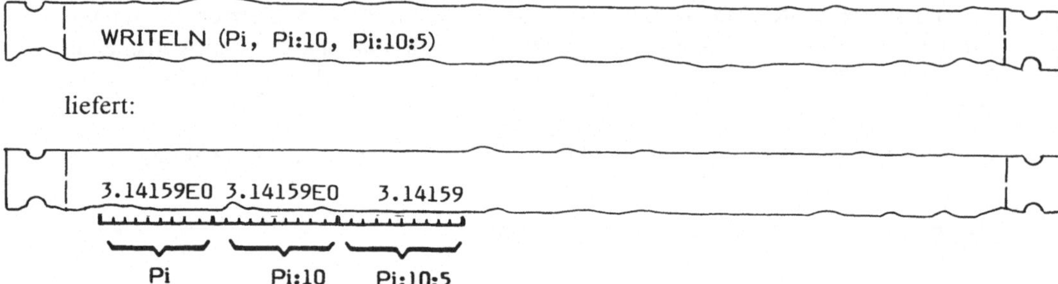

Um die Zeilenorientierung in einer Textdatei zu erzeugen, verwendet man die Prozedur WRITELN. Nachdem alle angegebenen Variablen oder Konstanten ausgedruckt sind (in diesem Fall kann die Parameterliste evtl. mit Ausnahme des Dateinamens leer sein), wird auf der Ausgabedatei ein Zeilenvorschub bewirkt. Die nächste WRITE bzw. WRITELN-Anweisung wird somit in die nächste Zeile geschrieben.

Die beiden Prozeduren erlauben auch das Ausgeben von Werten auf Dateien, die nicht Textfiles sind. In diesem Fall wird die folgende Anweisung

```
WRITE (f, x)
```

so interpretiert:

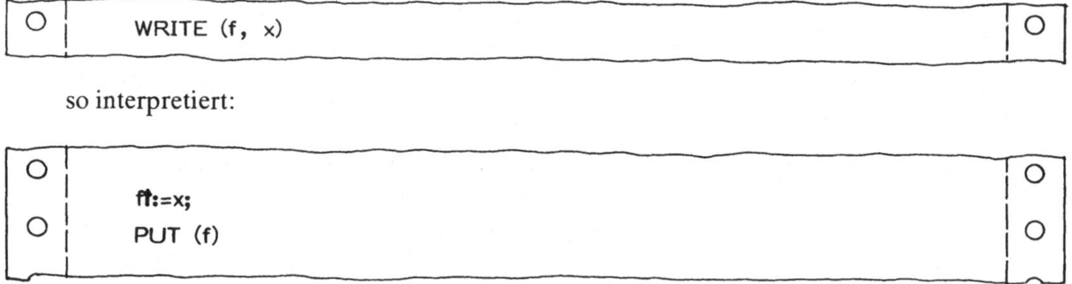

```
f↑:=x;
PUT (f)
```

Die exakte Spezifikation dieser beiden Prozeduren befindet sich im Anhang.

Die Funktion EOLN

Textdateien besitzen im Gegensatz zu allgemeinen Dateien eine besondere Struktur: Die einzelnen Komponenten sind nicht nur aneinandergereiht, sondern es ist eine Zeilenstruktur vorhanden. Diese Struktur kann bei der Eingabe von Daten eine wesentliche Rolle spielen. Insbesondere kann abgeprüft werden, ob bereits ein Zeilenende erreicht wird. Dies wird durch die boolesche Funktion (**E**nd f i e) **EOLN** realisiert.

EOLN(f) liefert den Wahrheitswert TRUE, wenn während des Einlesens von der Datei f das letzte Zeichen einer Zeile gelesen wurde, sonst liefert diese Funktion den Wert FALSE.

Die exakte Spezifikation befindet sich im Anhang.

PASCAL

Notwendigkeit

Deklaration

Anwendung von Funktionen und Prozeduren

Das Schreiben von Funktionen und Prozeduren

Rekursive Prozeduren

Notwendigkeit

Deklaration

Die Anwendung von Funktionen und Prozeduren

Funktionsaufrufe
Die Anwendung von Prozeduren
Formale und aktuelle Parameter

Das Schreiben von Funktionen und Prozeduren

Aufbau von Funktionen und Prozeduren
Lebensdauer und Gültigkeitsbereich von Namen
VAR-Parameter
Anwendungsbeispiel

Rekursive Prozeduren

Notwendigkeit

Im ersten Kapitel wurde bereits eine Methode dargestellt, mit der durch schrittweise Verfeinerung aus einer gegebenen Aufgabenstellung ein ablauffähiges PASCAL-Programm erzeugt werden kann. Grundidee dieser schrittweisen Verfeinerung ist, daß zunächst eine nicht detailliert spezifizierte, jedoch bereits komplette Problemlösung erarbeitet wird und die daraus entstandenen, einzelnen Teilaufgaben wiederum nach der gleichen Methode bearbeitet werden. So entsteht eine Hierarchie von Pseudoprogrammen mit ständig fortschreitendem Detaillierungsgrad. Das letzte Pseudoprogramm ist kein Pseudoprogramm im herkömmlichen Sinne, sondern bereits das ablauffähige PASCAL-Programm.

Diese Methode hat den Vorteil, daß man sich bei der Programmentwicklung zunächst nicht auf die Realisierung durch ein Programm in einer bestimmten Programmiersprache konzentrieren muß, sondern zunächst auf das Finden der Problemlösung. Dadurch wird gewährleistet, daß das Hauptaugenmerk nicht auf die Programmiersprache, sondern auf das Problem gelegt wird und dadurch logische Programmfehler (Fehler in der Lösung) seltener als bei anderer Vorgehensweise auftreten werden.

Trotzdem könnte diese Methode in der Praxis nicht angewandt werden, wenn sie nicht auch von Programmiersprachen unterstützt würde. Im ersten Kapitel wurde dargelegt, daß bei der schrittweisen Verfeinerung nur Kontrollkonstrukte verwendet werden, die auch in der Programmiersprache PASCAL angeboten werden. Dies ist jedoch noch nicht die optimale Unterstützung der Programmiersprache für diese Lösungsmethode, die angestrebt werden sollte.

Wünschenswert wäre die Möglichkeit der Übernahme der einzelnen Strukturblöcke in der Reihenfolge ihres Entstehens ins Programm, sodaß sie auch dort aufzufinden sind. Dadurch ergibt sich sowohl eine Hilfe bei der Programmerstellung als auch die Übereinstimmung zwischen Entwicklungsdokumentation und entstehendem Programm.

Dies wird in PASCAL durch das **Prozedur-** bzw. **Funktionskonzept** realisiert. Für die Verwendung von Funktionen und Prozeduren spricht noch eine Reihe weiterer Gründe:

- Durch die Verwendung von Funktionen und Prozeduren steigt der Grad der Lesbarkeit des Programms. Damit steigt auch die Verständlichkeit des Programms und zudem wird es kürzer als vergleichbare andere Programme, die ohne Prozeduren und Funktionen realisiert wurden. Verwendet man nämlich Prozeduren und Funktionen, so haben diese einen bestimmten – möglichst signifikanten – Namen und wurden bereits in Struktogrammform beschrieben. Durch die Übernahme dieser einzelnen 'Funktionsblöcke' in das Programm wird eine direkte Abbildung des Struktogramms im Programm erreicht. Sie stellen gewissermaßen den groben Ablauf des Programms dar. Da die Realisierungsdetails zunächst nicht angegeben werden, wird eine Steigerung der Lesbarkeit und der Verständlichkeit des Programms erreicht.

- Häufig ist es notwendig, gleiche Aktionen für unterschiedliche Daten auszuführen. Man denke dabei nur an die Berechnung von bestimmten Funktionen mit unterschiedlichen Werten. Als Beispiel sei hier die Standardfunktion Sinus aufgeführt:

```
sin(x)
sin(y)
sin(x-y)
```

Diese drei Beispiele zeigen, daß der Funktionswert des Sinus zunächst für die Variable x, dann für die Variable y und dann für den Ausdruck x–y berechnet wird. Es ist hier nicht notwendig, für jedes Argument (x, y, x–y) in einer eigenen Anweisungsfolge den Funktionswert des Sinus zu berechnen, da die Funktion ja unabhängig vom verwendeten Argument definiert ist. Ähnliches gilt natürlich für anwenderdefinierte Funktionen: Beispielsweise soll die Mehrwertsteuer aus unterschiedlichen Beträgen berechnet werden:

```
MWST(Betrag)
MWST(Endsumme)
```

Wenn MWST eine Funktion darstellt, die als Ergebnis den Mehrwertsteuerbetrag eines bestimmten Preises liefert, so wird im ersten Beispiel der Mehrwertsteuerbetrag für die Variable Betrag und im zweiten für die Variable Endsumme berechnet. Da die Funktion Mehrwertsteuer natürlich nur ein einziges Mal vorhanden sein muß, sinkt die gesamte Programmgröße, und Verständlichkeit und Lesbarkeit des Programms nehmen zu.

Betrachtet man nochmals die Struktogramme, so kann man feststellen, daß Funktionsblöcke dort für eine abgeschlossene Menge von Tätigkeiten oder Aktionen mit bestimmten Daten eingeführt wurden. Dies wird beim Konzept der Funktionen und Prozeduren in PASCAL wiederum direkt realisiert.

Bisher wurde noch nicht zwischen der Anwendung bzw. Definition von Funktionen und Prozeduren unterschieden. Dazu betrachtet man wieder die Funktionsblöcke, die für unterschiedliche Zwecke eingeführt wurden:

- Funktionsblöcke können bestimmte Daten (Ergebnisse) liefern, die weiter in Ausdrücken verwendet werden sollen. Als Beispiele wurden bereits der Sinus eines bestimmten Arguments oder die Mehrwertsteuer angeführt. Diese Art von Funktionsblöcken wird in PASCAL durch **Funktionen** realisiert. Eine Funktion liefert also einen bestimmten Ergebniswert, der aus den Eingangsdaten ('Argumenten' oder 'Parametern') berechnet wird.

- Im Gegensatz zu den Funktionen gibt es jedoch auch Funktionsblöcke, die kein direktes Ergebnis liefern. Diese Funktionsblöcke heißen in PASCAL **Prozeduren.** Sie bestehen nur aus einer Menge von Operationen. Prozeduren werden also vor allem dann verwendet, wenn kein direktes Ergebnis zu erwarten ist bzw. das Ergebnis für die weitere Verarbeitung zu komplex ist, als daß es als Funktionsresultat zurückgegeben werden könnte. Abgesehen davon ist es auch möglich, daß ein Funktionsblock mehrere Resultate liefert. In allen diesen Fällen werden Prozeduren als adäquate Darstellung von Funktionsblöcken verwendet.

Deklaration

Bevor Funktionen und Prozeduren vom Anwender verwendet werden können, müssen sie dem Programm erst bekanntgegeben werden. Aus diesem Grunde müssen sie vor der ersten Anwendung **deklariert** werden. Sie stellen also grundsätzlich – genauso wie die Daten des Programms – bestimmte Einheiten dar, die vor ihrer Anwendung erst definiert werden müssen. Insofern unterscheiden sie sich nicht von den bereits eingeführten Variablen, Konstanten oder Datentypen. Demzufolge werden sie im Deklarationsteil des Programms mit aufgeführt.

Der Deklarationsteil muß dafür noch um einen Teil erweitert werden, in dem Funktionen und Prozeduren deklariert werden. Dieser Teil stellt das Ende des Deklarationsteils dar, der damit folgendes Aussehen hat:

	einleitendes Wortsymbol:
1. Definition der Konstanten	CONST
2. Deklaration der Datentypen	TYPE
3. Deklaration der Variablen	VAR
4. Deklaration der Funktionen und Prozeduren	FUNCTION bzw. PROCEDURE

Die Deklarationen von Funktionen und Prozeduren bilden also den Abschluß des Deklarationsteils eines Programms.

Jeder der bisher bekannten Teile des Deklarationsteils wird durch ein bestimmtes Wortsymbol eingeleitet. Z.B. beginnt der Konstantendeklarationsteil mit dem Wortsymbol CONST. Der Teil, in dem Prozeduren und Funktionen eingeführt werden, beginnt jedoch nicht mit einem speziellen Wortsymbol, sondern jeder dort definierte Block (d.h. Funktion oder Prozedur) wird durch das entsprechende Wortsymbol gekennzeichnet:

```
PROCEDURE     (für Prozeduren)
FUNCTION      (für Funktionen)
```

Die Deklaration einer Funktion oder einer Prozedur sieht ähnlich aus wie bei einem Programm.

Ein Programm wird mit einem Wortsymbol – 'PROGRAM' – eingeleitet, eine Funktion mit dem Wortsymbol 'FUNCTION' und eine Prozedur mit dem Wortsymbol 'PROCEDURE'.

Bei einem Programm folgt anschließend an das einleitende Wortsymbol die Identifikation durch den Programmnamen. Ähnlich ist es bei Funktionen und Prozeduren, deren Name ebenfalls im Anschluß an das entsprechende Wortsymbol angeführt wird. Für Namen gelten die gleichen Konventionen, die bereits für Programm-, Datentyp-, Konstanten- oder Variablennamen definiert wurden.

Bei einem Programm folgt dann in Klammern eine Liste der Ein-/Ausgabeparameter (Dateien). Analoges gilt nun wieder für Funktionen oder Prozeduren. Wie bereits erwähnt, müssen Prozeduren und Funktionen u. U. mit unterschiedlichen Werten aufgerufen werden. Diese unterschiedlichen Werte heißen Parameter und ihre Namen müssen in der Deklaration eingeführt werden. Dabei entspricht diese Einführung im wesentlichen einer Deklaration von Variablen. Die Parameter müssen also zu ihren Namen auch noch jeweils einen bestimmten Typ besitzen (der Typ muß bereits vorher in einem äußeren Block definiert sein, bzw. standardmäßig vorhanden sein).

Die Parameterliste, die in Klammern eingeschlossen wird, hat dann folgendes Aussehen, wobei die pi_j für Parameternamen und die typi für Datentypnamen stehen:

$$(pl_1, \ldots, pl_n\text{: typl; } \ldots \text{ ; } pk_1, \ldots, pk_m\text{: typk})$$

Man sieht hier deutlich die Äquivalenz zur Deklaration von Variablen. Im einfachsten Fall wird jeweils ein Parameter-(Variablen-)Name angeführt, gefolgt von einem ':'. Der Typ des Parameters wird anschließend spezifiziert. Sind mehrere Parameter gleichen Typs zusammengefaßt, so werden die einzelnen Namen durch Kommata voneinander getrennt. Die einzelnen Definitionen der Liste werden – wie bei Variablendeklarationen – durch Semikolons voneinander getrennt.

Die Syntax ist soweit also identisch zur Syntax bei der Deklaration von Variablen. Es gibt jedoch eine einzige Ausnahme: Es darf kein Typ implizit angegeben werden. Die Typen von Parametern müssen durch Namen repräsentiert werden.

Beispiele:

Korrekte Parameterlisten:

```
(betrag: REAL)
(betrag, rabatt: REAL)
(a,b,c: INTEGER; ch: CHAR; finis: BOOLEAN)
```

Inkorrekte Parameterlisten: Fehler:

```
(betrag REAL)                    (*':' zwischen Parameternamen und -typ fehlt*)
(betrag rabatt: REAL)            (*',' zwischen den einzelnen Parametern fehlt*)
(betrag: 0..1000)                (*Typangabe nicht erlaubt (nur Typnamen zu-
                                 lässig)*)
(a,b,c: INTEGER, ch: CHAR)       (*',' zwischen den einzelnen Unterlisten nicht
                                 zulässig; ';' erwartet*)
```

Bis hierhin existiert noch kein Unterschied in der Definition von Prozeduren und Funktionen. Betrachtet man nun Funktionen, so haben sie die Aufgabe, einen bestimmten Wert abzuliefern. Dies entspricht dem Wert einer Variablen eines bestimmten Datentyps.

Funktionen und Prozeduren unterscheiden sich also vor allem dadurch, daß eine Prozedur nur eine bestimmte Folge von Aktionen ausführt, eine Funktion jedoch zusätzlich ein Ergebnis liefert. Technisch gesehen ist eine Funktion somit mit einer Variablen zu vergleichen. Diese Variable erhält durch die Folge der Aktionen innerhalb der Funktion einen Wert.

Wegen dieser Analogie zu Variablen muß bei der Deklaration von Funktionen noch der Typ des Ergebnisses spezifiziert werden. Somit unterscheiden sich die Deklarationen von Prozeduren und Funktionen dadurch, daß bei Funktionen der Typ des Ergebnisses angegeben wird. Analog zur Typangabe bei Variablen wird der Typ – getrennt durch einen Doppelpunkt – der Deklaration angefügt. Im Anschluß an das Ende der Parameterliste wird der Datentyp des Ergebnisses der Funktion angefügt. Auch hier muß der Typ durch einen Namen dargestellt sein. Explizit angeführte Typen – wie z. B. Aufzählungstypen – sind nicht erlaubt. Das Ende der Deklaration ist in beiden Fällen – also sowohl bei Funktionen als auch bei Prozeduren – ein Semikolon (';'), da die Deklaration von den weiteren Teilen getrennt werden muß.

Beim Typ von Funktionen sind nicht alle möglichen Datentypen zugelassen. Der Wert einer Funktion darf nur aus einem einfachen Datentyp bestehen. Eine Begründung dafür wird später geliefert.

Die Anwendung von Funktionen und Prozeduren

Funktionsaufrufe

Im vorigen Abschnitt wurde bereits erwähnt, daß Funktionen analog zu Daten zu sehen sind. Ihr aktueller Wert wird zur Laufzeit berechnet und kann wie der Wert von Konstanten oder Variablen in Ausdrücken verwendet werden. Aus diesem Grunde können Funktionsaufrufe überall dort stehen, wo Daten des entsprechenden Funktionstyps zulässig sind: Insbesondere können Funktionswerte also in Ausdrücken (expressions) angewandt werden. (Anmerkung: Nicht zulässig sind Funktionsnamen auf der linken Seite einer Zuweisung, außer bei der Zuweisung des berechneten Ergebnisses im Funktionsrumpf.)

Beispiele für solche **Funktionsaufrufe** wurden bereits vielfach angeführt. Die bisherigen Beispiele betrafen jedoch standardmäßig in der Sprache vorhandene Funktionen (die sogenannten Standardfunktionen, siehe Anhang). Sie zeigen bereits die Anwendung von Funktionen bzw. die Art, wie Funktionen aufgerufen werden:

```
x := sin(y)
```

Diese Anweisung wird folgendermaßen interpretiert:

Der Variablen x (die vom Typ REAL sein muß, da das Ergebnis des Ausdrucks auf der rechten Seite von diesem Typ ist) wird der Wert des Ausdruckes sin(y), d.h. also der Funktionswert des Sinus mit dem Argument y zugewiesen. Sin ist dabei eine standardmäßig in der Sprache vorhandene Funktion, deren Parameter einen numerischen Typ besitzen muß.

Man sieht hier deutlich, daß der Funktionswert wie eine REAL-Variable verwendet werden kann. Insbesondere ist deshalb auch seine Verwendung in Ausdrücken zulässig:

```
z := x + sin(y)
```

Allgemein haben Funktionsaufrufe folgendes Aussehen:

> Zunächst wird der Name der Funktion notiert,
> gefolgt von der Liste der aktuellen Parameter,
> deren einzelne Werte durch Kommata getrennt sind.
> Die Liste ist in runde Klammern eingeschlossen.

Beispiel:

```
Preis := Netto (Warenpreis, Nachlaß)
```

Die Reihenfolge der aktuellen Parameter beim Aufruf muß mit der Reihenfolge der formalen Parameter in der Definition übereinstimmen. Dabei ist jedoch zu beachten, daß die einzelnen Werte nur durch Kommata voneinander getrennt werden, auch wenn wegen unterschiedlicher Typen in der Deklaration ein Semikolon verlangt wurde.

Als Beispiel für eine benutzerdefinierte Funktion sei wieder die oben erwähnte Funktion der Mehrwertsteuer angeführt:

```
Verkaufsbetrag := Bruttobetrag + MWST(Bruttobetrag)
```

Auch in diesem Beispiel wird das Ergebnis einer Funktion in einem Ausdruck verarbeitet. Es wird der Mehrwertsteuerbetrag eines bestimmten Bruttobetrages dazu addiert. Das Ergebnis dieser Zuweisung ist damit der Betrag, den der Käufer zu bezahlen hat.

Bei einem Aufruf werden die formalen Parameter durch Werte des vereinbarten Typs ersetzt. Für ihre Berechnung sind ebenfalls Funktionsaufrufe oder Ausdrücke innerhalb der aktuellen Parameterliste zulässig, wenn diese ein Datum des geforderten Typs liefern. So ist es also möglich, daß Parameterlisten auch komplexe Ausdrücke mit Funktionen enthalten:

```
Mwstanteil := MWST(Betrag1 + Betrag2)
y := sin(x + cos(z))
```

Im ersten Beispiel wird die Mehrwertsteuer der Summe zweier Beträge berechnet. Der Aufruf ist so zu interpretieren, daß zunächst die beiden Werte addiert werden und die Funktion mit dem Ergebnis als Parameterwert arbeitet.

Im zweiten Beispiel muß die Funktion 'sin' mit dem Parameterwert 'x + cos(z)' arbeiten. 'cos' ist ebenfalls eine Standardfunktion, die den Wert des Cosinus als Argument liefert. Erst wenn der Wert von 'cos(z)' vorliegt, kann das Argument, d. h. der Parameterwert, für 'sin' berechnet und damit die Funktion aufgerufen werden. Die Reihenfolge der Abarbeitung wird natürlich automatisch festgelegt und wird vom Programmierer nur durch den Aufbau des Parameter-Ausdrucks bestimmt.

Die Anwendung von Prozeduren

Im Gegensatz zu den Funktionen liefern Prozeduren kein direktes Ergebnis. Aus diesem Grund können Prozeduren auch nicht so verwendet werden, wie es bei den Funktionen erläutert wurde.

Beispiele für Prozeduren sind ebenfalls aus dem bisherigen Verlauf schon bekannt: Man denke an die standardmäßig in der Sprache vorhandenen Ein-/Ausgabeprozeduren READ und WRITE. Diese Prozeduren wurden stets als eigene Anweisung verwendet (im Gegensatz zu Funktionsaufrufen, die einen Teil eine Anweisung darstellen).

Bei Prozeduraufrufen wird

der Name der Prozedur angegeben,
anschließend folgt die Parameterliste,
die entsprechend der Deklaration der Prozedur aufgebaut sein muß
und in runde Klammern eingeschlossen ist.

Das folgende Beispiel zeigt eine typische Anwendung für eine Prozedur.

Vertauschen zweier Werte mit Hilfe einer Hilfsvariablen:

```
TYPE index : 0..10;
VAR x,y : index;
PROCEDURE Tauschxy;
VAR Hilf : index;
BEGIN
            Hilf := x;
            x := y;
            y := Hilf
END         (*Tauschxy*);
.
.
x := 7; y := 4;
Tauschxy
```

Anschließend hat x den Wert 4 und y den Wert 7.

Formale und aktuelle Parameter

Bei den bisherigen Ausführungen wurden die Begriffe formale und aktuelle Parameter genannt. Was bedeuten sie?

Formale Parameter werden die Variablen genannt, die bei der Prozedur-/Funktionsdeklaration ihren bestimmten, während der Prozedur gültigen Namen erhalten. Innerhalb des Anweisungsteiles können diese völlig äquivalent zu anderen Variablen verwendet werden.

Die *aktuellen Parameter* dagegen sind die Werte, mit denen die Prozedur bzw. die Funktion an der Aufrufstelle versorgt wird. Ähnlich wie bei allen anderen Variablen können diese durch ihre expliziten Werte (solange sie den gültigen Datentyp des formalen Parameters besitzen) oder durch ein zulässiges Datum (Variable oder Konstante) angeführt werden.

Das Schreiben von Funktionen und Prozeduren

Aufbau von Funktionen und Prozeduren

Funktionen und Prozeduren sind eigenständige Elemente eines Programms. Sie besitzen viele Ähnlichkeiten zu Programmen und haben demzufolge einen ähnlichen Aufbau.

Dies wurde bereits an der Deklarationszeile von Funktionen und Prozeduren erläutert. Die Ähnlichkeit zu Programmen ist bei der Aufschreibung jedoch noch weitergehend: Prozeduren und Funktionen besitzen ebenso wie Programme einen Deklarations- und einen Anweisungsteil.

Wegen ihrer Eigenständigkeit ist es sinnvoll, daß sie selbst lokale Daten besitzen. Diese nur für die jeweilige Prozedur oder Funktion gültigen Daten müssen dort deklariert werden, wodurch die Forderung nach einem eigenen Deklarationsteil begründet wird. Dieser ist analog zum Deklarationsteil eines Programms aufgebaut. Er besteht demnach aus den folgenden Teilen:

Konstantendeklarationsteil;
Typdeklarationsteil;
Variablendeklarationsteil;
Funktions- und Prozedurdeklarationsteil.

Die einzelnen Abschnitte des Deklarationsteils sind identisch aufgebaut wie bei einem Programm. Also beginnt der Konstantendeklarationsteil mit dem Wortsymbol CONST, der Typdeklarationsteil mit dem Wortsymbol TYPE und der Variablendeklarationsteil mit dem Wortsymbol VAR. Ähnlich ist es bei inneren Funktionsblöcken, die jeweils mit dem entsprechend gültigen Wortsymbol FUNCTION bzw. PROCEDURE eingeleitet werden.

Im Anschluß an den komplett spezifizierten Deklarationsteil eines solchen Funktionsblockes folgt der Anweisungsteil, der mit dem Wortsymbol BEGIN eingeleitet wird und mit dem Wortsymbol END endet. Zu beachten ist aber, daß nach dem END – im Gegensatz zu Programmen – kein Punkt steht, sondern der Anweisungsteil vom Rest des Programms bzw. des übergeordneten Blockes durch ein Semikolon getrennt wird.

Durch diese Art der Aufschreibung erhält man 'geschachtelte Blöcke': Der äußerste Block wird durch das Programm selbst dargestellt, die inneren Blöcke durch die im Programm verwendeten Funktionen oder Prozeduren. Besitzen diese selbst wieder lokale Blöcke, so kann man diese als innere Schachtel ansehen.

Dazu folgendes Beispiel:

Es soll ein Programm geschrieben werden, das aus einem eingegebenen Preis sowohl den Mehrwertsteuerbetrag als auch den Bruttopreis berechnet.

Dieses Programm könnte auch mit Hilfe der bisher bekannten Sprachelemente ohne Anwendung von Prozeduren und/oder Funktionen geschrieben werden. Es sei jedoch angenommen, daß die einzelnen Funktionen, also Berechnung des Mehrwertsteuerbetrages wie auch Berechnung des Bruttopreises als Nettopreis + Mehrwertsteuerbetrag Funktionen sind, die in diesem Programm häufiger verwendet werden. Um das Programm nicht zu komplex zu gestalten, werden jedoch nur diese beiden Funktionen im Beispielprogramm realisiert.

Zweckmäßigerweise werden die beiden genannten Funktionen als FUNCTIONs in PASCAL realisiert. Dies bedeutet, daß das Programm einerseits eine Funktion MWST (Berechnung des Mehrwertsteuerbetrages) und andererseits eine Funktion Bruttopreis (Berechnung des Bruttopreises der Ware) enthalten muß. Diese beiden Funktionen können nun folgendermaßen realisiert werden:

Zunächst die Funktion Mehrwertsteuer:

```
FUNCTION MWST (Betrag:REAL):REAL;
CONST MWSTSATZ = 0.13; (*aktueller Mehrwertsteuersatz*)
BEGIN
        MWST := Betrag * MWSTSATZ
END  (*MWST*)
```

Man sieht an diesem Beispiel wieder die Äquivalenz des Aufbaus einer Funktion zum Aufbau eines Programms. Die Zeile 2 definiert den aktuellen Mehrwertsteuersatz zu 0.13 (dies entspricht einem Mehrwertsteuersatz von 13%). Andere Konstanten, Typen oder Variable, sowie innere Funktionen oder Prozeduren werden nicht benötigt.

Interessant ist nun die 4. Zeile, in der der Mehrwertsteuerbetrag und zugleich das Ergebnis der Funktion berechnet wird. Das Ergebnis wird durch eine Zuweisung an eine Variable abgeliefert, die anscheinend nirgendwo deklariert ist. Betrachtet man aber die äquivalente Betrachtungsweise von Variablen und Funktionen, so ist die Zuweisung an den Funktionsnamen sofort verständlich. Implizit wird durch die Funktion also eine Variable des Funktionstyps deklariert, die den berechneten Funktionswert durch Zuweisung erhält. Diese Ergebniszuweisung kann an beliebiger Stelle im Anweisungsteil stehen und bei Bedarf auch öfter angeführt werden.

Eine Anwendung dieser Funktion liefert die Funktion Bruttopreis, die folgendermaßen definiert wird:

```
FUNCTION Bruttopreis (Betrag:REAL):REAL;
   BEGIN
            Bruttopreis := Betrag + MWST(Betrag)
   END      (*Bruttopreis*)
```

Auch hier entspricht der Aufbau dem konventionellen Aufbau einer Funktion. Die dritte Zeile – als Realisierung der Funktion – wird wieder nur durch eine Zuweisung dargestellt. Hier ist jedoch zu beachten, daß auf der rechten Seite der Zuweisung der Mehrwertsteueranteil durch die oben definierte Funktion MWST berechnet wird. Man kann also auf eine bereits definierte Funktion (sofern sie bekannt ist) zurückgreifen. Der Bruttopreis wird also hier berechnet als die Summe des Betrages (der als Parameter übergeben wird) und dessen Mehrwertsteueranteil.

Diese beiden Funktionen stellen – wie oben erwähnt – die beiden Grundfunktionen des kleinen Anwendungsbeispiels dar. Es wird folgendermaßen realisiert:

```
PROGRAM Mehrwertsteuer (INPUT, OUTPUT);
(* Dieses Programm berechnet den Mehrwertseueranteil *)
(* und den Endbetrag eines eingegebenen Warenpreises *)
VAR Preis: REAL;

  FUNCTION mwst(Betrag: REAL): REAL;
  CONST Mwstsatz = 0.13; (* aktueller Satz ist 13% *)
  BEGIN
    mwst := Betrag*Mwstsatz
  END (* mwst *) ;

  FUNCTION Bruttopreis(Betrag: REAL): REAL;
  BEGIN
    Bruttopreis := Betrag + mwst(Betrag)
  END (* Bruttopreis *) ;

BEGIN
  READ(Preis);      (* Eingabe des Warenpreises *)
  WRITELN('Mehrwertsteueranteil ist: ', mwst(Preis):8:2);
  WRITELN('Bruttopreis ist:          ', Bruttopreis(Preis):8:2)
END (* Mehrwertsteuer *) .
```

Man sieht hier deutlich, daß die Funktionen Mehrwertsteuer und Bruttopreis jeweils eigene Blöcke darstellen, in denen eigene – vom Programm unabhängige – Werte definiert werden können. Es kann nun der Fall eintreten, daß in solchen Funktionen oder Prozeduren Namen vorkommen, die bereits an anderen Stellen eingeführt wurden und so einen Namenskonflikt auslösen könnten, da sie sich nicht von allen anderen Namen des Programms bzw. der Umgebung unterscheiden. Innerhalb des jeweils gültigen Blockes mag die Namenseindeutigkeit gewährleistet sein, aber was geschieht, wenn in der Umgebung der gleiche Name nochmals verwendet wird?

Lebensdauer und Gültigkeitsbereich von Namen

Dieses Problem wird in PASCAL durch genaue Regeln über den **Gültigkeitsbereich** bzw. die **Lebensdauer von Namen** gelöst.

Die **Lebensdauer** eines Namens umfaßt den Block, in dem dieser Name deklariert wurde. Somit

- können Variable innerhalb des gesamten Blockes, in dem sie definiert sind, einen bestimmten Wert enthalten,
- sind Datentypen und Konstanten innerhalb des Blockes, in dem sie definiert wurden, ständig 'vorhanden',
- können diese Namen in den umgebenden Blöcken nicht mehr angesprochen werden. Das heißt, es kann außerhalb des Definitionsblockes nicht mehr auf Variablen zugegriffen werden. Insbesondere kann ihnen also weder ein Wert zugewiesen, noch kann ihr Wert verwendet werden. Wird dies trotzdem versucht, so kann bereits der Compiler einen Fehler melden, da dies bereits durch die Syntax von PASCAL ausgeschlossen wird.

Etwas komplizierter ist eine Aussage über den **Gültigkeitsbereich** von Namen zu treffen. Während auf jeden Fall durch die Lebensdauer sichergestellt ist, daß Namen innerhalb des Definitionsblockes bestehen, muß dies für ihre Gültigkeit nicht unbedingt zutreffen. Dies ist insbesondere dann der Fall, wenn in einem inneren Block ein gleicher Name nochmals verwendet wird. In diesem Fall ist zwar der Name innerhalb des Definitionsblocks – also äußeren Blockes – noch 'am Leben', kann jedoch im inneren Block nicht mehr verwendet werden. Es gilt also hier die Regel, daß innere Deklarationen äußere überdecken. Die Lebensdauer eines Namens umfaßt also den kompletten Definitionsblock, die Gültigkeit kann jedoch in inneren Blöcken aufgehoben sein.

Ein Beispiel zum Gültigkeitsbereich von Namen:

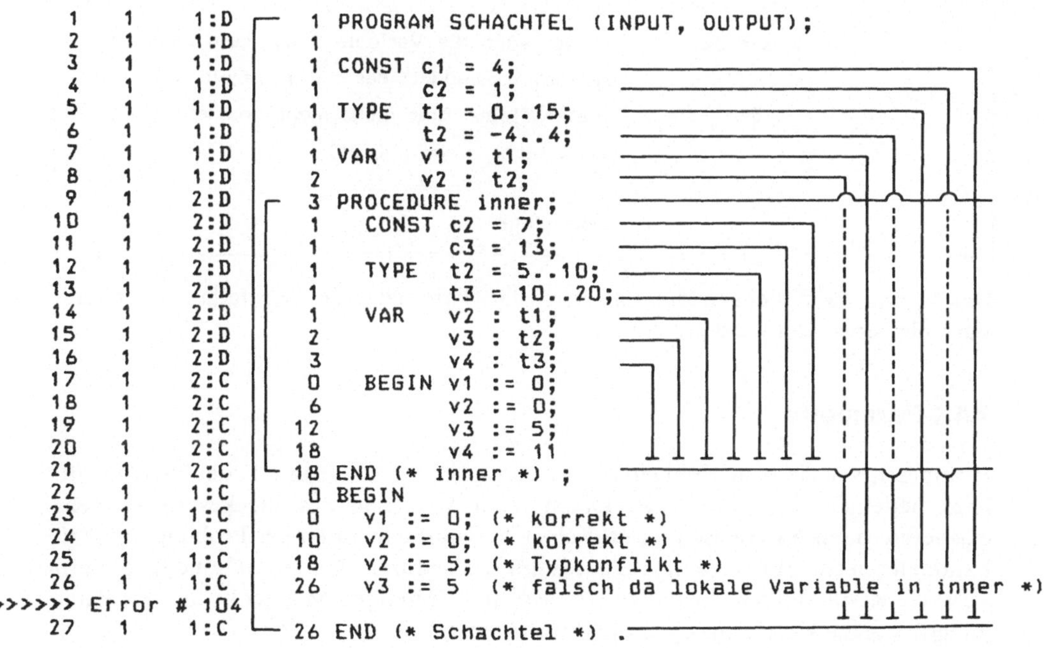

```
1   1:D    1 PROGRAM SCHACHTEL (INPUT, OUTPUT);
1   1:D    1
1   1:D    1 CONST c1 = 4;
1   1:D    1       c2 = 1;
1   1:D    1 TYPE  t1 = 0..15;
1   1:D    1       t2 = -4..4;
1   1:D    1 VAR   v1 : t1;
1   1:D    2       v2 : t2;
1   2:D    3 PROCEDURE inner;
1   2:D    1   CONST c2 = 7;
1   2:D    1         c3 = 13;
1   2:D    1   TYPE  t2 = 5..10;
1   2:D    1         t3 = 10..20;
1   2:D    1   VAR   v2 : t1;
1   2:D    2         v3 : t2;
1   2:D    3         v4 : t3;
1   2:C    0   BEGIN v1 := 0;
1   2:C    6         v2 := 0;
1   2:C   12         v3 := 5;
1   2:C   18         v4 := 11
1   2:C   18 END (* inner *) ;
1   1:C    0 BEGIN
1   1:C    0   v1 := 0; (* korrekt *)
1   1:C   10   v2 := 0; (* korrekt *)
1   1:C   18   v2 := 5; (* Typkonflikt *)
1   1:C   26   v3 := 5  (* falsch da lokale Variable in inner *)
>>>>>> Error # 104
1   1:C   26 END (* Schachtel *) .
```

In diesem Beispiel werden graphisch die Gültigkeitsbereiche bzw. die Lebensdauer der definierten Namen dargestellt. Man sieht, daß die inneren Blöcke unter

Umständen die Gültigkeit der Deklaration äußerer Blöcke überdecken. Als Merkregel kann man sich einprägen, daß jeweils der zuletzt definierte Name bei Namenskollisionen gültig ist, sofern seine Lebensdauer noch gilt.

Diese Aussage gilt auch für die Namen von Parametern. Diese Namen haben während des gesamten Blockes, d.h. während der gesamten Prozedur ihre Lebensdauer. Ihr Gültigkeitsbereich kann jedoch durch die Wiederverwendung des Namens in einem inneren Block überdeckt werden:

```
...
VAR p : typvonp;

PROCEDURE Konflikt (p: parametertyp);
BEGIN
          ...
          p :=  Ausdruck        (*Hier wird nicht die Variable p aus dem äuße-
                                 ren Block, sondern der Parameter p verwen-
                                 det*)
          ...
END                              (*Konflikt*) ;

BEGIN
          ...
          p := Ausdruck1         (*Hier wird die Variable p aus dem Hauptpro-
                                 gramm verwendet; der mit p bezeichnete Para-
                                 meter 'lebt' hier nicht mehr und ist damit
                                 auch nicht mehr gültig*)
          ...
END                              (*Konflikt*) .
```

Der Grund dafür liegt in der Tatsache, daß Parameter im Normalfall wie lokale Variable verwendet werden können.

VAR-Parameter

Parameter, wie sie bisher eingeführt wurden, werden wie lokale Daten angewandt. Dies bedeutet aber, daß diese Daten nach Verlassen des Blockes nicht mehr existieren, da ihre Lebensdauer erloschen ist. Häufig tritt nun das Problem auf, daß Parameter nicht nur als Eingabedaten für Prozeduren oder Funktionen, sondern auch als Resultatdaten dienen sollen. Mit den bisherigen Möglichkeiten der Parameterübergabe könnte dies nicht realisiert werden.

PASCAL bietet jedoch auch dafür eine Lösung, die sog. **VAR-Parameter.** In diesem Fall wird für den Parameter nicht eine eigene, neue lokale Variable erzeugt, sondern es wird direkt die als Parameter angegebene Variable bei der Abarbeitung des Funktionsblockes verwendet. Dadurch ist es also möglich, nicht nur Werte in die Prozedur einzuführen (sie zu 'importieren'), sondern diese während der Prozedur zu ändern und sie nach Verlassen des aktuellen Blocks der Umgebung wieder zur Verfügung zu stellen (sie zu 'exportieren'). Hier kann also zwischen Eingabe-, Ausgabe- und 'transienten' (Ein- und Ausgabe) Parametern unterschieden werden.

Um Parameter als VAR-Parameter zu kennzeichnen, wird das Wortsymbol VAR vor dem formalen Parameter in der Parameterliste der Definitionszeile eingefügt. Das Wortsymbol bezieht sich dann auf alle darauf folgenden Parameter gleichen Typs. Es muß also – wenn es für mehrere Parameter verwendet wird – am Anfang der entsprechenden Unterliste aufgeführt werden.

Zur Erläuterung werden noch einmal die obigen Beispiele 'Mehrwertsteuer' und 'Bruttopreis' betrachtet. Aufgrund einer geänderten Aufgabenstellung soll die Funktion 'Mehrwertsteuer' als Ergebnis nur den Betrag der Mehrwertsteuer liefern, zugleich aber der Endpreis im Parameter zurückgegeben werden.

Diese Aufgabenstellung wird dann durch eine Prozedur folgender Art realisiert:

```
FUNCTION MWST (VAR Preis: REAL):REAL;
CONST MWSTSATZ=0.13;      (*aktueller Mehrwertsteuersatz*)
VAR    Steuer: REAL;      (*Hilfsvariable*)
BEGIN
        Steuer := Preis * MWSTSATZ;
        Preis  := Preis + Steuer;
        MWST  := Steuer
END (*MWST*)
```

Diese genannte Funktion MWST liefert nun genau die gewünschten Ergebnisse: Als explizites Funktionsresultat wird der Betrag der Mehrwertsteuer zurückgegeben, also die Mehrwertsteuer des genannten Preises berechnet. Zugleich wird aber – und dies ist die zweite Zuweisung im Anweisungsteil – der Preis um den Betrag der Mehrwertsteuer erhöht. Da dieser Preis nun als VAR-Parameter übergeben wurde, bleibt das so errechnete Ergebnis auch für die Umgebung (d.h. die Aufrufstelle) gültig.

Die Variable 'Steuer' wurde als Hilfsvariable eingeführt, damit die Multiplikation nicht zweimal durchgeführt werden muß.

Natürlich ist diese Art der Programmierung – wenn sog. Seiteneffekte verwendet werden – nur dann sinnvoll, wenn diese Seiteneffekte auch im Programmtext und in der Dokumentation beschrieben werden. Solche Seiteneffekte können – bei wahlloser Verwendung – zu schwer lokalisierbaren Fehlern führen. Trotzdem ist es häufig unumgänglich, in dieser Art zu programmieren, da ja beispielsweise Funktionsergebnisse nur Daten einfachen Typs oder Pointer sein dürfen.

Zur Demonstration des Unterschiedes zwischen VAR-Parametern und Parametern konventioneller Art (sog. VALUE-Parametern, da nur der Wert übergeben wird) wird nun ein weiteres Beispiel angeführt:

```
PROGRAM VARDemo (INPUT, OUTPUT);
(* Demonstration von Parameteruebergabetechniken *)
VAR i: INTEGER;

  PROCEDURE P(x: INTEGER);
  BEGIN
    x := x+1;
    WRITELN('PROCEDURE P: Wert von x = ', x)
  END (* P *) ;

  PROCEDURE Q(VAR x: INTEGER);
  BEGIN
    x := x+1;
    WRITELN('PROCEDURE Q: Wert von x = ', x)
  END (* Q *) ;

BEGIN
  i := 1;
  WRITELN('Hauptprogramm: Wert von i = ', i);
  P(i);
  WRITELN('Hauptprogramm: Wert von i = ', i);
  Q(i);
  WRITELN('Hauptprogramm: Wert von i = ', i)
END (* VARDemo *) .
```

Das Programm liefert folgende Ausgabe:

```
Hauptprogramm: Wert von i = 1
Procedure P: Wert von x = 2
Hauptprogramm: Wert von i = 1
Procedure Q: Wert von x = 2
Hauptprogramm: Wert von i = 2
```

Man sieht hier sehr deutlich, daß sowohl die Prozedur P als auch die Prozedur Q mit dem gleichen Wert (i = 1) aufgerufen werden. Innerhalb der Prozeduren liefert – aufgrund der gleichen Anweisungen – der Wert der lokalen Variablen bzw. des Parameters x, die Ausgabe das gleiche Ergebnis (2). Erst nach der Rückkehr ins Hauptprogramm kann der Unterschied demonstriert werden: während bei der Prozedur P kein Effekt auf die globale Variable i auftritt (sie besitzt nach wie vor den Wert 1) bleibt nach der Rückkehr aus der Prozedur Q der berechnete Wert (2) auch im Hauptprogramm für die Variable i erhalten.

Seiteneffekte können natürlich auch bei der Verwendung von globalen Daten auftreten (globale Daten sind Daten, die außerhalb des momentan aktuellen Funktionsblockes definiert wurden und noch Gültigkeit besitzen). Auf diese Daten kann ja unbeschränkt zugegriffen werden, d.h. sie können weiter verarbeitet werden und damit ist es auch möglich, ihren Wert zu ändern. Somit gilt auch für globale Daten ähnliches wie für VAR-Parameter: Seiteneffekte auf globale Daten müssen beschrieben werden, damit sie nicht zu schwer lokalisierbaren Fehlern führen.

Anwendungsbeispiel

Zahlen werden im Rechner durch binäre Zeichenfolgen dargestellt. Deshalb gibt es in PASCAL keinen Datentyp, der interne Dezimaldarstellung verlangt. In binären Zeichenfolgen sind nur die beiden Werte 0 und 1 vorhanden. Normalerweise werden nun jeweils vier dieser binären Zeichen durch ein sogenanntes hexadezimales Zeichen dargestellt, was vor allem die Lesbarkeit dieser Zeichenfolgen erhöht, da sie dadurch um den Faktor 4 verkürzt werden können. Hexadezimale Ziffern haben also (dezimale) Werte zwischen 0 und 15.

Es soll ein Programm geschrieben werden, das dezimal dargestellte Zahlen in ihre hexadezimale Form konvertiert und umgekehrt. Da der Zeichenvorrat der Ziffern für die notwendigen 16 Ziffern des hexadezimalen Zeichenvorrats nicht ausreicht, werden die Werte 10–15 durch die Buchstaben (Hexadezimalziffern) A–F repräsentiert:

Binär	Dezimal	Hexadezimal
0000	0	0
0001	1	1
0010	2	2
0011	3	3
0100	4	4
..	.	.
1001	9	9
1010	10	A
1011	11	B
1100	12	C
1101	13	D
1110	14	E
1111	15	F

Der Wert einer dezimal dargestellten Zahl kann auf folgende Weise berechnet werden: Jede Stelle entspricht einem Vielfachen einer Zehnerpotenz. Dabei wird der Stellenwert (Dezimalwert, repräsentiert durch die Ziffer an bestimmter Stelle) mit der entsprechenden Zehnerpotenz multipliziert. Schließlich werden alle so erhaltenen Zwischenergebnisse addiert.

Z. B. kann der Wert der Zahl 1234 folgendermaßen berechnet werden:

$$
\begin{array}{lllr}
1234 = & 1\times 10^3 + & (1\times 1000: & 1000) \\
 & 2\times 10^2 + & (2\times 100: & +\ 200) \\
 & 3\times 10^1 + & (3\times 10: & +\ 30) \\
 & 4\times 10^0 & (4\times 1: & +\ 4) \\
\text{Wert:} & 1234 & & 1234
\end{array}
$$

Eine analoge Vorgehensweise kann für die Berechnung des Wertes hexadezimaler Zahlen verwendet werden. Hierbei muß jedoch der Stellenwert jeder hexadezimalen Ziffer mit der jeweiligen Potenz der Basis 16 multipliziert werden. Die Addition der Zwischenergebnisse bleibt gleich.

Auch dazu ein Beispiel:

Der Wert der Hexadezimalzahl 1A2B wird dezimal durch folgende Formel berechnet:

$$
\begin{array}{lrlr}
\text{1A2B} = & 1\times 16^3 + & (\ 1\times 4096: & 4096) \\
 & 10\times 16^2 + & (10\times 256: & +2560) \\
 & 2\times 16^1 + & (\ 2\times 16: & +\ 32) \\
 & 11\times 16^0 & (11\times 1: & +\ 11) \\
\text{Wert:} & 6699 & & 6699
\end{array}
$$

Die beiden Multiplikationsfaktoren 10 und 11 ergeben sich aus A, das im dezimalen Bereich 10 entspricht und B, das im dezimalen Bereich 11 entspricht. Nach der genannten Methode ergibt sich für 1A2B der dezimale Wert 6699.

Das Anwendungsbeispiel soll folgende Aufgabenstellung realisieren:

> Es soll ein Programm entwickelt werden, das Zahlen (hexadezimal oder dezimal) einliest, in die jeweils andere Zahldarstellung konvertiert und ausgibt.

Zur Präzisierung der Aufgabenstellung bedarf es weiterer Spezifikationen, zum Beispiel muß das Eingabeformat genau spezifiziert werden.

Dazu wird vereinbart, daß hexadezimale Zahlen mit dem Zeichen 'H' beginnen, dezimale Zahlen mit dem Zeichen 'D'. Zwischen und vor den Eingabewerten sollen beliebig viele, für Zahlenanfang nicht signifikante Zeichen (also keine 'D' oder 'H'), zugelassen werden.

Zudem muß noch ein Ende-Kriterium angegeben werden: Es wird vereinbart, daß bei einem Eingabewert 0 (in einer der beiden möglichen Darstellungsarten) das Programm enden soll.

Schließlich muß noch die maximale Größe der eingelesenen Zahlen definiert werden. Das Beispiel soll sich hier auf maximal vierstellige, positive, hexadezimale Zahlen beschränken (dies entspricht als Hexadezimalzahlen von H0 bis HFFFF oder dezimal dargestellt D0 bis D65535).

Zunächst wird die *Struktur des Programms* erarbeitet.

Dazu müssen – wie allgemein fast in jedem Programm nötig – die verwendeten Variablen initialisiert werden. Dies bedeutet, daß der erste Block im Struktogramm die Initialisierung darstellt. Anschließend kann die Eingabe solange verarbeitet werden, bis das Ende (nach Spezifikation die 0) erreicht wurde. Diese Verarbeitung wird also in eine REPEAT-UNTIL-Schleife eingeschlossen werden. Innerhalb der Schleife muß dann zunächst bis zum ersten signifikanten Zeichen gelesen werden. Anschließend wird anhand dieses signifikanten Zeichens entschieden, ob hexadezimale oder dezimale Eingabe vorliegt. Diese Unterscheidung wird also durch eine Fall-Unterscheidung realisiert. Bei hexadezimaler Eingabe muß dann die Konversion von hexadezimal nach dezimal durchgeführt und der Dezimalwert ausgegeben werden. Im anderen Falle, wenn der Eingabewert dezimal ist, wird die Konversion von dezimal nach hexadezimal durchgeführt und die Ausgabe der hexadezimalen Zeichenfolge ausgeführt.

Aufgrund dieser Überlegungen ist das erste noch sehr grobe Struktogramm bereits fertig:

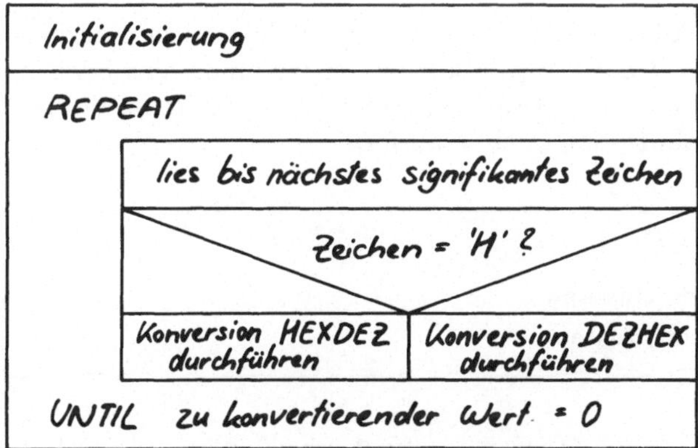

Der erste zu verfeinernde Block ist die Initialisierung, die jedoch ohne Kenntnis der zu verwendenden Daten noch nicht exakt spezifiziert werden kann. Er wird also ans Ende zurückgestellt.

Der nächste zu verfeinernde Block ist der, in dem das erste signifikante Zeichen gelesen werden soll. Nach der Spezifikation muß dieses Zeichen entweder ein 'H' für einen hexadezimalen Wert bzw. ein 'D' für dezimale Eingabe sein. D.h. man kann alle Zeichen überlesen, die nicht 'H' oder 'D' sind.

Diese Funktion kann nun eine Schleife übernehmen, in der zeichenweise solange eingelesen wird, bis das eingelesene Zeichen ein 'D' oder ein 'H' ist. Dieser Block wird also wieder durch eine REPEAT-UNTIL-Schleife realisiert:

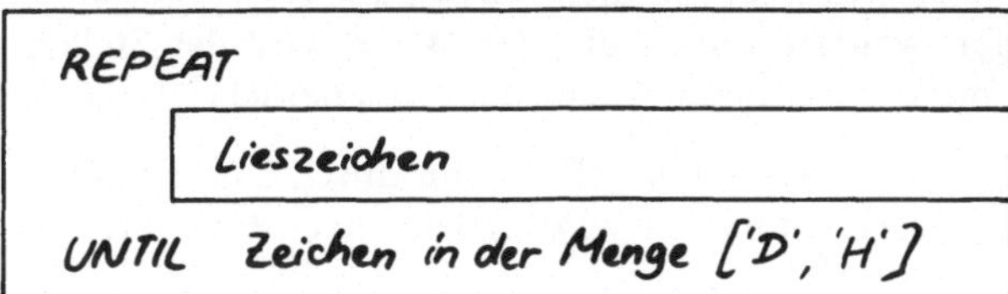

Es wird also hier solange eingelesen, bis ein Zeichen gefunden wird, das in der Menge der gültigen Eingabezeichen liegt. Das Einlesen selbst – im Pseudoprogramm durch 'Lieszeichen' charakterisiert – kann durch die READ-Funktion realisiert werden. Dazu benötigt man noch eine Variable vom Typ CHAR, die ch genannt wird. Diese Variable ch muß dann in den Deklarationsteil des Programms mit übernommen werden (da Struktogramme nur den Ablauf eines Programms wiedergeben, erscheint diese Deklaration nicht im Struktogramm, sondern erst im Programm selbst).

In der endgültigen Form, d.h. als PASCAL-Statement, hat dieser Block dann folgendes Aussehen:

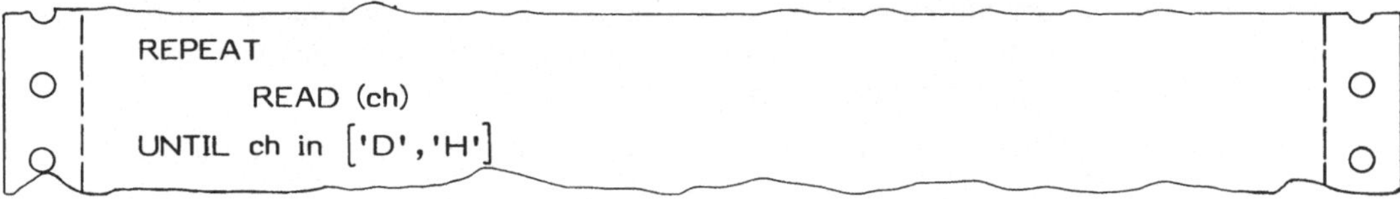

```
REPEAT
        READ (ch)
UNTIL ch in ['D','H']
```

Die nächste Verfeinerung betrifft dann die Abfrage, ob die Eingabe hexadezimal ist. Da hier bereits feststeht, daß die Eingabe korrekt ist (zumindestens bis zum ersten signifikanten Zeichen), muß hier keine weitere Prüfung mehr stattfinden. Die Abfrage selbst wird durch ein IF-Statement realisiert:

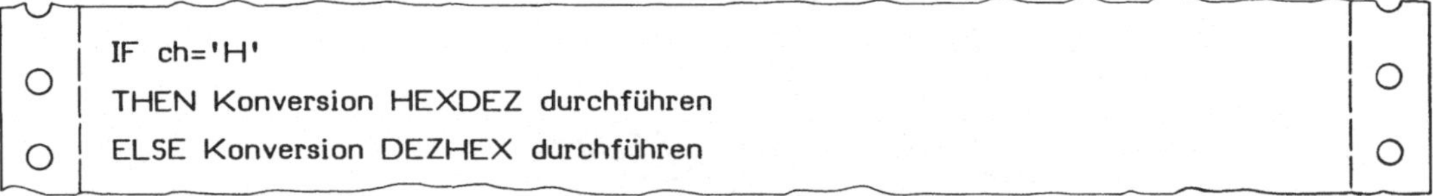

```
IF ch='H'
THEN Konversion HEXDEZ durchführen
ELSE Konversion DEZHEX durchführen
```

Die nächsten beiden Verfeinerungen betreffen die Konversionen. Bevor diese beiden Konversionen durchgeführt werden, bedarf es noch weiterer Überlegungen.

Während ganze Zahlen durch Dezimalzahlen repräsentiert mittels der READ-Funktion direkt eingegeben werden können, müssen hexadezimale Zahlen ziffernweise eingelesen werden, da sie nicht standardmäßig in PASCAL verarbeitet werden können. Ebenso muß der Wert der eingelesenen Zahl explizit aus den eingegebenen Zeichen berechnet werden.

Dieser Wert läßt sich jedoch relativ einfach berechnen:

> Man benötigt dazu eine Variable, die mit dem Initialwert 0 vorbesetzt ist. Der dezimale Wert der eingelesenen hexadezimalen Ziffer wird dann auf diese Ergebnisvariable addiert, wobei zuvor der momentane Inhalt dieser Variablen mit der Basis 16 multipliziert werden muß. Auf diese Weise wird der Stellenwert der jeweiligen Ziffern mit der richtigen Potenz der Basis berücksichtigt.

Die Berechnung des Wertes einer hexadezimalen Ziffer kann durch eine Funktion HEXDEZ durchgeführt werden. Diese Funktion wird erst im nächsten Verfeinerungsschritt explizit realisiert.

Nun ist aber noch nicht berücksichtigt, daß die maximale Länge einer Hexadezimalzahl durch 4 Zeichen beschränkt ist. Die Eingabe ist also nur dann korrekt, falls das eingegebene Zeichen eine hexadezimale Ziffer und die Länge <= 4 ist. Um nun diese Randbedingung ebenfalls mit zu berücksichtigen, wird die Verarbeitung erst abgebrochen, wenn das eingelesene Zeichen keine hexadezimale Ziffer oder die Länge nicht mehr zulässig ist. Der andere Fall wird markiert und aufgrund dieser Markierung der Schleifendurchlauf anschließend abgebrochen.

Man kommt somit zu dem folgenden Struktogramm:

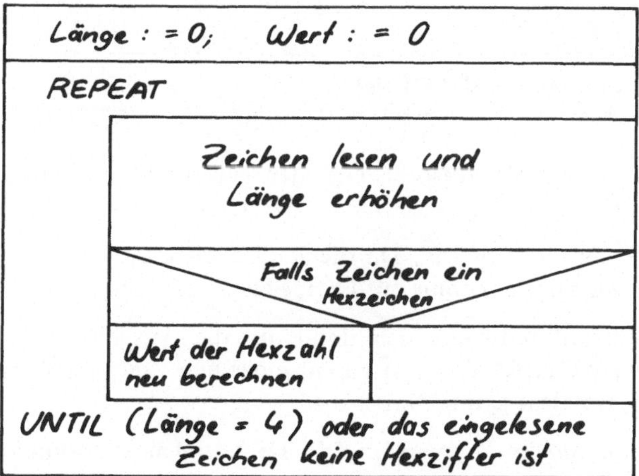

Die dezimale Ausgabe kann relativ einfach durch eine Standardfunktion erfolgen: Zunächst wird das Zeichen 'D' ausgegeben, anschließend der berechnete Dezimalwert. Beides geschieht mit einer WRITE-Anweisung.

In der gleichen Detaillierungsstufe muß nun auch die Konversion von dezimaler nach hexadezimaler Darstellung durchgeführt werden. Wie bereits oben erwähnt, kann das Einlesen der Dezimalzahl durch die READ-Anweisung direkt geschehen. Es muß hier keine Prüfung mehr stattfinden. (Anmerkung: Es wäre zwar noch möglich, daß eine INTEGER-Zahl eingegeben wird, die den angegebenen Größen nicht entspricht. Dies ist jedoch dann nicht mehr möglich bzw. wird abgeprüft, wenn der Datentyp der zu besetzenden Variablen nach Spezifikation korrekt definiert ist, d. h. sie muß vom Aufzählungstyp 0 . . 65535 sein.)

Es bleibt noch die Konversion der Dezimalzahl in die hexadezimale Darstellung durchzuführen. Im Gegensatz zur Konversion in der anderen Richtung müssen hier die einzelnen Ziffern berechnet werden. Dies geschieht in der Prozedur DEZHEX, die erst im nächsten Detaillierungsschritt realisiert wird. Die Realisierung erfordert eine Prozedur, da das erwartete Resultat kein Datum eines einfachen Typs ist. Es muß also als VAR-Parameter bzw. als globales Datum realisiert werden.

Wegen der einfachen Eingabe der Dezimalzahl reduziert sich der Block

Konversion DEZHEX durchführen

auf den Aufruf der entsprechenden Prozedur mit anschließendem Ausdruck der Ergebnisse. Dabei wird festgelegt, daß der erste Parameter der Prozedur die Dezimalzahl ist und der zweite – als VAR-Parameter – das Resultat, d.h. die Hexadezimalzahl, ergibt.

Um dies zu realisieren, ist es notwendig, sich zunächst Gedanken über die Darstellung der Hexadezimalzahl zu machen. Da sie aus maximal vier einzelnen Zeichen besteht, wird sie als

'PACKED ARRAY [1..4] OF CHARACTER'

d.h. mit einem Indexbereich von 1–4 (entsprechend der gewünschten Länge) dargestellt.

Die möglichen Ziffern sind '0'–'9' und 'A'–'F'. Da die Zahl auch kürzer als vier Hexadezimalstellen sein kann, wird das Ergebnis mit Leerzeichen vorbesetzt.

Die Ausgabe der Hexadezimalzahl reduziert sich dann auf die Ausgabe eines 'PACKED ARRAY OF CHARACTER', das von einem einzelnen Zeichen, dem 'H' als Zeichen für eine Hexadezimalzahl, angeführt wird.

Somit ergibt sich für die beiden Blöcke Konversion DEZHEX und hexadezimale Ausgabe folgendes Struktogramm:

Einlesen der Dezimalzahl
Berechnung des hexadezimalen Wertes
Ausgabe

Die nächsten beiden Detaillierungsstufen betreffen nun die Struktogramme für die Funktion HEXDEZ, d.h. die Konversion einer hexadezimalen Ziffer in einen Dezimalwert und die Prozedur DEZHEX, d.h. die Konversion des dezimalen Wertes in die hexadezimale Repräsentation.

Die Funktion HEXDEZ hat die Aufgabe, ein einzelnes hexadezimales Zeichen in den entsprechenden dezimalen Wert zu konvertieren. Diese Aufgabe könnte durch verschiedene Alternativen realisiert werden. Einerseits wäre es möglich, eine CASE-Anweisung zu verwenden, die als Marken alle möglichen hexadezimalen Zeichen besitzt und bei der jede entsprechende Anweisung die zum hexadezimalen Zeichen gehörige Dezimalziffer abliefert. Diese Prozedur wird aber relativ lang, da die CASE-Anweisung allein 16 einzelne Fälle besitzt.

Es sollte also möglichst eine einfachere Möglichkeit der Berechnung des Dezimalwertes gefunden werden. Betrachtet man die Darstellung der Zeichen in der internen Maschinenverschlüsselung, so wird man feststellen, daß sowohl alle

Ziffern als auch die Buchstaben, die die hexadezimalen Ziffern 'A' bis 'F' darstellen, in aufsteigender Reihenfolge geordnet sind. Leider folgen jedoch die Buchstaben nicht direkt im Anschluß an die Ziffern. Sonst könnte nämlich einfach die Ordnungszahl des ersten Elementes (d.h. der 0) von der Ordnungszahl des aktuellen Zeichens subtrahiert werden, und man würde so den Wert des Zeichens erhalten.

Die genannte Methode läßt sich jedoch auch – mit einigen kleinen Änderungen – hier verwenden. Für jede beliebige Ziffer 'n' gilt, daß die Differenz ihrer Ordnungszahl zur Ordnungszahl der Ziffer '0' den numerischen Wert n ergibt. Dies läßt sich nun auch für Buchstaben, d.h. für die Hexadezimalziffern 'A'–'F', verwenden. Subtrahiert man von der Ordnungszahl der aktuellen Hexadezimalziffer die Ordnungszahl der Ziffer 'A' und addiert dazu den Wert 10, so erhält man für jede der Ziffern den numerischen Wert. Beispielsweise ergibt sich für die

Ziffer 'A' der Wert 10 aus: ORD('A') – ORD('A') + 10 = 10
Ziffer 'F' der Wert 15 aus: ORD('F') – ORD('A') + 10 = 15
('F' ist das fünfte auf 'A' folgende Zeichen im Zeichensatz der Maschine)

Diese Methode kann auch graphisch erläutert werden. Dazu folgendes Bild:

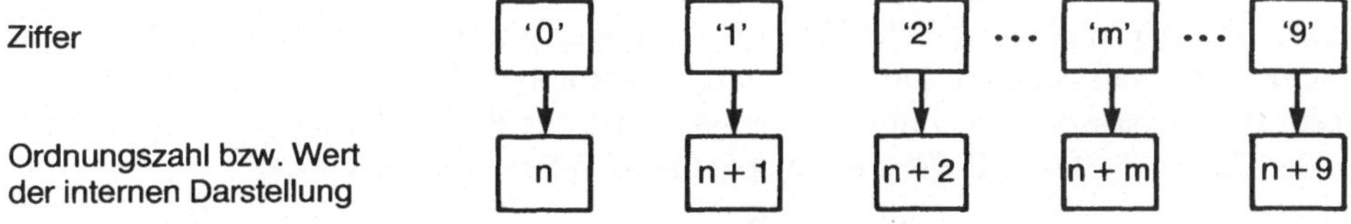

Soll der Wert der Ziffer 'm' berechnet werden, so geht man folgendermaßen vor:

ORD('m') – ORD('0') = n + m – n = m

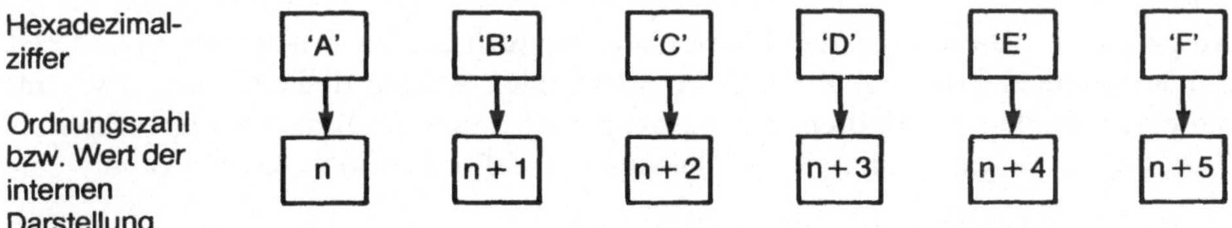

Soll der Dezimalwert z.B. der Ziffer 'D' berechnet werden, so geht man folgendermaßen vor:

ORD('D') – ORD('A') + 10 =
= (n + 3) – n + 10 = 13 Dezimalwert der Ziffer 'D'

Dies bedeutet, daß die Funktion HEXDEZ nur zu unterscheiden hat, ob eine Ziffer zwischen '0' und '9' oder eine Ziffer zwischen 'A' und 'F' vorliegt, und je nach Ergebnis muß dann die entsprechende Subtraktion bzw. die zusätzliche Addition des Basiswertes 10 erfolgen.

Es ergibt sich somit folgendes Struktogramm:

Hexadezimalziffer zwischen '0' und '9'?	
Ergebnis ist die Differenz der Ordnungszahl der Ziffer und der Ordnungszahl von '0'	Ergebnis ist die Ordnungszahl der Ziffer, vermindert um die Ordnungszahl von 'A' erhöht um den Basiswert 10

Schließlich bleibt nur noch die Prozedur DEZHEX weiter zu verfeinern.

Auch hier muß erst die Methode der Konversion erarbeitet werden:

Dazu einige Hinweise:

Dividiert man eine beliebige dezimale Zahl durch 10, so ist der Rest genau die letzte Stelle in dezimaler Schreibweise. Analoges gilt natürlich auch für Zahlen in anderen Zahlensystemen. Dividiert man also eine beliebige Zahl durch 16 (also die Basis des hexadezimalen Zahlensystems), so ist der Rest – dargestellt als hexadezimale Ziffer – die letzte Ziffer der entsprechenden hexadezimalen Zahl.

Wie erhält man nun die restlichen Ziffern?

Es kann hier wieder die gleiche Methode verwendet werden, nur muß sich natürlich der Ausgangswert ändern. Dazu überlegt man sich die Methode wieder im dezimalen Zahlensystem. Hat man eine Dezimalzahl durch die Basis des Zahlensystems, also 10, dividiert, so entspricht die Ziffernfolge des Ergebnisses mit Ausnahme der letzten Ziffer (Rest der Division) genau der Ziffernfolge in der Ausgangszahl. Diese Eigenheit bleibt natürlich auch bei der Darstellung in anderen Zahlensystemen erhalten. Bei den hexadezimalen Zahlen dividiert man also, um die ersten Stellen zu erhalten, die Ausgangszahl durch die Basis 16. Man erhält als Resultat die Ausgangszahl, mit der die vorletzte Ziffer bestimmt werden kann.

Dieses Verfahren kann so lange fortgesetzt werden, bis alle hexadezimalen Ziffern berechnet sind. Da die Länge der Hexadezimalzahl maximal 4 beträgt, kann das Verfahren durch eine abwärts zählende FOR-Schleife realisiert werden.

Das letzte noch zu lösende Problem stellt nun die Generierung der entsprechenden hexadezimalen Ziffern dar. Das Ergebnis der verwendeten Modulofunktion ist ja eine ganze Zahl (im Bereich zwischen 0 und 15), also keine hexadezimale Ziffer. Es ist nun möglich, diesen Rest als Index in einer Tabelle zu verwenden, deren Inhalt die hexadezimalen Ziffern darstellt. Diese Tabelle selbst wird dann durch ein

```
PACKED ARRAY [0..15] OF CHARACTER
```

realisiert werden; somit läuft der Index von 0–15 und entspricht genau einem hexadezimalen Zeichen. Die Tabelle kann in der Prozedur aufgebaut werden, jedoch wird es bei häufigem Aufruf der Prozedur sinnvoller sein, die Tabelle als globale Variable, die nur ein einziges Mal während des Programms initialisiert werden muß, anzulegen.

Aufgrund dieser Überlegungen kommt man zu folgendem, einfachen Struktogramm:

<table>
<tr><td colspan="2">FOR letzte Ziffer bis erste Ziffer DO</td></tr>
<tr><td rowspan="2"></td><td>letzten Ziffernwert hexadezimal bestimmen (Modulofunktion)</td></tr>
<tr><td>restliche Ziffernfolge bestimmen (Division)</td></tr>
</table>

Nun sind alle Entwicklungsschritte abgeschlossen und aus den verfeinerten Struktogrammen kann das Programm abgeleitet werden:

```
PROGRAM Conversion (INPUT, OUTPUT);

TYPE HZiffer  = 0..15;
     hexa     = STRING[4];  (* Standard - PASCAL:
                                PACKED ARRAY[1..4] OF CHAR *)
     dezwert  = 0..32767;

VAR  cvtab:      PACKED ARRAY [0..15] OF CHAR;
     ch:         CHAR;
     l:          0..4;          (* Laenge der Hexzahl *)
     value, n:   0..MAXINT;
     hexdigits:  SET OF CHAR;
     HEXZAHL:    hexa;

    PROCEDURE dezhex (dezzahl: dezwert; VAR hexzahl: hexa);
    VAR i:1..4;      (* Zaehlvariable *)
    BEGIN
      FOR i:=4 DOWNTO 1 DO
      BEGIN
        hexzahl[i] := cvtab[dezzahl MOD 16];
        dezzahl := dezzahl DIV 16
      END
    END (* dezhex *) ;

    FUNCTION hexdez (hexziffer: CHAR): HZiffer;
    BEGIN
      IF hexziffer in ['0'..'9']
      THEN hexdez := ORD(hexziffer)-ORD('0')
      ELSE hexdez := ORD(hexziffer)-ORD('A')+10
    END (* hexdez *) ;

BEGIN
  cvtab := '0123456789ABCDEF';
  hexdigits := ['0'..'9','A'..'F'];
  REPEAT
    REPEAT
      READ(ch)
    UNTIL ch IN ['D','H']; (* Lesen bis signifikantem Zeichen *)
    IF ch = 'H'
    THEN BEGIN    (* Konversion Hexdez durchfuehren *)
      l:=0; value := 0;
      REPEAT
        READ(ch); l:=l+1;
        IF ch in hexdigits
        THEN value := value * 16 + hexdez(ch)
      UNTIL (l=4) OR NOT (ch in hexdigits);
      n := value;
      WRITELN('Dezimalwert der Hexzahl: ', n:0)
    END
    ELSE BEGIN    (* Konversion Dezhex durchfuehren *)
      READ(n); dezhex(n, HEXZAHL);
      WRITELN('Hexadezimalwert der Dezimalzahl: ', HEXZAHL)
    END
  UNTIL n=0
END (* Conversion *) .
```

Rekursive Prozeduren

In diesem Abschnitt werden spezielle Anwendungen von Prozeduren und Funktionen erläutert: Ihre Problemlösung kann durch sie selbst ausgedrückt werden. Somit wird ihr Algorithmus bei der Berechnung explizit mit herangezogen. Dies klingt nur recht kompliziert. Es ist aber einfach verständlich, wenn man sich die Methode an einem oder zwei Beispielen klarmacht.

Als erstes Beispiel wird die Funktion Fakultät behandelt. Sie ist folgendermaßen definiert:

> n! (! ist das Zeichen für die Fakultät) ist das Ergebnis des Produkts aller natürlichen Zahlen von 1 bis n

oder in mathematischer Schreibweise

$$n! = \prod_{i=1}^{n} i$$

In PASCAL läßt sich dies so formulieren:

Man definiert eine Funktion, in der mit einer Zähl-Schleife das Produkt berechnet wird. Diese Funktion hat folgendes Aussehen:

```
...
TYPE posint = 0 .. maxint;
...
FUNCTION fac (n:posint):posint;
VAR r, i:posint;
BEGIN
        r:=1;
        FOR i:=1 TO n DO r:=r*i;
        fac:=r
END (*fac*)
...
```

Anmerkung: Es wurde noch ein Typ 'posint' eingeführt, der die natürlichen Zahlen zusammen mit der 0 innerhalb des darstellbaren Zahlenbereichs realisiert.

Zur Berechnung des Funktionswertes wird eine Ergebnisvariable r benötigt, die mit 1 initialisiert wird. Zudem braucht man für die Zählschleife eine Zählvariable, die im Beispiel i genannt wurde (analog zur mathematischen Definition). Der Algorithmus beschränkt sich auf das sukzessive Berechnen des Ergebniswertes innerhalb der FOR-Schleife. Der Wert von r wird dann schließlich der Funktion als Ergebnis zugewiesen.

Dies ist eine Möglichkeit der Betrachtung der Funktion Fakultät. Es gibt jedoch noch eine zweite: Dazu stellt man sich vor, daß das Ergebnis auf eine andere Art und Weise berechnet wird:

In diesem Falle geht man vom Wert n aus und multipliziert n mit dem Produkt aller darunterliegenden natürlichen Zahlen $(n-1, n-2, \ldots, 1)$. Man erhält dadurch:

$$n! = n*(n-1)*(n-2)*\ldots*1,$$

oder anders ausgedrückt – n wird mit der Fakultät von $(n-1)$ multipliziert. Dadurch erhält man wieder das gewünschte Funktionsergebnis n!.

Durch diese Methode wird die Lösung der Fakultät auf sich selbst zurückgeführt. Dies läßt sich graphisch folgendermaßen veranschaulichen:

n!					
n	*(n – 1)!				
	n – 1	*(n – 2)!			
		. . .		2	*1!
					1

Diese Lösung beruht nun nicht auf einer sukzessiven Berechnung, sondern auf einem Aufruf der gleichen Funktion, wobei nur das Abbruchkriterium bestimmt werden muß.

Diese Möglichkeit der Realisierung kann auch in PASCAL direkt formuliert werden. Sie sieht folgendermaßen aus:

```
...
TYPE posint = 0 .. maxint;
...
FUNCTION fac (n:posint): posint;
BEGIN
        IF n>1 THEN fac := n * fac(n-1)
                ELSE fac := 1
END (*fac*)
...
```

Man sieht hier sehr deutlich, daß die Zuweisung im THEN-Zweig völlig analog zur Problemlösung konstruiert ist. Dem Funktionswert fac wird das Ergebnis des Produkts von n mit dem Funktionswert an der Stelle n – 1 zugewiesen. Diese Analogie ist aufgrund der graphischen Darstellung von oben sofort ersichtlich.

Ähnlich wie im ersten Beispiel wird hier wieder ein Typ 'posint' eingeführt, der für die Berechnung selbst keine Rolle spielt.

Die Deklaration der Funktion ist in diesem 'rekursiven' Fall völlig identisch zur Deklaration der nicht-rekursiven Funktion. In PASCAL muß die Rekursionseigenschaft einer Funktion (oder Prozedur) nicht explizit angegeben werden. Jede Funktion kann also rekursiv sein.

Das Abbruchkriterium wird durch eine Abfrage realisiert. Der Algorithmus selbst beschränkt sich nun auf den THEN-Zweig innerhalb der IF-Anweisung. Hieraus ergibt sich bereits ein allgemeines Kriterium für rekursive Funktionen:

> Mindestens an einer Stelle muß die Rekursion durchbrochen sein, damit sich die Funktion nicht unendlich oft bzw. so oft aufruft, wie der Speicher der Maschine zuläßt.

Es bleibt noch die Frage, wie diese Funktion abgearbeitet wird. Dazu betrachtet man die Zuweisung:

```
fac := n * fac(n-1)
```

Wäre der Aufruf der Fakultät von n – 1 durch eine andere Funktion realisiert (z. B. durch die nicht-rekursive Lösung der Fakultät), so wäre diese Zuweisung eine ganz konventionelle Ergebniszuweisung an eine Funktion. Es wird hier nur auf der rechten Seite eine Funktion aufgerufen, die zur Berechnung des Ergebnisses notwendig ist. Dieses Schema wird auch dadurch nicht durchbrochen, daß auf der rechten Seite der Funktionsaufruf selbst steht.

Das Aufrufschema sei im folgenden für das Beispiel n = 4 dargestellt:

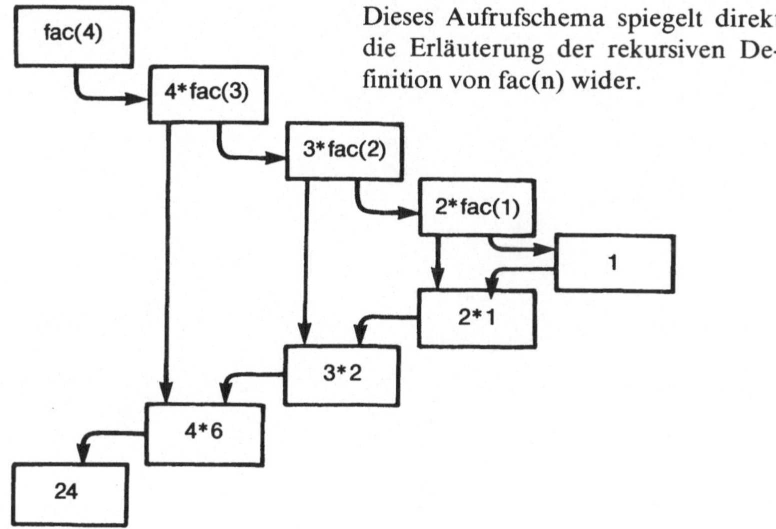

Dieses Aufrufschema spiegelt direkt die Erläuterung der rekursiven Definition von fac(n) wider.

Der rekursive Aufruf dieser Funktion wird erst beim Parameterwert 1 beendet, da hier aufgrund der IF-Anweisung nicht mehr der THEN-, sondern der ELSE-Zweig ausgeführt wird. Dieser liefert direkt das Funktionsergebnis 1, das weiter verarbeitet wird. Es wird also mit dem Parameter 2 des vorletzten Aufrufes multipliziert. Dieses Ergebnis – 2 – kann dann wieder mit dem Parameter des vorherigen Aufrufes multipliziert werden und liefert somit den Zwischenwert 6, der dann mit dem Parameter des ersten Aufrufes – 4 – zusammen das Endergebnis 24 abliefert.

Die Methode der Rekursion ist natürlich nicht auf Funktionen beschränkt. Sie kann auch bei Prozeduren angewandt werden. Dazu ein weiteres Beispiel.

Es sei das Problem der *Türme von Hanoi* zu lösen. Dieses fernöstliche Geduldsspiel hat folgende Regel:

Gegeben ist ein Turm aus n Scheiben verschiedener Größe, der nach bestimmten Regeln von einem Ausgangsfeld auf ein Zielfeld transportiert werden soll, wobei ein drittes Hilfsfeld verwendet werden darf. Grundsätzlich ist zu beachten, daß bei einem Turm nie eine kleinere Scheibe unter einer größeren liegen darf, d.h. die Scheiben müssen stets der Größe nach geordnet sein. Dabei muß die kleinste Scheibe die Spitze des Turms und die größte Scheibe die Basis des Turms bilden. Beim Transport eines Turms von einem Feld auf ein anderes darf stets nur eine einzige – die oberste – Scheibe bewegt werden. Zudem muß bei jeder Zwischenstellung auf jedem Feld ein Turm (wie zuvor definiert) stehen bzw. das Feld darf nicht besetzt sein. Außer der grundsätzlichen Zugrichtung, daß also der Turm vom Ausgangsfeld auf das Zielfeld transportiert werden muß, ist keine bestimmte Richtung vorgegeben. Die Scheiben dürfen also wahlweise transportiert werden.

Das folgende Bild zeigt die Lösung für einen Turm der Höhe 3:

Zug

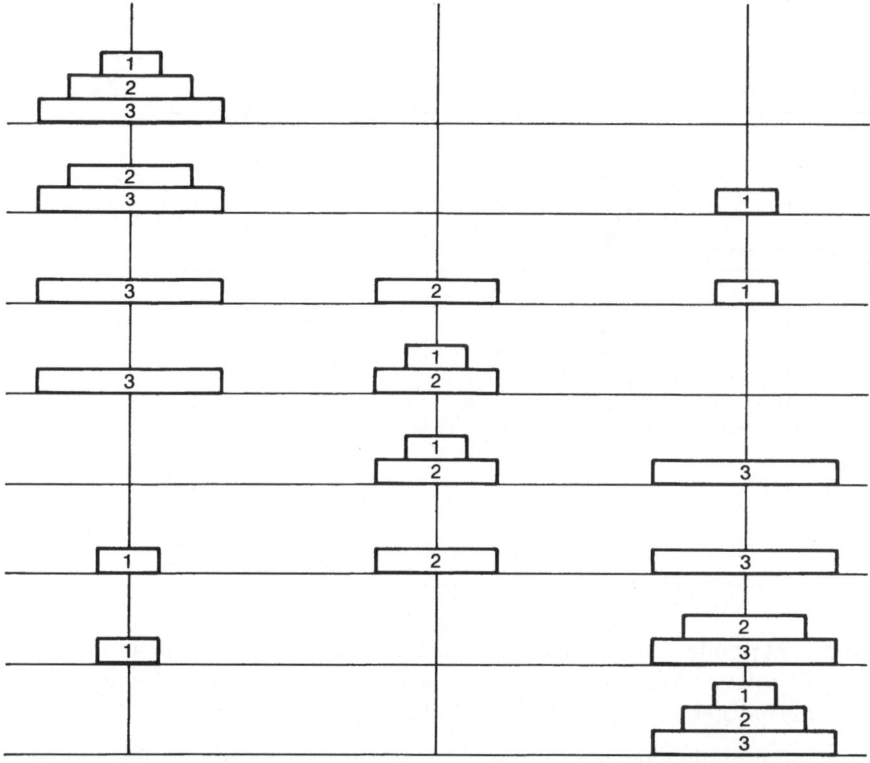

Man sieht, daß 7 Züge genügen, um den Turm vom Ausgangsfeld aufs Zielfeld zu transportieren. Dabei ist in keiner Zwischenstellung die Bedingung für den Aufbau eines Turms verletzt. Es läßt sich nachweisen, daß bei optimalem Ziehen genau $2^n - 1$ Züge notwendig sind, um einen Turm der Höhe n vom Ausgangs- auf das Zielfeld zu transportieren.

Wie kommt man nun zu einer allgemeinen Lösung für dieses Problem?

Dazu bedient man sich einer kleinen Hilfe: Man stellt sich vor, daß jeder Turm aus der größten – der Basisscheibe n – und einem darauf aufbauenden Turm der Höhe n – 1 besteht. Dann läßt sich die Lösung relativ leicht durch folgende Aktionen herbeiführen: Man bewegt den Teilturm der Höhe n – 1 vom Ausgangs- aufs Hilfsfeld, anschließend kann die Basisscheibe n vom Ausgangs- aufs Zielfeld transportiert werden. Schließlich muß noch der Restturm der Höhe n – 1, der auf dem Hilfsfeld zwischengelagert wurde, vom Hilfsfeld aufs Zielfeld transportiert werden.

Dies läßt sich graphisch folgendermaßen veranschaulichen:

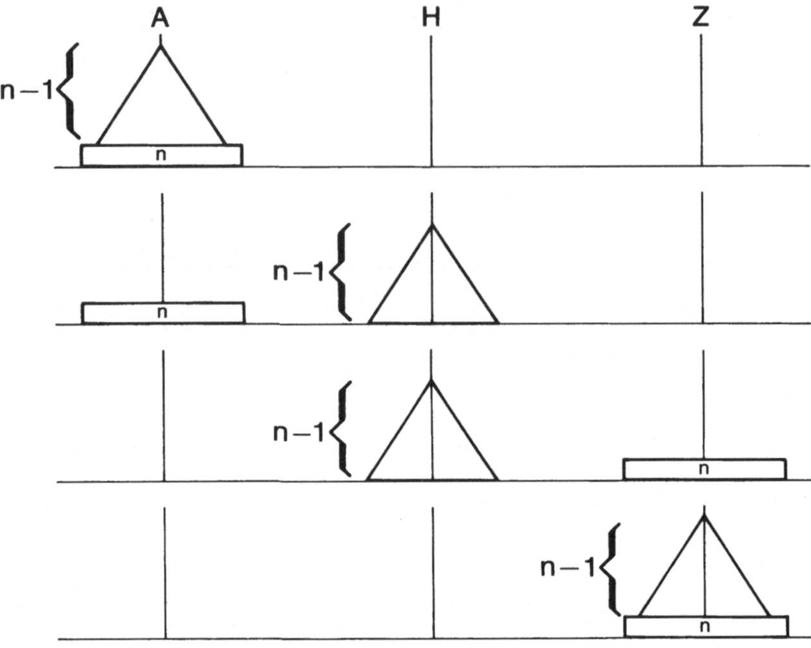

Durch diese Methode wird zweierlei erreicht: Das Problem, einen Turm zu bewegen wird solange verschoben, bis es lösbar wird. Das Problem, eine einzige Scheibe zu transportieren, ist jedoch direkt lösbar.

Betrachtet man nun die einzelnen Schritte, so stellt man fest, daß das Bewegen des Turms der Höhe n – 1 wieder ein dem ursprünglichen Problem ähnliches ist. Es wird nämlich auch hier ein Turm nach den eingeführten Regeln bewegt, wobei jedoch das Hilfsfeld als Zielfeld fungiert.

Würde man diesen Algorithmus jetzt in einem Pseudoprogramm (für n=4) formulieren, so erhält man folgende Vorgehensweise:

Problem: Bewege Turm (4) vom Ausgangs- auf das Zielfeld:

Lösung: 1. Bewege den Turm (4–1) vom Ausgangs- auf das Hilfsfeld;
2. Bewege die Basisscheibe 4 vom Ausgangs- auf das Zielfeld;
3. Bewege den Turm (4–1) vom Hilfs- auf das Zielfeld.

Schritte 1 und 3 werden in analoger Weise wie das Ausgangsproblem gelöst. Für Schritt 1 heißt das:

1.1 Bewege Turm ((4–1)–1) vom Ausgangs- auf das Zielfeld;
1.2 Bewege Scheibe (4–1) vom Ausgangs- auf das Hilfsfeld;
1.3 Bewege Turm ((4–1)–1) vom Ziel- auf das Hilfsfeld.

Dabei sind jetzt wegen der modifizierten Aufgabenstellung die Felder vertauscht.

Die Schritte 1.1 und 1.3 können wieder nicht direkt gelöst werden. Sie werden also weiter aufgelöst, wobei das gleiche Schema verwendet werden kann.

Das angeführte Pseudoprogramm ist in PASCAL formulierbar. Man verwendet dazu eine Prozedur, die TVH (Türme von Hanoi) genannt wird und vier Parameter besitzt: Die Höhe des aktuellen Turms (dargestellt durch einen positiven Wert >=0), sowie die Bezeichnungen für Ausgangs-, Hilfs- und Zielfeld. Die letzten drei Parameter können durch Strings bzw. PACKED ARRAY OF CHARacter dargestellt werden. Das endgültige Programm hat dann folgendes Aussehen:

```
PROGRAM Tuerme (INPUT, OUTPUT, OUTFILE);

(* Dieses Programm ist die Loesung des Problems der 'Tuerme von Hanoi' *)
(* Die maximale Turmhoehe wurde auf 16 festgelegt.                     *)
(* Achtung: Bei der maximalen Hoehe sind bereits 2**16 Zuege durch-    *)
(*          zufuehren (65536)!                                         *)

TYPE height = 0..16;      (* zugelassene Turmhoehen *)
     ort    = STRING[5];(* in Standard PASCAL: PACKED ARRAY [1..5] OF CHAR *)

VAR  h       : height;    (* aktuelle Hoehe *)
     OUTFILE: TEXT;       (* nimmt evtl. die Ausgabe des Programms auf *)
     Outname: STRING;     (* Dateiname; wird eingelesen *)

     PROCEDURE tvh (Hoehe: height; Start, Hilfe, Ziel: Ort);
     BEGIN
       IF Hoehe > 0
       THEN BEGIN
         tvh(Hoehe-1, Start, Ziel, Hilfe);
         WRITELN(OUTFILE,'Bewege Scheibe ',Hoehe:0,' von ',
                         Start, ' nach ', Ziel);
         tvh(Hoehe-1, Hilfe, Start, Ziel)
       END
     END (* tvh *) ;

BEGIN
  WRITELN('Dateiname fuer Ausgabedatei (oder <CR> fuer Bildschirm)');
  READLN(Outname);
  IF Outname <> '' THEN REWRITE(OUTFILE, Outname)
                   ELSE Outname := 'OUTPUT';
  WRITELN('Wie hoch soll der Turm sein?');
  READLN(h);
  tvh(h, 'Start', 'Hilf ', 'Ziel ');
  IF Outname<>'OUTPUT' THEN CLOSE(OUTFILE, LOCK)
END (* Tuerme *) .
```

Ebenso wie bei rekursiven Funktionen weist die Deklaration einer rekursiven Prozedur – hier TVH – keinen Hinweis auf die Rekursion auf.

Im Falle von TVH sind keine lokalen Typen, Konstanten oder Variablen nötig. Zunächst muß überprüft werden, ob die aktuelle Höhe noch das Bewegen eines Turms zuläßt. Die drei Anweisungen innerhalb des THEN-Teiles der IF-Anweisung entsprechen direkt dem obigen Pseudoprogramm. Ein Aufruf von TVH bedeutet ja das Bewegen eines Turms. Der erste Parameter definiert die Höhe, die restlichen beschreiben die zu verwendenden Positionen.

Bei der Deklaration der Prozedur wurde folgende Übereinkunft getroffen: Der erste der Orte stelle das Startfeld, der zweite das Hilfs- und der dritte das Zielfeld dar. Somit ist beim ersten Aufruf von TVH das Startfeld mit dem Startfeld des

Programms identisch, da ja der Turm der Höhe h−1 noch auf dem Startfeld und da auf der Basisscheibe plaziert ist. Ziel ist jedoch das Hilfsfeld, damit die Basisscheibe anschließend auf das Zielfeld transportiert werden kann. Somit ergibt sich eine Parameterreihenfolge von Start, Ziel, Hilf. Das Zielfeld wird also als internes Hilfsfeld verwendet. Ähnlich ist es beim Bewegen dieses Turms auf das endgültige Zielfeld. Dieser Turm ist nicht mehr auf dem originalen Startfeld plaziert, sondern wurde ja auf das Hilfsfeld gebracht, damit die Basisscheibe bewegt werden konnte. Als für dieses Teilproblem verwendbares Hilfsfeld kommt dann das original Startfeld infrage, und somit ergibt sich für den zweiten, inneren Aufruf die Parameterreihenfolge: Hilf, Start, Ziel. Das Bewegen der Basisscheibe wird dem Benutzer angezeigt. Nimmt man die Basisscheibe des originalen Problems an, so wird in diesem Falle der Ausdruck folgendermaßen aussehen:

Bewege Scheibe 4 von Start nach Ziel.

(Es wurde ein Eingabewert von 4 vorausgesetzt.)

Für diesen Eingabewert von 4 sei nun der Ablauf anhand der TVH-Aufrufe charakterisiert:

Türme von Hanoi, Höhe 4:

(S: Startfeld
H: Hilfsfeld
Z: Zielfeld)

Parameterreihenfolge	Züge
4 SHZ	
3 SZH	
2 SHZ	
1 SZH	
0 SHZ	
	1 S→H
0 ZSH	
	2 S→Z
1 HSZ	
0 HZS	
	1 H→Z
0 SHZ	
	3 S→H
2 ZSH	
1 ZHS	
0 ZSH	
	1 Z→S
0 HZS	
	2 Z→H
1 SZH	
0 SHZ	
	1 S→H
0 ZSH	
	4 S→Z
3 HSZ	
2 HZS	
1 HSZ	
0 HZS	
	1 H→Z
0 SHZ	
	2 H→S
1 ZHS	
0 ZSH	

Fortsetzung:

		1	Z→S
0	HZS		
		3	H→Z
2	SHZ		
1	SZH		
0	SHZ		
		1	S→H
0	ZSH		
		2	S→Z
1	HSZ		
0	HZS		
		1	H→Z
0	SHZ		

Somit wurde nun ein Algorithmus zur Lösung des geforderten Problems geschaffen, ohne daß eine Lösung für eine bestimmte Eingabe direkt bekannt ist. Diese explizite Lösung wird erst vom Rechner beim Programmablauf berechnet.

Es gibt eine ganze Reihe von Problemen, die sich relativ einfach durch Rekursion beschreiben lassen. Häufig ist es jedoch der Fall, daß nicht eine einzige Funktion bzw. eine einzige Prozedur für die Aufgabe ausreichend ist. Dann können sich beispielsweise zwei Funktionen oder Prozeduren gegenseitig aufrufen. Hier tritt nun ein kleines Problem auf: Wird in einem Block eine Funktion aufgerufen, die erst später deklariert wird, so ist bei der Übersetzung des Blocks deren Name noch nicht bekannt. Es würde also hier vom Compiler ein Fehler erkannt und moniert werden. Da jedoch auch eine Umordnung der beiden Blöcke zum gleichen Fehler führen würde, muß hier eine Änderung der Deklaration von Prozeduren oder Funktionen erfolgen.

Dazu ein Beispiel:

Es sollen zwei Prozeduren realisiert werden, die sich gegenseitig aufrufen, sie seien mit A und B bezeichnet und besitzen jeweils einen Parameter n bzw. m. Die Deklaration hätte dann zunächst folgendes Aussehen:

```
PROCEDURE A(n: INTEGER);
...
BEGIN
...
        B(n)
...
END;
PROCEDURE B(m:INTEGER);
...
BEGIN
...
        A(m)
...
END
```

Man sieht, daß auch eine Umordnung, d.h. das Anordnen der Prozedur B vor der Prozedur A ebenfalls beim Aufruf zu einem Fehler führen würde. Dieser Fehler kann nun durch folgende Anweisung umgangen werden: Die Prozedur B wird mit allen Parametern vor der Prozedur A deklariert, jedoch ohne Deklarations- und Anweisungsteil. Diese beiden Teile werden durch das Wortsymbol 'FORWARD' ersetzt. Dies bedeutet, daß bei der Übersetzung der Prozedur A sowohl der Name der Prozedur B als auch alle Parameter bekannt sind, jedoch nicht die Interna dieser Prozedur. Diese sind jedoch für den korrekten Aufruf innerhalb der Prozedur A nicht relevant, da ja nur der Name sowie die Typen und Anzahl der Parameter bekannt sein müssen.

Korrekt sieht nun das obige Beispiel folgendermaßen aus:

```
PROCEDURE B(m: INTEGER); FORWARD;
PROCEDURE A(n: INTEGER);
...
BEGIN
          ...
          B(n)
          ...
END;
PROCEDURE B;
...
BEGIN
...
          A(m)
...
END
```

Bei der aktuellen Deklaration von B, die also auch lokale Daten und den Anweisungsteil beinhaltet, wird die formale Parameterliste – sowie bei Funktionen auch der Funktionstyp – weggelassen, da diese beiden Teile der Deklaration bereits vorgezogen wurden und zum aktuellen Deklarationszeitpunkt deshalb nicht mehr benötigt werden. Es muß nur noch angezeigt werden, daß diese Prozedur an dieser Stelle deklariert wird.

Bei der Anwendung von rekursiven Funktionen und Prozeduren ist noch eines zu beachten: Jeder Prozedur- oder Funktionsaufruf kostet Speicherplatz, da beispielsweise Parameter, Rückkehradresse und ähnliches mit übergeben werden müssen. Wird die Rekursion nicht korrekt abgebrochen (wie bei den beiden oben genannten Beispielen durch die entsprechende IF-Anweisung), so kann dies häufig nur durch einen Seiteneffekt erkannt werden: 'Der Speicher läuft über', d. h. die Fehlermeldung 'kein Speicher vorhanden' tritt auf. Diese Fehlermeldung ist häufig ein Indiz für inkorrekte Rekursion.

Zudem sollte man bedenken, daß an vielen Stellen die Rekursion leicht durch Schleifenkonstruktionen ersetzt werden kann (wie z. B. bei der Fakultät). In diesen Fällen ist normalerweise die Realisierung durch Schleifen effizienter als die Realisierung mittels rekursiver Aufrufe. Trotzdem ist es in vielen Fällen nicht möglich, einfache nicht-rekursive Lösungen für rekursive Aufgabenstellungen zu finden. Zudem gibt es Funktionen, die nur rekursiv lösbar sind. In diesen Fällen kann dann auf die Rekursion natürlich nicht verzichtet werden.

Schließlich sei noch ein letztes Beispiel angeführt, das bereits nicht-rekursiv gelöst wurde: die Konversion eines dezimalen Wertes in seine hexadezimale Darstellung. Bei der ersten Lösung wurde jeweils nur das letzte hexadezimale Zeichen, die

Ziffernfolge also von hinten her berechnet. Die rekursive Lösung berechnet nun sehr elegant die Ziffern in ihrer richtigen Reihenfolge.

Es wird das Argument solange 'reduziert', bis genau ein – das erste – hexadezimales Zeichen ausgegeben werden kann.

Die Lösung läßt sich in PASCAL folgendermaßen formulieren:

```
TYPE dezimal = 0..maxint;
VAR  cvtab   : ARRAY [0..15]OF CHAR;
...
...
PROCEDURE DEZHEX (n: dezimal);
BEGIN
            IF n > 15            THEN DEZHEX (n DIV 16);
                                 WRITE (cvtab[n mod 16])
END (*DEZHEX*) ;
...
...
BEGIN
          cvtab := '0123456789ABCDEF';
          DEZHEX(1234);
          ...
          ...
END
```

Anmerkung: Natürlich ist hier die Rekursion nicht unbedingt notwendig; dieser (rekursive) Algorithmus kann sehr einfach in einen nicht-rekursiven umgewandelt werden, was dem Leser überlassen werden soll.

PASCAL

Lebensdauer und
Gültigkeitsbereich von Labels
Die Verwendung
von Labels und Sprüngen

Lebensdauer und Gültigkeitsbereich von Labels

Die Verwendung von Labels und Sprüngen

Die beiden ersten Kapitel gaben einen Überblick über die in PASCAL möglichen Ablaufstrukturen. Dabei wurden die einzelnen Strukturen analog ihrer Verwendung im normalen Sprachgebrauch eingeführt und jeweils ihre Darstellung in Struktogrammen erläutert.

Nun kann jedoch der Fall eintreten, daß in geschachtelten Strukturen Fehler auftreten, die häufig erst in der innersten Struktur erkannt werden. Dies ist der Fall, wenn Eingabewerte verarbeitet werden sollen, die nicht den Regeln entsprechen, wie dies z.B. bei unvollständigen Eingaben auftreten kann. Diese Unvollständigkeit kann erst bei der Leseoperation READ festgestellt werden (EOF wird dann wahr). In diesem Fall kann das Programm nicht den Regeln entsprechend beendet werden. Man kann sich zwar dadurch behelfen, daß man eine Fehlervariable (vom Typ BOOLEAN) setzt und diese vor jeder weiteren Verarbeitung stets abprüft, was jedoch den Nachteil hat, daß Programmlaufzeit und Programmlänge zunehmen.

Man könnte sich durch eine einfache Möglichkeit behelfen: Die Verarbeitung müßte in einem solchen Fehlerfall an einer genau spezifizierten Stelle fortgesetzt werden können.

Dieses 'Springen' an definierte Stellen erlaubt das **GOTO-Statement.**

Um das Verarbeiten an anderen als den durch die Kontrollstruktur vorgesehenen Stellen fortzusetzen, wird ein GOTO auf eine bestimmte 'Marke' (label) eingeführt. Die Syntax des GOTO-Statements ist also:

```
GOTO Label
```

Label bezeichnet eine Marke, die durch eine maximal vierstellige, positive, ganze Zahl ohne Vorzeichen darzustellen ist. Beispiele für korrekte Labels wären also:

```
1
13
4798
9999
```

Falsch wären dagegen folgende Labels:

```
-1    (*Zahl ist mit Vorzeichen versehen*)
+17   (*Zahl ist mit Vorzeichen versehen*)
11111 (*Zahl hat zu viele Stellen*)
```

Die verwendeten Labels müssen in jedem Block eigens definiert werden. Dazu dient – wie bei allen anderen Deklarationen – der Deklarationsteil des Blockes. In den bisherigen sechs Kapiteln konnte der Deklarationsteil von Blöcken also nur unvollständig beschrieben werden: Es fehlt noch der Label-Deklarationsteil. Dieser ist der erste Teil des Deklarationsteils und beginnt mit dem Schlüsselwort 'LABEL'. Dem Schlüsselwort folgen dann alle in dem Block verwendeten Marken, die durch Kommata voneinander getrennt sind. Den Abschluß bildet das Semikolon.

Ein Deklarationsteil eines Blockes besteht also (maximal) aus folgenden Komponenten:

Label-Deklarationsteil
Konstantendeklarationsteil
Typdeklarationsteil
Variablendeklarationsteil
Prozedur- und Funktionsdeklarationsteil

Diese Reihenfolge ist fest vorgegeben. Sie darf vom Benutzer nicht willkürlich verändert werden.

Beispiele für korrekte Label-Deklarationsteile:

```
LABEL 13, 4444;
LABEL 17;
```

Wie werden nun Labels verwendet und an welchen Stellen dürfen sie stehen?

Für Labels gilt ähnliches wie für Variablennamen: Sie müssen eindeutig sein. Dabei bezieht sich nun die Eindeutigkeit nicht nur auf ihren Namen (d.h. die Zahl, durch die sie repräsentiert werden), sondern auch auf die Stelle, an der sie definiert werden. Jedes Label darf also in einem Block nur ein einziges Mal stehen, da sonst GOTO-Anweisungen nicht korrekt durchgeführt werden könnten. Prinzipiell kann jede Anweisung durch ein Label markiert werden. Dazu wird die Labelnummer, gefolgt von einem ':' vor die entsprechende Anweisung geschrieben:

Beispiel:

```
17: FOR i:=1 TO 100 DO
...
```

In diesem Beispiel wird also die FOR-Schleife durch das Label 17 markiert. Ein Sprung auf das Label 17 würde dann zur Folge haben, daß als nächste Anweisung die FOR-Schleife durchgeführt wird.

Da bei einem Sprung auf ein Label jedoch der durch die anderen Kontrollkonstrukte vorgegebene Kontrollfluß verlassen wird, kann es unter Umständen zu Schwierigkeiten kommen. Dies trifft insbesondere dann zu, wenn von außerhalb eines Kontrollkonstruktes in ein Kontrollkonstrukt gesprungen werden soll. Dies ist in PASCAL unzulässig, wenngleich viele Compiler hier keinen Fehler melden. Dazu folgendes Beispiel:

```
WHILE bool DO
      BEGIN
              Statementfolge
              17: Statementfolge 2
      END;
GOTO 17
```

Die Schwierigkeit in diesem Fall liegt darin, daß nicht sichergestellt ist, daß die Variable bool zur Laufzeit richtig initialisiert ist. Sprünge in Kontrollkonstrukte hinein sind also verboten, da nicht sichergestellt sein kann, daß die Umgebung zur Ablaufzeit bereits richtig berechnet ist.

Lebensdauer und Gültigkeitsbereich von Labels

Die **Lebensdauer von Labels** umfaßt genau den Block, in dem sie deklariert sind. Ihre Lebensdauer entspricht somit den gleichen Regeln wie sie auch für Konstante, Typen, Variable und Prozeduren/Funktionen definiert sind. Analog zum Gültigkeitsbereich von Konstanten, Typen und Variablen ist auch der **Gültigkeitsbereich von Labels** definiert: Wenn in einem inneren Block ein Label gleichen Namens (das bedeutet gleichen Wertes) definiert ist, so überlagert der Gültigkeitsbereich des inneren Labels den des äußeren Labels. Dies bedeutet im Klartext, daß im inneren Block das dort definierte Label als Sprungziel verwendet wird, sonst das im umgebenden Block definierte.

Die Verwendung von Labels und Sprüngen

Bereits in der Einleitung wurde erwähnt, daß GOTOs, d. h. Sprünge an beliebige Ziele, nur in Ausnahmefällen verwendet werden sollten. Es ist natürlich möglich, sämtliche eingeführten Kontrollkonstrukte nur durch GOTOs zu realisieren. Warum wird dies nicht gemacht?

Zunächst würde eine solche Umsetzung aller Kontrollkonstrukte in GOTOs eine unnötige Komplizierung des Programms bewirken. Der Programmfluß – die Logik des Programms – wäre nicht mehr so klar ersichtlich wie bei der Verwendung durch die adäquaten Kontrollkonstrukte.

Zudem haben alle bisherigen Kontrollkonstrukte die Eigenschaft, daß sie sehr einfach graphisch darzustellen sind. Dies wurde vor allem durch die Entwicklungs- und Dokumentationsmethode mit Struktogrammen deutlich. Struktogramme bieten jedoch keine visuelle Darstellungsmöglichkeit für GOTOs, da ja der Kontrollfluß durch die Struktogramme nur implizit, nicht explizit, durch bestimmte Kontrollflußwege dargestellt wird. Nun ist aber das GOTO ein explizites Verlassen von solchen Strukturen. Dies hat zur Folge, daß bei (mehrfacher, unüberlegter) Verwendung von GOTOs

- die Komplexität des Kontrollflusses innerhalb des Programms überproportional zu seiner Länge zunimmt
- sowohl die Darstellung durch Struktogramme als auch die Entwicklung durch Struktogramme nicht mehr gewährleistet wird.

Dazu ein Beispiel: Man stelle den Kontrollfluß eines (strukturierten) Programms als Graphen dar (jede Verzweigung liefert neue Pfade, jede Vereinigung führt wieder auf einen einzigen Pfad zurück), der auch Zyklen enthalten kann (dies entspricht den Schleifen), dann besitzt jeder Teil nur einen einzigen Ein- und einen einzigen Ausgang. Dadurch wird die Anzahl der Wege durch diesen Graphen minimiert.

Läßt man jedoch zu, daß von beliebigen Stellen aus an beliebige andere gesprungen wird, so werden nun die Pfade gekreuzt. Dadurch erhöht sich die Komplexität des Graphen um ein Vielfaches. Berücksichtigt man weiterhin, daß ein Programm im Idealfall nur dann als getestet gelten kann, wenn jeder Weg durch das Programm mindestens einmal durchlaufen wurde, so stellt man unschwer fest, daß bei häufiger Verwendung von GOTOs auch das Testen von Programmen außerordentlich schwierig und langwierig wird. Die Methode der Strukturierten Programmierung, die zu übersichtlichen, modularen und leicht testbaren Programmen führen soll, würde dadurch ad absurdum geführt, vor allem weil das Ziel der sicheren und fehlerfreien Programmierung unnötig erschwert werden kann.

Sprünge sollen also wirklich nur noch dann verwendet werden, wenn sonst eine vernünftige Fortsetzung des Programms auf keinen Fall mehr möglich ist.

Die folgende Graphik zeigt, wie die Verwendung von GOTOs zu großen Schwierigkeiten beim Testen von Programmen führen kann. Das erste Bild zeigt die Ablaufstruktur eines wohlstrukturierten Programmes, das mittels der in den vorigen Kapiteln eingeführten Kontrollkonstrukte entwickelt wurde.

Ablaufstruktur ohne GOTO

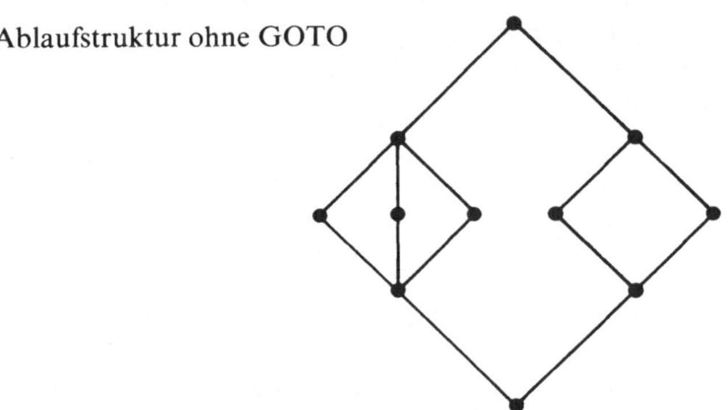

Nimmt man an, daß ein Programm erst dann getestet werden kann, wenn jeder mögliche Weg durch die Ablaufstruktur mindestens einmal beim Test durchlaufen wurde, so ergeben sich bei dieser Struktur im Minimalfall 5 Testläufe. Ist die gleiche Struktur jedoch nur durch einen Sprung, also ein GOTO, nur etwas komplizierter, wie im zweiten Bild dargestellt, so steigert sich die Anzahl der möglichen Wege durch die Struktur beträchtlich: Bei der dargestellten Struktur wird durch einen einzigen Sprung die Anzahl der möglichen Wege mehr als verdoppelt, was auch eine Verdoppelung der Testzeit nach sich zieht:

Ablaufstruktur mit GOTO

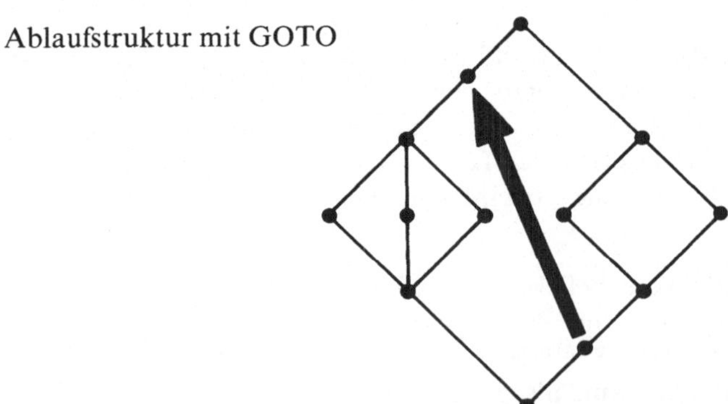

Dies zeigt also sehr deutlich, daß bereits eine minimale Abweichung von der strukturierten Vorgehensweise zu weitaus schwerer zu testenden und damit häufig auch zu fehlerbehafteten und qualitativ schlechteren Programmen führt.

PASCAL

Beispiel 1:
Personalverwaltung

Beispiel 2:
Calculator

Zwei Beispiele

Beispiel 1: Personalverwaltung

Beispiel 2: Calculator

Zwei Beispiele

In diesem Kapitel werden die eingeführten Methoden exemplarisch anhand von zwei Beispielen angewandt. Beide Beispiele werden von der Aufgabenstellung über die Programmentwicklung mit Dokumentation bis zum ablauffähigen Programm entwickelt. Sie geben somit Hinweise, auf welche Art gute PASCAL-Programme zu entwickeln sind.

Beide Beispiele zusammen demonstrieren die Anwendung der zuvor beschriebenen Datentypen und Operationen. Es wurde kein Wert darauf gelegt, möglichst komplexe Programme zu entwickeln (bei beiden könnten noch zusätzliche Funktionen, z. B. zur leichteren Verwendung der Programme, eingeführt werden). Es wurde vielmehr darauf Wert gelegt, aufgrund der gegebenen Aufgabenstellung möglichst einfache, übersichtliche und klar strukturierte Programme zu erstellen.

Beispiel 1: Personalverwaltung

Die grundlegende Aufgabe, die durch dieses Beispielprogramm realisiert werden soll, ist die Verwaltung von Personaldaten.

Zur Verwaltung gehören z. B.:

- Eingabe von Personaldaten
- Ausgabe von Personaldaten
- Speichern auf einer Datei
- Lesen von einer Datei.

Es ist also nötig, zunächst die grundlegenden Funktionen des Programms zu definieren:

Es sind dies

- Eingabe eines Eintrags
- Ausgabe eines Eintrags
- Ausdruck ('Listen') aller Einträge
- Eingabe aller Einträge aus einer Datei
- Ausgabe aller Einträge auf eine Datei sowie
- Beendigen des Programms (Stop).

Durch diese Funktionen kann bereits auf eine Grobstruktur des Programms geschlossen werden: Je nach gewünschter Funktion wird ein bestimmter Programmteil ausgeführt, in dem die gewünschten Funktionen realisiert werden. Dies bedeutet, daß nach einer Initialisierungsphase, in der alle notwendigen Variablen mit ihren Initialwerten vorbesetzt werden, in einer Schleife so lange Kommandos eingelesen und diese verarbeitet werden, bis schließlich durch das Stop-Kommando der Programmablauf beendet wird.

Die Unterscheidung, welche Funktion auszuführen ist, geschieht natürlich mittels einer CASE-Anweisung. Um die Funktion möglichst benutzerfreundlich aufrufen zu können, wird vom Benutzer nur die Eingabe eines einzelnen Zeichens für eine Funktion verlangt. Dazu definiert man:

- *E:* Eingabe eines Elements
- *A:* Ausgabe eines Elements
- *L:* Ausdruck aller Einträge
- *G:* Einlesen (GET) von der Personaldatei
- *P:* (PUT) Ausgabe aller Einträge auf die Personaldatei
- *S:* Stop

Das Programm ist so aufgebaut, daß auch die Eingabe von Kommandos in Kleinbuchstaben erlaubt ist.

Mit diesen Übereinkünften erhält man bereits die grundlegende Struktur, die durch das folgende Struktogramm dargestellt werden kann:

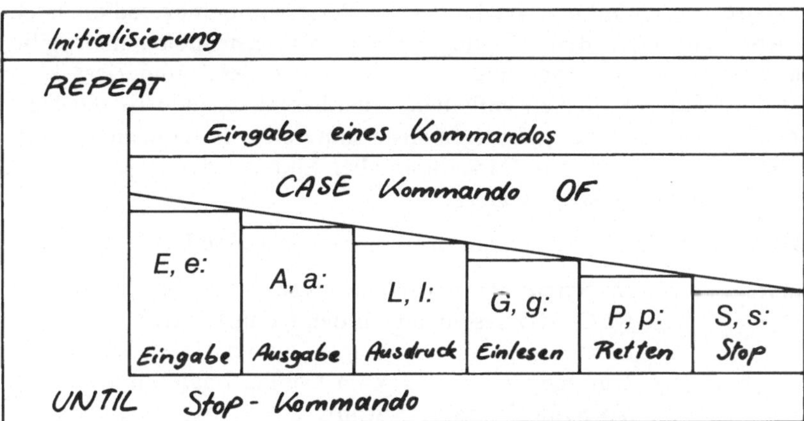

Bevor die einzelnen, noch nicht exakt spezifizierten Funktionen weiter verfeinert werden, werden nun die notwendigen relevanten Daten eingeführt:

Nötig ist auf jeden Fall die Beschreibung eines Eintrags der Personaldatei. Dieser Eintrag wird durch den

```
Datentyp 'Person'
```

dargestellt, der dann ein RECORD sein muß, das die verschiedenen Komponenten einer Personalbeschreibung enthält. Diese seien nun

```
Personalnummer
Vorname
Nachname
Geburtsdatum und
Familienstand
```

der betreffenden Person.

Beachtet man weiter, daß die Personalliste im Speicher verarbeitet werden soll, so ist es notwendig, sich über diese Darstellung Gedanken zu machen. Hier kommen zwei mögliche Alternativen in Frage: Darstellung durch

ein ARRAY oder
eine gekettete Liste.

Würde man die Liste im Speicher als ein ARRAY darstellen, so müßte dieses Feld alle möglichen Personalnummern umfassen können. Dies ist aus Speichergründen jedoch nur dann möglich, wenn die Personalnummern aus einem stark eingeschränkten Bereich der ganzen Zahlen bestehen (z. B. 1 .. 20). Um die Allgemeinheit bzw. die allgemeine Verwendbarkeit nicht zu beeinträchtigen, ist dies jedoch eine kaum tragbare Einschränkung, da häufig die Personalnummer codiert noch Hinweise auf Abteilung oder Beschäftigungsart der entsprechenden Person gibt. Die Personalnummern sind also normalerweise zwar aufsteigend numeriert, können aber auch beträchtliche Lücken enthalten. Aus diesem Grunde ist die Darstellung im Speicher mittels einer geketteten Liste sinnvoller, da dann nur so viel Speicherplatz benötigt wird, wie die Darstellung aller Einträge der Datei umfaßt. Die Verkettung wird durch Verweise realisiert.

Definiert man nun die nötigen Datentypen, so erhält man folgende Deklarationen:

Personalnummer: Im Bereich der ganzen positiven Zahlen (1 .. MAXINT)
Person: RECORD bestehend aus den Komponenten
- Next: Verweis zum nächsten Element
- Nummer: Vom Typ Personalnummer
- Vorname, Name: String (PACKED ARRAY OF CHAR)
- Geburtsdatum: Datum (durch einen weiteren Datentyp definiert)
- Familienstand: Aufzählungstyp mit:
  - ledig
  - verheiratet
  - verwitwet
  - geschieden
  - dauernd getrennt lebend

Die noch fehlenden Datentypen können folgendermaßen dargestellt werden:

Datum: Wird durch ein RECORD mit den Komponenten
- Tag
- Monat und
- Jahr

dargestellt.

Verweis: Zum nächsten Listenelement durch einen Pointer, der wiederum auf ein Listenelement zeigt:
TYPE POINT = ↑Person

Die zentrale Datenstruktur ist also der Typ Person. Er gibt Aufschluß darüber, welche einzelnen Einträge in einem Listenelement vorhanden sein müssen. Erst durch diese Definition können die einzelnen Funktionen des Programms weiter spezifiziert werden (wie z. B. Eingabe oder Ausgabe eines Listenelements).

Die weiteren Verfeinerungsschritte des Programms betreffen nun die einzelnen Funktionen.

- Eingabe eines Elements
- Ausgabe eines Elements
- Ausdruck aller Einträge
- Einlesen von der Personaldatei
- Ausgabe auf die Personaldatei
- Stop

Zunächst wird die Prozedur *'Eingabe'* betrachtet. Als Parameter für diese Prozedur wird eine Personalnummer erwartet, da nur ein einziger Listeneintrag eingegeben werden soll. Hierbei ist zu beachten, daß die Personalnummer bereits existieren kann (dann soll der bestehende Eintrag überschrieben werden) oder noch nicht vorhanden ist (dann wird ein neuer Eintrag in die Liste aufgenommen).

Aufgrund dieser Unterscheidung muß zunächst in der bestehenden Liste nach der Personalnummer gesucht werden. Dies kann durch eine Funktion SEARCH realisiert werden. Diese Funktion soll als Ergebnis den Pointer auf das gesuchte Element liefern bzw. – wenn kein Eintrag mit dieser Personalnummer vorhanden ist – als Ergebnis den NIL-Pointer liefern.

Anschließend müssen unterschiedliche Aktionen getätigt werden:

- Ist kein Eintrag mit entsprechender Nummer vorhanden, muß Platz für den neuen Eintrag geschaffen und die Liste um diesen Eintrag 'verlängert' werden.

- Sonst braucht die Verkettung der Liste nicht modifiziert zu werden.

Mit dem gefundenen Eintrag kann anschließend die Eingabe durchgeführt werden. Dazu wird in einem Dialog (um dem Benutzer die Eingabe zu erleichtern) jeweils die entsprechende Komponente des Eintrags eingegeben. Ähnlich wie bei der Eingabe des Kommandos kann die Eingabe des Familienstandes durch die Eingabe eines einzelnen Zeichens für den Benutzer vereinfacht werden. Dabei trifft man folgende Übereinkunft:

L: Ledig
V: Verheiratet
G: Geschieden
W: Verwitwet
D: Dauernd getrennt lebend

Auch hier kann die Eingabe – wie bei Kommandos – in Groß- oder Kleinbuchstaben erfolgen.

Aufgrund dieser Überlegungen ergibt sich für die Prozedur 'Eingabe' folgende Struktur:

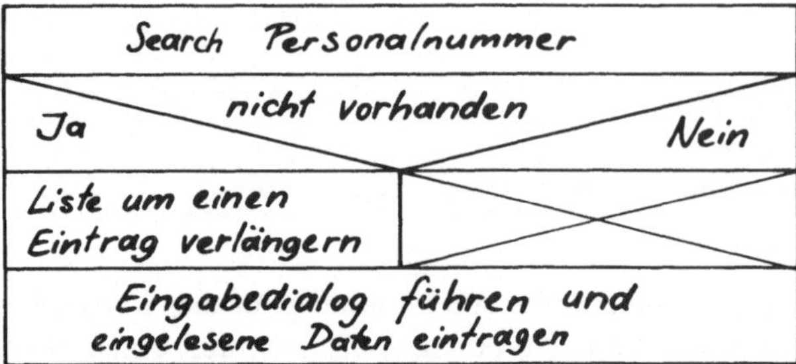

Um die Ausgabe zu realisieren, müssen noch etliche Überlegungen angestellt werden. Zunächst ist offensichtlich, daß sowohl die Ausgabe eines Listenelements als auch die Ausgabe aller Elemente gleichartige Operationen darstellen.

Die reine Ausgabefunktion ist also sinnvollerweise als eigenständige Prozedur zu realisieren. Sie wird PRINT genannt. Als Parameter enthält sie einen Zeiger auf ein Listenelement. Innerhalb einer WITH-Anweisung können dann die einzelnen Komponenten recht einfach ausgegeben werden. Für den Ausdruck des Familienstandes bedient man sich dabei sinnvollerweise eines CASE-Statements, wie bereits früher erwähnt.

PRINT hat demnach folgende Struktur:

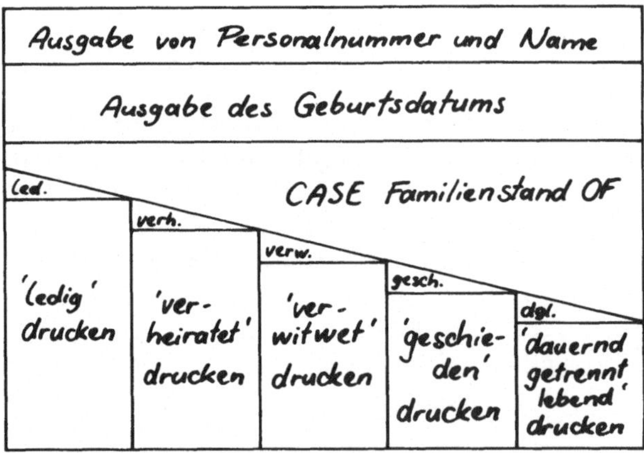

Nach dieser grundsätzlichen Realisierung der Ausgabe von Daten eines Listenelements bleiben noch die Programmfunktionen Ausgabe und Listall zu entwickeln. Beide werden durch gleichnamige Prozeduren realisiert.

Dabei ist die Prozedur 'AUSGABE' außerordentlich einfach: Hier muß zunächst das Element mit der gewünschten Personalnummer gesucht werden (Funktion SEARCH). Wurde das Element gefunden, so kann es ausgedruckt werden, andernfalls wird eine Fehlermeldung abgesetzt.

Suche Element mit gewünschter Personalnummer	
gefunden! Ja	Nein
Daten ausgeben (PRINT)	Fehlermeldung ausgeben

Auch die Prozedur 'LISTALL' bedient sich der Prozedur PRINT. Hier ist die Aufgabe durch eine Schleife gelöst, in der alle Listenelemente abgearbeitet werden:

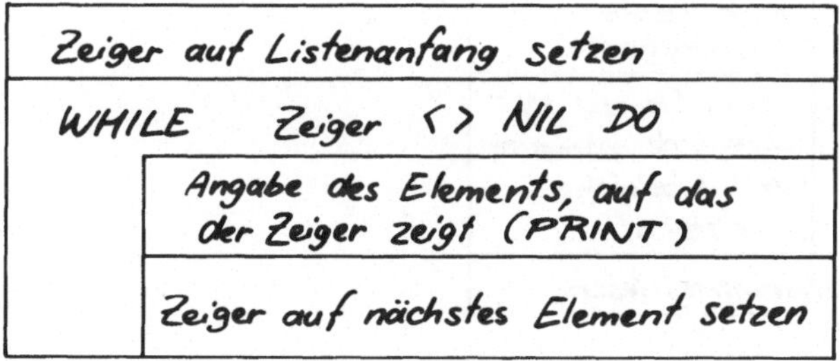

Die beiden letzten in diesem Verfeinerungsschritt noch zu bearbeitenden Funktionen betreffen die Eingabeprozedur von einer Datei bzw. die Ausgabeprozedur auf eine Datei.

Aus Einfachheitsgründen wird für die Datei der Typ

```
FILE OF Person
```

verwendet. Dies bedeutet, daß auch die Verweise mit auf die Datei übernommen werden, obwohl sie dort irrelevant sind (sie werden ja jeweils beim Eingeben oder Ändern im Speicher neu belegt).

Betrachtet man die Eingabeprozedur GETDATEI, so muß dort erst diese Eingabedatei eröffnet werden. Anschließend kann so lange eingelesen werden, bis das Dateiende erreicht wird. Beim Einlesen selbst muß unterschieden werden, ob bereits ein Element der gleichen Nummer vorhanden ist oder das eingelesene Element ans Ende der Liste angekettet werden muß. Entsprechend müssen auch unterschiedliche Aktionen getätigt werden. Ähnlich wie bei der Prozedur Eingabe muß – wenn das Element noch nicht vorhanden ist – Platz dafür besorgt und die Liste erweitert werden. Falls das Element bereits vorhanden ist, braucht der momentane Inhalt nur mit dem eingelesenen Inhalt überschrieben zu werden. Dabei ist jedoch zu beachten, daß die Verkettung nach dem Überschreiben wieder hergestellt wird.

Für die Prozedur GETDATEI ergibt sich also folgendes Struktogramm:

Eingabedatei eröffnen

Solange das Dateiende nicht erreicht ist

Elemente mit eingelesener Nummer bereits vorhanden?

Ja	Nein
alte Verkettung retten	Platz für neues Element besorgen
neue Daten eintragen	neue Verkettung eintragen
Verkettung wiederherstellen	neue Daten eintragen
	neues Element als Listenende markieren (kein Nachfolgeelement)

nächsten Dateieintrag lesen

Die Prozedur PUTDATEI, mit der der aktuelle Speicherinhalt auf die Ausgabedatei ausgeschrieben werden kann, ist einfach: Zunächst muß die Ausgabedatei eröffnet werden, anschließend kann in einer Schleife jedes Element ausgegeben werden.

Die Prozedur hat somit folgende Struktur:

Ausgabedatei eröffnen (REWRITE)

Zeiger auf erstes Listenelement setzen

Solange Zeiger < > NIL

Element, auf das der Zeiger zeigt, als Einheit ausgeben

Zeiger auf nächstes Element setzen

Durch diese Struktogramme ist die zweite Phase der Verfeinerung abgeschlossen. Die nächste Stufe betrifft nun die restlichen Funktionen bzw. teilweise schon die Programmierung der einzelnen Prozeduren.

Zunächst ist noch die Funktion SEARCH zu entwickeln. Diese Funktion wurde immer dann verwendet, wenn ein Listeneintrag mit einer speziellen Personalnummer gesucht wurde. Ihr Parameter ist also eine Personalnummer, ihr Ergebnis ein Verweis auf einen Listeneintrag (also ein Datum des Typs POINT).

Zunächst wird der Ergebnis-Pointer mit NIL vorbesetzt. Anschließend wird die Liste solange durchsucht, bis die Nummer gefunden oder das Listenende erreicht ist.

Die Funktion hat somit folgendes Aussehen:

<table>
<tr><td colspan="3">Vorbesetzung des Ergebniswertes mit NIL</td></tr>
<tr><td colspan="3">'Laufvariable' auf Listenanfang setzen</td></tr>
<tr><td rowspan="4"></td><td colspan="2">Solange die Laufvariable nicht NIL ist</td></tr>
<tr><td colspan="2">Stimmt Nummer mit gesuchter überein?
Ja | Nein</td></tr>
<tr><td>Funktionswert ist aktueller Wert der 'Laufvariablen'</td><td rowspan="2">Laufvariable auf Folgeelement setzen</td></tr>
<tr><td>'Laufvariable': = NIL</td></tr>
</table>

Die nächsten Verfeinerungsschritte führen in den meisten Fällen bereits zu ablauffähigen PASCAL-Programmteilen. Aus diesem Grunde werden diese Verfeinerungen nicht weiter in Struktogrammform angegeben.

Das endgültige, ablauffähige Programm hat dann folgendes Aussehen:

```
PROGRAM Personal (INPUT, OUTPUT, Infile, Outfile);

(* Dieses Programm generiert eine Personaldatei und druckt sie aus.*)
(* Folgende Funktionen sind realisiert:                              *)
(*      e, E: Eingabe eines einzigen Neueintrags                     *)
(*      a, A: Ausgabe eines einzigen Eintrags                        *)
(*      g, G: Get, Eingabe einer Personaldatei                       *)
(*      p, P: Put, Ausgabe der gesamten Daten auf Datei              *)
(*      l, L: Listall, Ausgabe aller Daten auf OUTPUT                *)
(*      s, S: Stop, Programmende                                     *)
(* Die Aufgabe der Speicherung wird mittels einer verketteten Liste*)
(* realisiert. Dadurch ist die Anzahl der Eintraege nur durch die  *)
(* Speichergroesse bestimmt und die Personalnummern koennen fast   *)
(* beliebig gewaehlt werden.                                        *)

TYPE Datum = RECORD
               Tag:   1..31;
               Monat: 1..12;
               Jahr : 1880..2000
             END;
     Persnr= 1..MAXINT;
     point = ^Person;
     Person= RECORD
               next          : point;        (* link zum naechsten Eintrag *)
               nr            : Persnr;
               Vorname, Name: packed ARRAY [1..20] OF CHAR;
               Gebdatum      : Datum;
               Famstand      : (ledig, verh, verw, gesch, dgl)
             END;

VAR  c                         : CHAR;
     i                         : INTEGER;
     stop                      : BOOLEAN;
     Liste, Listend, pold, pnew: point;
     Infile, Outfile           : FILE OF Person;

FUNCTION search (n: Persnr): point;
BEGIN
  search := NIL;
  pold := Liste;
  WHILE pold <> NIL DO BEGIN
    IF pold^.nr = n THEN BEGIN search:=pold; pold:=NIL END
                    ELSE pold := pold^.next
  END (* WHILE *)
END (* search *) ;
```

```
PROCEDURE Readstring(VAR str: packed ARRAY [1..20] OF CHAR);

(* Diese Prozedur ist notwendig, da im PASCAL-Standard die Standardprozedur *)
(* READ und READLN nicht auf STRINGs angewandt werden kann.                 *)
(* Diese Prozedur kann entfallen, wenn die aktuelle PASCAL-Implementierung  *)
(* STRING-Eingabe erlaubt.                                                  *)

VAR i: 0..20;  (* Bereich des packed ARRAY und Initialwert *)

BEGIN
  i:=0;
  REPEAT
    i:=i+1;
    READ(STR[i])     (* Ein Zeichen von INPUT losen                          *)
  UNTIL (eoln(INPUT)) OR (i=20)
                     (* Eingabe bis Zeilenende oder maximaler Stringlaenge   *)
END (* Readstring *) ;

PROCEDURE Eingabe(n:Persnr);
BEGIN
  pnew := search(n);
  IF pnew = NIL
  THEN BEGIN
    NEW(pnew); pnew^.next := NIL;
    IF Liste=NIL
    THEN BEGIN Liste := pnew; Listend := pnew END
    ELSE BEGIN Listend^.next := pnew; Listend := pnew END
  END;
  WITH pnew^ DO BEGIN
    nr:=n;
    WRITELN('Name:'); Readstring(Name);
    WRITELN('Vorname:'); Readstring(Vorname);
    WITH Gebdatum DO BEGIN
      WRITELN('Geburtsdatum (tt mm jjjj):'); READLN(Tag, Monat, Jahr)
    END;
    c:=' ';
    WHILE NOT (c in ['l','L','v','V','w','W','g','G','d','D']) DO
    BEGIN WRITELN('Familienstand (l,v,w,g,d):'); READLN(c) END;
    CASE c OF
      'l', 'L': Famstand:=ledig;
      'v', 'V': Famstand:=verh;
      'w', 'W': Famstand:=verw;
      'g', 'G': Famstand:=gesch;
      'd', 'D': Famstand:=dgl
    END
  END (* WITH *)
END (* Eingabe *)°;
```

```
PROCEDURE print(p: point);
BEGIN
  WITH p^ DO BEGIN
    WRITE(nr:5, '; ', Vorname, ' ', Name, '; ');
    WITH Gebdatum DO
      WRITE('geb: ', Tag:2, '. ', Monat:2, '. ', Jahr:4, '; ');
    CASE Famstand OF
      ledig: WRITELN('ledig');
      verh : WRITELN('verheiratet');
      verw : WRITELN('verwitwet');
      gesch: WRITELN('geschieden');
      dgl  : WRITELN('dauernd getrennt lebend')
    END (* CASE *)
  END (* WITH *)
END (* print *) ;

PROCEDURE Ausgabe(n: Persnr);
BEGIN
  pnew := search(n);
  IF pnew<>NIL THEN print(pnew)
               ELSE WRITELN('Kein Eintrag mit dieser Nummer vorhanden.')
END (* Ausgabe *) ;

PROCEDURE Listall;
BEGIN
  pnew := Liste;
  WHILE pnew <> NIL DO
  BEGIN
    print(pnew);
    pnew := pnew^.next
  END
END (* Listall *) ;
```

```
PROCEDURE Getdatei;
BEGIN
  RESET(Infile);
  WHILE NOT EOF(Infile) DO
  BEGIN
    pnew:=search(Infile^.nr);
    IF pnew<>NIL            (* Element mit Nr. bereits vorhanden *)
    THEN BEGIN
      pold:=pnew^.next;     (* Retten der aktuellen Verkettung   *)
      pnew^:=infile^;       (* neue Daten einfuegen               *)
      pnew^.next:=pold      (* Verkettung wiederherstellen        *)
    END
    ELSE BEGIN              (* neues Element eintragen            *)
      new(pnew);            (* Speicherplatz besorgen             *)
      IF Liste=NIL          (* erstes Element?                    *)
      THEN Liste:=pnew      (* Listenanfang markieren             *)
      ELSE Listend^.next:=pnew; (* Verkettung zum neuen Element*)
      Listend:=pnew;        (* neues Listenende markieren         *)
      pnew^:=Infile^;       (* neue Daten einfuegen               *)
      pnew^.next:=NIL       (* neues Element ist letztes          *)
    END (* ELSE *) ;
    get(Infile)             (* naechstes Eingabeelement           *)
  END (* WHILE *)
END (* Getdatei *) ;

PROCEDURE Putdatei;
BEGIN
  REWRITE(Outfile);
  pnew := Liste;
  WHILE pnew <> NIL DO
  BEGIN
    Outfile^ := pnew^;
    put(Outfile);
    pnew := pnew^.next
  END
END (* Putdatei *) ;

BEGIN
  stop := FALSE; c := ' '; Liste := NIL;
  REPEAT
    WRITELN('Eingabe, Ausgabe, Liste, Get, Put oder Stop (E, A, L, G, P, S): ');
    READLN(c);
    IF c IN ['e', 'E', 'a', 'A'] THEN BEGIN
      WRITELN('Gewuenschte Personalnummer:'); READLN(i) END;
    CASE c OF
      'e', 'E': Eingabe(i);
      'a', 'A': Ausgabe(i);
      'l', 'L': Listall;
      'g', 'G': Getdatei;
      'p', 'P': Putdatei;
      's', 'S': stop := TRUE
    END
  UNTIL stop
END (* Personal *) .
```

Zur Realisierung noch einige Anmerkungen:

Jede Eingabe wird durch eine Eingabeanforderung eingeleitet, d. h. bevor die Eingabe erwartet wird, wird der Benutzer dazu aufgefordert. In den meisten Fällen (wenn Abkürzungen erwartet werden) wird ein sog. 'Menü' angegeben, damit der Benutzer die erwarteten Abkürzungen auch korrekt eingeben kann, ohne eine Bedienungsanleitung zur Hand zu nehmen.

Fast immer wird zudem eine Überprüfung der Eingabewerte vorgenommen. Exemplarisch wird dabei die Eingabe eines Kommandos betrachtet:

- Das Kommando (im Programm durch die Variable c repräsentiert) kann einen der Werte E, e, A, a, L, l, G, g, P, p, S oder s enthalten. Dies könnte nun folgendermaßen realisiert werden: Zunächst wird das Kommandomenü ausgedruckt, anschließend das Benutzerkommando eingelesen und überprüft.
- Falls nun das Kommando inkorrekt spezifiziert wurde, (d.h. ein ungültiges Kommando wie z.B. ein 'B' eingegeben wurde) müßte dann in einer Schleife dieses Kommando moniert, die Eingabeanforderung wiederholt und die Eingabe abgearbeitet werden.
- Diese Folge läßt sich jedoch einfacher realisieren: Man initialisiert die Kommandovariable mit einem ungültigen Wert, prüft dann in einer Schleife auf den gültigen Wert und druckt dann die Eingabeanforderungen aus. Anschließend wird die Eingabe wiederholt. Für den Benutzer stellt sich diese wiederholte Eingabeanforderung als erste Eingabeanforderung dar. Somit läßt sich das komplizierte Programmstück vereinfachen.

Die gleiche Methode wird auch bei der Eingabe des Familienstandes durchgeführt.

Für die Eingabe des Datums wird eine spezielle Form erwartet. Diese Form wird bei der Eingabeanforderung mit ausgedruckt.

Beispiel 2: Calculator

Das zweite, längere Anwendungsbeispiel beschäftigt sich mit der Realisierung eines Calculators – d.h. einer kleinen Tischrechenmaschine, deren Funktionen in PASCAL programmiert sind.

Ähnlich wie bei allen anderen Programmen muß hier zunächst der Funktionsvorrat des entstehenden Programms definiert werden. Dazu gehört insbesondere die Art und Weise, wie Daten eingegeben, ausgegeben und verarbeitet werden.

Vorausgesetzt wird eine zeilenweise Abarbeitung der eingegebenen Anweisungen. Jede Zeile soll mit einem bestimmten Zeilenende-Symbol abgeschlossen werden. Die Ende-Marke (STOP-Symbol für den Calculator) soll ein anderes ausgezeichnetes Zeichen sein.

Dies kann nun auch graphisch dargestellt werden – vor allem um eine korrekte und einheitliche Darstellung der Eingabesyntax zu erreichen:

Die hier gewählte Darstellungsweise ist die der **Syntaxdiagramme.** Diese Methode eignet sich auch, um die Syntax von Programmiersprachen darzustellen. Im Anhang ist die Syntax von PASCAL in dieser Form angeführt.

Im nächsten Schritt wird nun das verwendete Syntaxsymbol (Linie) noch weiter spezifiziert. Um den Calculator allgemein einsetzbar zu machen, soll er auch speichernde Fähigkeiten besitzen, d.h. berechnete Werte sollen bei Bedarf Variablen zugewiesen werden. Dies kann innerhalb einer einzigen Zeile geschehen. Ein solcher Ausdruck wird Statement genannt. Es bleibt noch zu definieren, wie das Zeilenende aussehen soll. Ähnlich wie bei der Ende-Marke des Calculators soll ein spezielles Symbol (z.B. das Semikolon) das Zeilenende darstellen.

Eine Zeile soll zudem nur aus einer einzigen Expression oder einem Statement bestehen dürfen. In beiden Fällen soll das berechnete Ergebnis (Wert) nach der Abarbeitung ausgegeben werden. Diese Ausgabe ist eine Übereinkunft, die syntaktisch nicht dargestellt werden kann. Schließlich soll eine Zeile auch aus der Ende-Marke des Calculators allein bestehen können.

Für *'Line'* ergibt sich folgendes Syntaxdiagramm:

Line

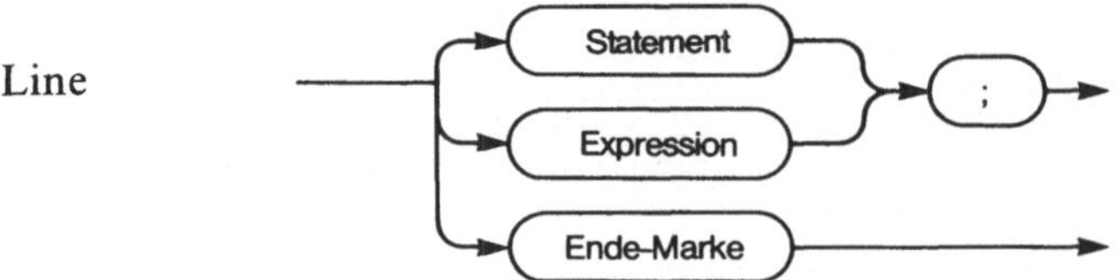

Im nächsten Schritt werden 'Statement' und 'Expression' weiter spezifiziert.

Zunächst zum *'Statement':* Ein Statement wurde so definiert, daß der Wert einer Expression einer bestimmten Variablen zugewiesen wird. Das Zuweisungssymbol sei der Einfachheit halber ein Gleichheitszeichen, wodurch sich für das Statement folgendes Syntaxdiagramm ergibt:

Statement

Dieses Syntaxdiagramm zeigt, daß die Zuweisung eines Expression-Wertes an eine Variable dadurch geschieht, daß zunächst der Variablenname, gefolgt von einem Gleichheitszeichen, angeführt wird, anschließend die Expression, in der deren Wert berechnet wird.

Wie dürfen nun Expressions aussehen?

Betrachtet man normale mathematische Ausdrücke, so wird man feststellen, daß sie sowohl aus Operanden als auch aus Operatoren bestehen. Die normalen mathematischen Operatoren sind sog. 'Infix' Operatoren, d.h. Operatoren, die jeweils zwischen zwei Operanden stehen (z.B.: a + b; 'a' und 'b' sind Operanden, '+' Operator). Auf analoge Art und Weise werden *Expressions* im Calculator aufgebaut:

Expression

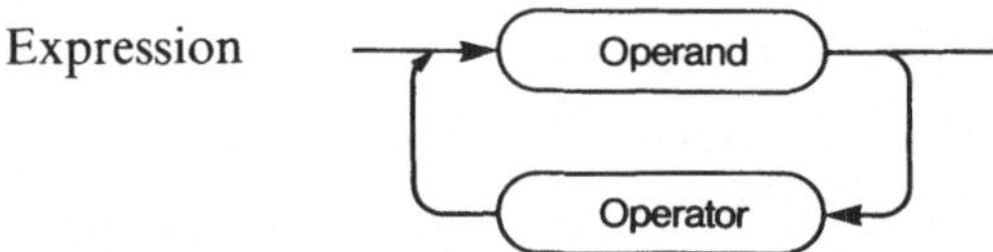

Dieses Syntaxdiagramm ist so zu interpretieren: Eine Expression besteht mindestens aus einem Operanden. Wenn weitere Operanden für die Expression benötigt werden, muß jeweils zwischen den Operanden ein Operator stehen. Beispiele für korrekte Expressions wären also:

(im folgenden seien a, b, c jeweils korrekte Operanden; +, – korrekte Operatoren)

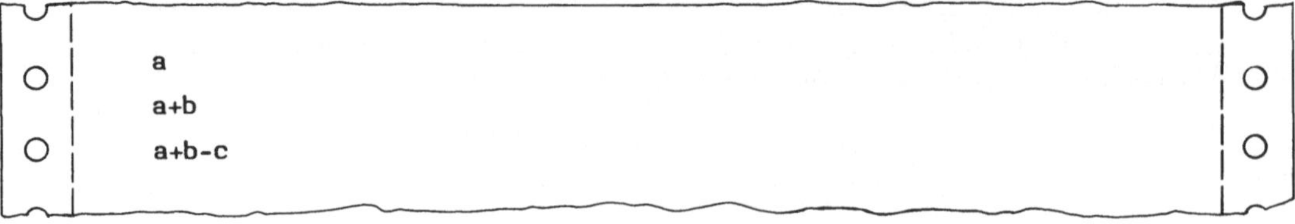

```
a
a+b
a+b-c
```

Falsche Expressions:

```
-a        (*kein einleitender Operand*)
ab        (*kein Operator zwischen zwei Operanden*)
```

Für die weitergehende Definition wird der Begriff des *Operanden* spezifiziert, für den sowohl konstante Werte (also z. B. Zahlen) als auch Namen von Variablen zugelassen werden. Es ergibt sich somit folgendes Syntaxdiagramm:

Operand

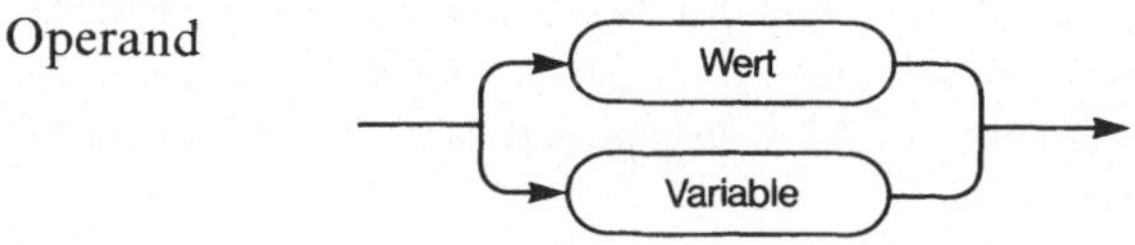

Aus dem vorigen Syntaxdiagramm von 'Expression' ist noch der Begriff *'Operator'* zu spezifizieren. Im Calculator seien die bekannten mathematischen Operationen zugelassen: Addition, Subtraktion, Multiplikation und Division. Um das Beispiel nicht zu komplex zu gestalten, sind keine Vorrangregeln realisiert. Für den Operator ergibt sich dann folgendes Syntaxdiagramm:

Operator

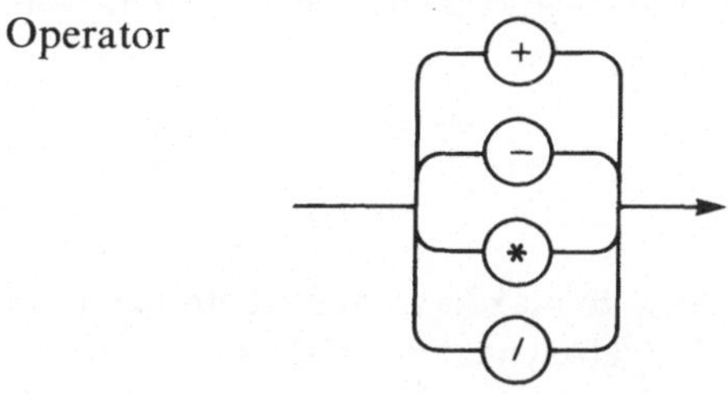

Aus dem Syntaxdiagramm ist ersichtlich, daß die bekannten mathematischen Symbole für die entsprechenden Operationen verwendet werden.

Aus dem Syntaxdiagramm des Operanden sind noch die beiden Syntaxvariablen *'Wert'* und *'Variable'* exakt zu spezifizieren. Für die Variablen sollen nur einzelne Buchstaben zugelassen werden. Es ergibt sich somit folgendes Syntaxdiagramm:

Variable

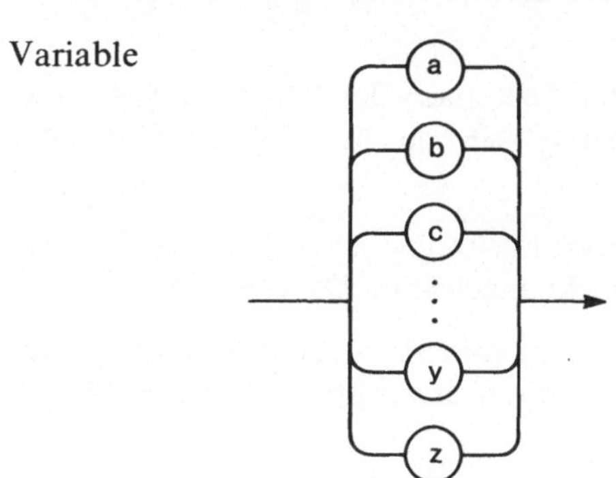

Etwas komplizierter wird die Definition von numerischen Werten, wenn man die Realisierung bedenkt. Betrachtet man alle bisherigen Syntaxdiagramme, so kann man feststellen, daß jeweils ein Zeichen genügt, um festzustellen, welches Syntaxdiagramm zutreffend ist bzw. welche Alternative innerhalb eines Syntaxdiagramms gewählt werden kann. Beim Einlesen von numerischen Werten ist dies nicht mehr so einfach zu realisieren: Hat man bereits das erste Zeichen eines numerischen Wertes gelesen, so muß man auch den Rest dieses Wertes zeichenweise einlesen und intern berechnen. Legt man nun die Definition eines REAL-Wertes in PASCAL zugrunde, so bräuchte man zur Realisierung des Einlesens eine relativ lange Prozedur (ca. 100 Zeilen), die für das Beispiel zu komplex wäre. Also wird hier eine einfachere Alternative gewählt, bei der ein Wert durch ein sog. Fluchtsymbol eingeleitet wird. Anschließend an dieses Fluchtsymbol kann direkt der numerische Wert (dargestellt durch ein REAL) angegeben werden. Als Fluchtsymbol wird der Pfeil nach oben definiert.

Somit ergibt sich folgendes Syntaxdiagramm für *'Wert'*:

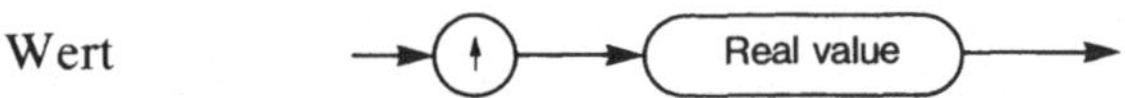

Das letzte noch zu vereinbarende Syntaxdiagramm betrifft die *Ende-Marke*. Sie soll im Beispiel durch ein $ dargestellt werden. Das Syntaxdiagramm hat somit folgendes Aussehen:

Ende-Marke —($)→

Wenn man nun die Entwicklung der einzelnen Syntaxdiagramme betrachtet, so wird man feststellen, daß die Definition der Eingabesyntax des Calculators wieder top-down geschehen ist. Die Vorgehensweise ist also analog zur Programmentwicklung zu sehen. Weiter wird sich zeigen, daß die Methode, komplexe Eingabestrukturen mittels Syntaxdiagrammen zu beschreiben, sowohl für das allgemeine Verständnis als auch für die Realisierung sehr gut anzuwenden ist.

Über die Syntax hinaus werden noch weitere Absprachen getroffen: Zunächst wird festgelegt, daß Leerzeichen (Blanks) nicht auftreten dürfen (dies ist aus den Syntaxdiagrammen nicht ersichtlich, wird jedoch zur Vereinfachung der Realisierung festgelegt).

Wie bereits erwähnt, wird das Ergebnis jeder Zeile nach der Berechnung der Expression ausgedruckt. Dabei soll es unabhängig sein, ob die Zeile ein Statement oder eine Expression enthält.

Ebenso wurde bereits erwähnt, daß keine Prioritätenregelung vorgenommen wird. Die bekannte Regel 'Punkt vor Strich' wird nicht angewandt. Dazu ein Beispiel:

Das Ergebnis des Ausdrucks $2+3\times4$ ist bei sequentieller Abarbeitung im Calculator 20 statt dem – nach konventioneller Mathematik erwarteten – Ergebnis 14.

Wie wird nun das Programm Calculator realisiert?

Bevor in diesem Fall die Struktogramme realisiert werden, sollen noch einige Überlegungen stattfinden.

Aufgrund der klaren Struktur der Aufgabe ist es sinnvoll, die Calculator-Funktionen in einzelne Prozeduren bzw. Funktionen zu gliedern. Da in der Syntax des Calculators bereits die syntaktischen Variablen hierarchisch gegliedert sind (z. B. definieren 'Operand' und 'Operator' 'Expression'), ist es auch sinnvoll, diese Struktur bei der Realisierung beizubehalten. Das Programm Calculator selbst wird also aus einer großen Prozedur 'Line' bestehen, die als innere Prozedur 'Statement' und dort wieder eine Funktion 'Expression' besitzt. Diese Verfeinerungsschritte können bis zu den kleinsten Calculator-Funktionseinheiten fortgesetzt werden.

Die Entscheidung, ob eine Zeile eine Expression oder ein Statement beinhaltet, kann erst anhand des zweiten eingelesenen Zeichens getroffen werden. Beinhaltet die Zeile eine Expression, so ist dieses 'zu viel'-Zeichen bereits deren erster Operator. Es muß in diesem Falle also sichergestellt sein, daß hier nicht weiter eingelesen wird, sondern das bereits eingelesene Zeichen zur Berechnung der Expression verwendet wird.

Der Calculator selbst besitzt einen Speicher mit Variablen, die von 'a'–'z' benannt werden können und im Programm dargestellt werden müssen. Dazu verwendet man am besten ein ARRAY, dessen Indizes die Variablennamen darstellen und dessen Komponenten vom Typ REAL sind.

Das Hauptprogramm Calculator selbst besteht – nach der Initialisierung – nur aus einer Schleife, in der so lange die Prozedur 'Line' aufgerufen wird, bis das erste Zeichen einer Zeile das Calculator-Endezeichen ist. Der Calculator selbst hat also folgendes Struktogramm:

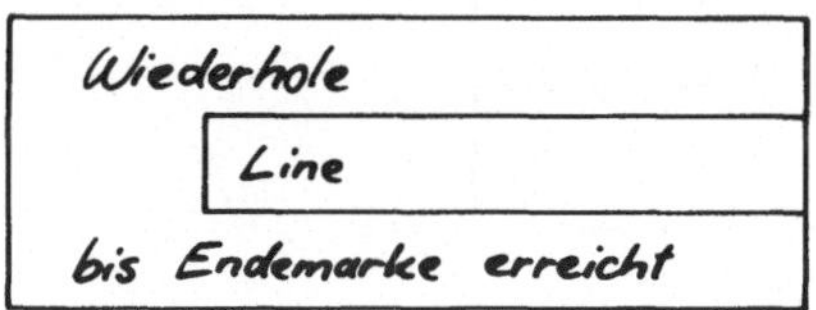

Der einzige weiter zu verfeinernde Begriff in diesem Struktogramm ist die Prozedur 'Line'. Wenn das erste Zeichen der Zeile nicht die Ende-Marke ist, dann muß überprüft werden, ob es einen Variablennamen darstellt, da im anderen Fall direkt die Prozedur 'Expression' aufgerufen werden kann. Falls das erste Zeichen der Zeile ein Variablenname ist, kann erst anhand des nächsten Zeichens entschieden werden, ob ein Statement oder eine Expression vorliegt.

Bei einem Statement muß die rechte Seite ausgewertet (durch Expression) und das Ergebnis in der gewünschten Calculator-Variablen abgespeichert werden. Für eine Expression sind ebenfalls bereits alle Vorbereitungen getroffen, so daß nur noch die Funktion 'Expression' aufgerufen werden muß. Schließlich kann noch die Ende-Marke eingelesen worden sein. Dann wird der Calculator beendet. In allen anderen Fällen wird eine Fehlermeldung ausgegeben.

Variable ?
Ja
Nein
nächstes Zeichen '=' ?
Ja
Nein
Konstante ? (↑)
Ja
Nein
Operanden lesen
*
Ja
Nein
Konstante lesen
Ende ?
Ja
Nein
Operator lesen
Expression berechnen
Fehlermeldung
Expression berechnen
Fehler-meldung
Expression berechnen, speichern
Calculator beenden

* nächstes Zeichen gültiger Operator oder Zeilenende

Die Funktion 'Expression' soll ein Ergebnis liefern, das vom Typ REAL ist. Da das erste Zeichen bereits eingelesen wurde, bleibt also anhand des Operators und evtl. folgender Operanden das Ergebnis zu berechnen. Dazu muß man so lange Operanden und Operatoren bestimmen, bis das Zeilenende erreicht ist. Für die unterschiedlichen Operatoren gelten dann auch die unterschiedlichen Aktionen, die zu treffen sind, z. B. muß für den Operator '+' der aktuelle Operand zum bisherigen Zwischenergebnis addiert werden. Beim Zeilenende – d. h. bei einem Operator ';' – wird das aktuelle Zwischenergebnis als Funktionsergebnis zurückgegeben und zugleich ausgedruckt.

Für die Funktion Expression ergibt sich somit folgendes Struktogramm:

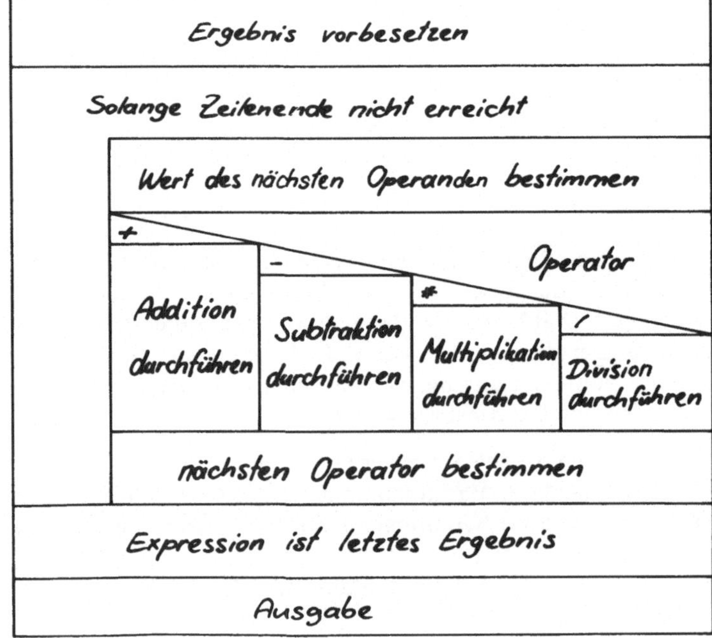

Die beiden letzten noch zu spezifizierenden Blöcke betreffen 'Operand' und 'Operator'.

Die Funktion 'Operand' liefert ein Ergebnis vom Typ REAL. Je nachdem, ob der Operand eine Variable oder Konstante ist, müssen unterschiedliche Aktionen getätigt werden: Bei Variablen muß der aktuelle Inhalt als Ergebnis abgeliefert werden, bei Konstanten wird der entsprechende Wert eingelesen. Zugleich muß hier überprüft werden, ob ein illegaler Operand vorliegt.

Die Funktion Operand besitzt somit folgende Struktur:

<table>
<tr><td colspan="3">nächstes Zeichen lesen</td></tr>
<tr><td colspan="3">Variable ?
Ja | Nein</td></tr>
<tr><td rowspan="2">Wert aus Speicherinhalt bestimmen</td><td colspan="2">Konstante ? (1)
Ja | Nein</td></tr>
<tr><td>Wert durch Einlesen bestimmen</td><td>Fehler-meldung</td></tr>
</table>

Die Funktion 'Operator' liefert als Ergebnis den gewünschten Operator. Nach einer Überprüfung auf syntaktische Korrektheit des eingelesenen Zeichens kann der aktuelle Operatorwert (das gelesene Zeichen) als Funktionsergebnis abgeliefert werden.

Die Funktion Operator besitzt also folgende Struktur:

<table>
<tr><td colspan="2">nächstes Zeichen lesen</td></tr>
<tr><td colspan="2">Zeichen gültiger Operator ?
Ja | Nein</td></tr>
<tr><td>Operator ist gelesenes Zeichen</td><td>Fehlermeldung</td></tr>
</table>

Aufgrund der klaren Definition der Aufgabenstellung in Form eines Syntaxdiagramms konnten wesentliche Überlegungen für die Realisierung des Calculators in einem Pseudoprogramm bereits vorweggenommen werden. Die Umsetzung in das Pseudoprogramm und von da in ein ablauffähiges PASCAL-Programm ist relativ einfach.

Schließlich erhält man als Lösung das folgende PASCAL-Programm:

```
PROGRAM Calculator (INPUT, OUTPUT);

(* Tischrechnerfunktionen -- einfache Realisierung *)

CONST calcend = '$';

VAR   memory : ARRAY ['a'..'z'] OF REAL;  (* Speicher des Tischrechners *)
      stop   : BOOLEAN;
      c      : CHAR;

PROCEDURE line;
VAR c, c1: CHAR;
    r    : REAL;

  FUNCTION operator: CHAR;
  VAR c: CHAR;
  BEGIN
    READ(c);
    IF c IN ['+','-','*','/',';'] THEN operator := c
    ELSE WRITELN('Illegal operation: ', c)
  END (* operator *) ;

  FUNCTION operand: REAL;
  VAR r: REAL;
      c: CHAR;
  BEGIN
    READ(c);
    IF c IN ['A'..'Z'] THEN c := CHR(ORD(c)+32);
    IF c IN ['a'..'z'] THEN operand := memory[c]
    ELSE IF c='*' THEN BEGIN READ(r); operand:=r END
    ELSE WRITELN('Illegal operand: ', c)
  END (* operand *) ;

  FUNCTION expression (r: REAL; c: CHAR): REAL;
  CONST ende = ';';
  VAR   r1   : REAL;
  BEGIN
    expression := 0;
    WHILE c<>ende DO
    BEGIN
      r1:=operand;
      CASE c OF
        '+': r := r+r1;
        '-': r := r-r1;
        '*': r := r*r1;
        '/': r := r/r1
      END (* CASE *) ;
      c := operator
    END (* WHILE *) ;
    expression := r
  END (* expression *) ;
```

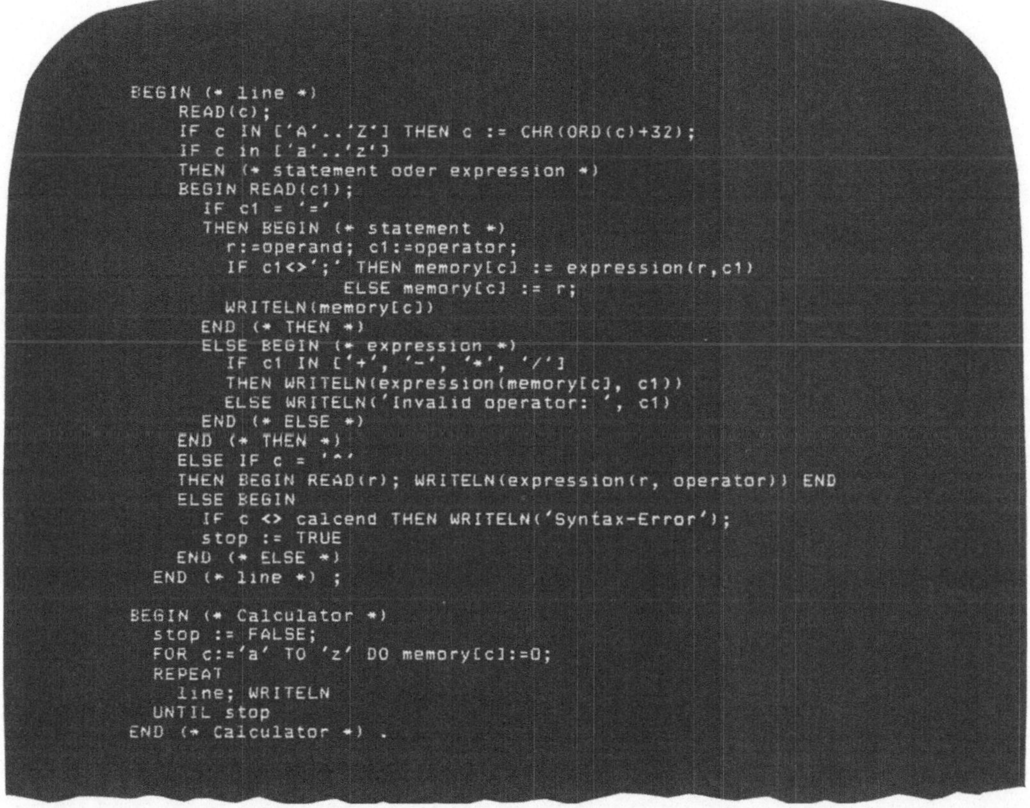

```
BEGIN (* line *)
    READ(c);
    IF c IN ['A'..'Z'] THEN c := CHR(ORD(c)+32);
    IF c in ['a'..'z']
    THEN (* statement oder expression *)
    BEGIN READ(c1);
      IF c1 = '='
      THEN BEGIN (* statement *)
        r:=operand; c1:=operator;
        IF c1<>';' THEN memory[c] := expression(r,c1)
                  ELSE memory[c] := r;
        WRITELN(memory[c])
      END (* THEN *)
      ELSE BEGIN (* expression *)
        IF c1 IN ['+', '-', '*', '/']
        THEN WRITELN(expression(memory[c], c1))
        ELSE WRITELN('Invalid operator: ', c1)
      END (* ELSE *)
    END (* THEN *)
    ELSE IF c = '^'
    THEN BEGIN READ(r); WRITELN(expression(r, operator)) END
    ELSE BEGIN
      IF c <> calcend THEN WRITELN('Syntax-Error');
      stop := TRUE
    END (* ELSE *)
  END (* line *) ;

BEGIN (* Calculator *)
  stop := FALSE;
  FOR c:='a' TO 'z' DO memory[c]:=0;
  REPEAT
    line; WRITELN
  UNTIL stop
END (* Calculator *) .
```

Dieses Programm enthält noch alle in der Definition erwähnten Einschränkungen, insbesondere die rein sequentielle Abarbeitung von Ausdrücken ohne Prioritätenregeln sowie das für konstante Eingabewerte benötigte Fluchtsymbol. Betrachtet man die Lösung, so wird man unschwer feststellen, daß aufgrund der klaren Modularisierung in einzelne Funktionen und Prozeduren ein Ausbau dieser Lösung relativ einfach vorgenommen werden kann:

Um Konstante ohne Fluchtsymbol einzulesen, muß die Funktion 'Operand' geändert werden (an der Stelle, an der mittels READ der aktuelle Wert eingelesen wird). Diese Funktion könnte beispielsweise durch eine Funktion READ REAL ersetzt werden.

Ähnliches gilt für die korrekte Abarbeitung von Ausdrücken: Hier müßte in der CASE-Anweisung innerhalb der Funktion 'Expression' eine Änderung stattfinden: Niederpriore Operationen dürfen erst dann durchgeführt werden, wenn beide Operanden entsprechend den Prioritätsregeln erarbeitet wurden.

Diese Aufgaben sollen jedoch dem Leser überlassen bleiben.

PASCAL

A) Standard-Prozeduren und -Funktionen

B) Syntaxdiagramme

A) Standard-Prozeduren und -Funktionen

Ein-/Ausgabeprozeduren
Allgemeine Ein-/Ausgabeprozeduren
Vereinfachte Ein-/Ausgabeanweisungen

Speicherverwaltungsprozeduren

Umsetzprozeduren

Arithmetische und mathematische Funktionen

Trigonometrische Funktionen

Mathematische Funktionen

Boolesche Funktionen (Prädikate)

Konversionsfunktionen

Inkrement- und Dekrementfunktionen

B) Syntaxdiagramme

A) Standard-Prozeduren und -Funktionen

Dieser Abschnitt behandelt alle in PASCAL standardmäßig vorhandenen Prozeduren und Funktionen. Sie müssen also vom Benutzer bei der Anwendung nicht explizit definiert werden, sondern werden automatisch vom verwendeten PASCAL-System zur Verfügung gestellt.

Bei der Diskussion dieser Funktionen und Prozeduren können verschiedene Klassen unterschieden werden:

- Ein-/Ausgabeprozeduren
- Speicherverwaltung
- Datendarstellung (Umsetzprozeduren)
- Arithmetische und mathematische Funktionen
- Wahrheitsfunktionen (Boolesche Funktionen)
- Datentypkonversionen
- Inkrement- und Dekrementfunktionen

Ein-/Ausgabeprozeduren

Allgemeine Ein-/Ausgabeprozeduren

PUT(F) Der Wert der Puffervariablen F↑ wird auf die Datei F geschrieben.

Anmerkung zur Anwendung:

1. Vor der Ausführung dieser Funktion muß EOF(F) wahr sein (der Pufferinhalt wird stets ans Dateiende geschrieben).
2. Nach der Ausführung dieser Prozedur bleibt EOF(F) wahr.
3. Der Wert der Puffervariablen F↑ ist nach der Ausführung dieser Prozedur undefiniert.
   Vor einer weiteren PUT-Anweisung muß die Puffervariable neu besetzt werden.

GET(F) Durch diese Prozedur wird die aktuelle Dateiposition auf die nächste Dateikomponente positioniert. Dies bedeutet, daß diese Komponente eingelesen und ihr Wert der Puffervariablen F↑ zugewiesen wird.

Anmerkungen zur Anwendung:

Wenn keine neue Komponente existiert, dann wird EOF(F) wahr und der Wert der Puffervariablen F↑ undefiniert. Aus diesem Grund kann

GET nur dann angewandt werden, wenn vor der Ausführung EOF(F) falsch ist, oder anders ausgedrückt, das Dateiende noch nicht erreicht ist. Zur korrekten Anwendung sollte also die GET-Anweisung üblicherweise in eine WHILE-Schleife eingebaut sein, die folgendermaßen konstruiert ist:

```
WHILE NOT EOF(F) DO
BEGIN GET(F);
Verarbeitung des Eingabewertes
END
```

RESET(F) Durch diese Prozedur wird eine Datei 'zum Lesen eröffnet'. Dies ist notwendig, da durch die Deklaration der Datei noch nicht festgelegt ist, ob diese Datei eine Ein- oder Ausgabedatei darstellt. Diese Unterscheidung wird erst durch die entsprechende Dateieröffnung getroffen.

Durch RESET wird die aktuelle Dateiposition auf den Anfang der Datei gelegt. Zudem wird der Puffervariablen F↑ der Wert des ersten Elements zugewiesen.

EOF(F) wird falsch, wenn F nicht leer ist (also mindestens eine Komponente enthält). Für eine leere Datei gilt, daß die Puffervariable undefiniert wird und EOF(F) wahr bleibt.

REWRITE(F)

REWRITE eröffnet eine Ausgabedatei. Dies bedeutet, daß der Wert dieser Datei nach der Ausführung von REWRITE eine leere Datei ist. Deshalb wird EOF(F) nach der Anwendung wahr, und es kann mittels PUT auf diese Datei geschrieben werden.

PAGE(F) Durch diese Prozedur kann in einen Textfile ein Seitenvorschubzeichen geschrieben werden. Vor dem Ausdruck des nächsten Zeichens wird der Drucker auf die erste Zeile einer neuen Seite positioniert.

Anmerkungen:

Diese Prozedur ist nur auf Textfiles anwendbar; in vielen PASCAL-Realisierungen ist diese Prozedur nicht realisiert.

Vereinfachte Ein-/Ausgabeanweisungen

READ([Dateivariable], V1, . . ., Vn)

Wenn die Dateivariable fehlt, wird die Prozedur auf die vordefinierte Textdatei INPUT angewandt. Wenn von einer Textdatei F gelesen wird und die eingelesenen Variablen entweder vom Typ CHAR, INTEGER (oder jeweils eines Teilbereichs davon) oder REAL sind, dann gilt für die Prozedur READ folgendes:

1. READ(F, V1, . . ., Vn) ist gleichbedeutend zu
   BEGIN READ(F, V1); . . .; READ(F, Vn) END

2. READ(F, V) ist gleichbedeutend mit
   BEGIN V:= F↑; GET(F) END
3. Ist die eingelesene Variable vom Typ INTEGER oder einem Teilbereich davon, dann ist READ(F, V) wie folgt definiert:

- Es wird stets eine Folge von Einzelzeichen gelesen.
- Führende Leerzeichen und Zeilenende werden ignoriert.
- Wenn die darauffolgende Zeichenfolge keine ganze Zahl (nach Definition der Syntax) bildet, wird ein Fehler angezeigt.
- Das Einlesen wird beendet, sobald die Puffervariable F↑ einen Wert annimmt, der nicht mehr Teil einer ganzen Zahl sein kann.
- Der Wert der gelesenen Zahl wird der angegebenen Variablen V zugewiesen, und muß demgemäß zuweisungsverträglich mit deren Typ sein.
- Ist die Puffervariable undefiniert, so produziert READ einen Fehler.

READLN([Dateivariable], V1, . . ., Vn)

Diese Prozedur darf nur auf Textdateien angewandt werden; fehlt die Dateivariable, wird die Prozedur auf die vordefinierte Textdatei INPUT angewandt.

READLN(F, V1, . . ., Vn) ist gleichbedeutend mit
BEGIN READ(F, V1, . . ., Vn); READLN(F) END

READLN(F) ist gleichbedeutend mit
BEGIN WHILE NOT EOLN(F) DO GET(F); GET(F) END

Durch READLN wird die derzeitige Dateiposition genau hinter das Ende der aktuellen Zeile der Textdatei plaziert. Dies ist genau der Anfang der nächsten Zeile, sofern nicht die Datei in der Position erreicht wurde.

WRITE([Dateivariable], P1, . . ., Pn)

Fehlt die Dateivariable, so wird die Prozedur auf die vordefinierte Textdatei OUTPUT angewandt. Durch Anwendung von WRITE auf eine Textdatei F wird die Puffervariable F↑ undefiniert.

Bezeichnet F eine Textdatei, und P1 . . . Pn die Parameter, dann gilt:

WRITE(F, P1, . . ., Pn) ist gleichbedeutend mit
BEGIN WRITE(F, P1); . . .; WRITE(F, Pn) END

Die WRITE-Parameter P1 . . . Pn können nach folgendem Schema aufgebaut sein:

- W: Gesamtausgabelänge: Anzahl_Ziffern_nach_Dezimalpunkt
- W: Gesamtausgabelänge
- W

W ist dabei jeweils der Ausdruck, der in die Datei F geschrieben wird und der von einem der folgenden Typen sein kann:

INTEGER, REAL, CHAR, BOOLEAN oder Zeichenkette (oder einem Teilbereich davon).

Gesamtausgabelänge und Anzahl_Ziffern_nach_Dezimalpunkt sind Ausdrücke, deren Werte zum INTEGER-Typ gehören müssen. Sie werden als Längenparameter benützt und müssen größer oder gleich 1 sein.

Die Anweisung für Gesamtausgabelänge kann bei jedem der zulässigen Ausgabedatentypen angegeben werden. Die Anzahl_Ziffern_nach_Dezimalpunkt kann nur bei REAL verwendet werden (und ist auch nur dort sinnvoll).

Bei jeder Implementierung gibt es einen implementierungsspezifischen Standardwert für die Gesamtausgabelänge.

Wird die Anweisung Anzahl_Ziffern_nach_Dezimalpunkt nicht angegeben (bei der Ausgabe eines REALs), so erfolgt die Ausgabe in Gleitpunktform, nicht in der benutzerdefinierten Fixpunktform.

Bei der Ausgabe eines Wertes vom Typ BOOLEAN ist zu beachten, daß abhängig vom Parameter-Wert eine der Zeichenketten 'FALSE' oder 'TRUE' ausgegeben wird.

WRITELN([Dateivariable], P1, . . ., Pn)
Diese Prozedur darf nur auf Textdateien angewandt werden; fehlt die Dateivariable, so wird die Prozedur auf die vordefinierte Textdatei OUTPUT angewandt.

WRITELN(F, P1, . . ., Pn) ist äquivalent zu
BEGIN WRITE(F, P1, . . ., Pn); WRITELN(F) END

Die Ausführung der Prozedur beendet die bis zu diesem Zeitpunkt teilweise bzw. noch nicht generierte Zeile.

Speicherverwaltungsprozeduren

NEW(P) Durch diese Prozedur wird eine neue Variable V im Heap allokiert und die Adresse (der Pointer dazu) in der Pointervariablen P abgelegt. Der Wert von P zeigt also auf die Variable V, die im Heap allokiert wurde.

Häufig werden RECORDs als dynamische Variable verwendet. Ein Beispiel dafür wurde im achten Kapitel (Personalverwaltung) geliefert. In diesen Fällen kann – wenn die RECORDvariable Varianten enthält – eine etwas abweichende Form der NEW-Prozedur verwendet werden:

NEW(P, T1, . . ., Tn)

In diesem Fall stellen die Parameter T1 bis Tn die Werte der Tagfields der Varianten des RECORDs dar. Dabei ist es wichtig, daß die Werte der Tagfields in der gleichen Reihenfolge angeführt werden wie sie bei der RECORDdeklaration notiert sind. Sie dürfen sich während der Ausführung nicht ändern.

Die folgende Prozedur DISPOSE ist das Gegenstück zu NEW. In den meisten PASCAL-Implementierungen ist sie jedoch nicht vorgesehen. Sie wird dort durch zwei andere Prozeduren (MARK und RELEASE) ersetzt.

DISPOSE(P)

Bei der Ausführung dieser Prozedur wird der Speicherplatz, den die Variable P belegt, wieder freigegeben. Ähnlich wie bei der Prozedur NEW kann eine indirekt adressierte RECORDvariable mit Tagfields durch

DISPOSE(P, T1, . . ., Tn)

aus dem Speicher entfernt werden. Für die Tagfield-Parameter gelten die gleichen Bedingungen, wie sie bei der Prozedur NEW festgelegt wurden.

Die Prozeduren MARK und RELEASE werden von den meisten PASCAL-Implementierungen statt der Prozedur DISPOSE angeboten:

MARK(P)
RELEASE(P)

Anmerkung:
Durch MARK und RELEASE wird dem Anwender die Kontrolle über das Speicherverhalten des HEAP-(dynamischen Variablen-)Speichers gegeben. Durch die Anwendung von DISPOSE muß das PASCAL-System dafür sorgen, daß die eventuell entstandenen Lücken entweder wieder aufgefüllt werden oder bei Bedarf der Speicherplatz für die dynamischen Variablen wieder komprimiert wird. Durch MARK und RELEASE jedoch wird dem HEAP ein quasi stackartiges Verhalten aufgezwungen. Es ist nur möglich, die zuletzt allokierten HEAP-Speicherbereiche durch RELEASE wieder freizugeben. Die gesamte Kontrolle obliegt deshalb dem Benutzer.

Umsetzprozeduren

PACK(A,I,Z)

Durch diese Anweisung kann ein ungepacktes ARRAY eines bestimmten Typs in die gepackte Darstellung übergeführt werden. Dabei ist es möglich, daß ein bestimmter Teil des ARRAYs nicht mit übernommen wird. Zusätzlich zur Konversion von der entpackten in die gepackte Darstellung findet also auch ein Datentransfer statt.

UNPACK(Z,A,I)

UNPACK ist die inverse Operation zu PACK. Ein gepacktes ARRAY eines bestimmten Typs wird in seine entpackte Form übergeführt. Dabei ist es – analog zur PACK-Prozedur – möglich, daß nur ein bestimmter Teil übertragen wird. Ähnlich wie bei PACK findet also auch hier ein Datentransfer statt.

Arithmetische und mathematische Funktionen

ABS(x) Die Funktion ABS liefert als Ergebnis den absoluten Betrag des Arguments x. Dabei ist zu beachten, daß der Ergebnistyp mit dem Argumenttyp übereinstimmt. Der Argumenttyp kann entweder INTEGER oder REAL sein bzw. ein Subrange von INTEGER.

SQR(x) Diese Funktion berechnet das Quadrat des Argumentwerts (x * x). Der Ergebnistyp entspricht dem Argumenttyp und ist entweder INTEGER oder REAL oder ein Subrange von INTEGER.

Trigonometrische Funktionen

Für die nachfolgenden trigonometrischen und die mathematischen Funktionen gilt: Der Argumenttyp muß numerisch sein. Das Ergebnis ist stets REAL.

SIN(x) Liefert den Wert des Sinus des Argumentes x.

COS(x) Liefert den Wert des Cosinus des Arguments x.

ARCTAN(x) Liefert den Wert des Arcustangens des Arguments x.

Anmerkung: Andere trigonometrische Funktionen können aus den Ergebnissen von Sinus, Cosinus und Arcustangens abgeleitet werden. Z. B. berechnet sich der Tangens eines Arguments x aufgrund folgender Formel:

TAN(x) = SIN(x)/COS(x)

Mathematische Funktionen

EXP(x) Berechnet die Potenz von x zur Basis e (e^x).

LN(x) Berechnet den natürlichen Logarithmus von x zur Basis e.

SQRT(x) Berechnet die Quadratwurzel von x.

Anmerkung: Aus diesen drei Basisfunktionen können andere Funktionen relativ leicht abgeleitet werden, z. B. die allgemeine Potenz:

x^y = EXP(y*LN(x)) (nach: $x^y = e^{y \ln x}$)

Boolesche Funktionen (Prädikate)

Für alle Prädikate gilt, daß das Ergebnis der entsprechenden Funktion einen booleschen Wert liefert.

ODD(x) Der Argumentwert x muß entweder INTEGER oder ein Subrange davon sein. Das Ergebnis ist TRUE, wenn x ungerade ist, sonst FALSE.

EOLN(f) Die Funktion liefert den Wert TRUE, wenn – während des Einlesens eines Textfiles f – das letzte Zeichen der aktuellen Zeile gelesen wurde, sonst ist das Ergebnis FALSE.

EOF(f) Liefert den WERT TRUE, wenn – während des Einlesens eines allgemeinen Files f – das Ende dieser Datei (EOF) erreicht ist, sonst wird das Ergebnis FALSE abgeliefert.

Konversionsfunktionen

Die folgenden vier Funktionen konvertieren ein gegebenes Argument eines bestimmten Datentyps in ein Ergebnis eines anderen Datentyps. Dabei werden Änderungen am Argumentwert durchgeführt.

TRUNC(x) Der Typ des Arguments x muß REAL sein. Ergebnis ist ein ganzzahliger Wert, der sich aus dem Argument x ergibt, wenn der gebrochene Anteil der Zahl abgeschnitten wird.

ROUND(x) Der Typ des Arguments x muß REAL sein. Das ganzzahlige Ergebnis ist der Wert von x mathematisch korrekt gerundet.

Das Ergebnis der ROUND-Funktion läßt sich durch die Funktion TRUNC folgendermaßen beschreiben:

```
FUNCTION ROUND (x:REAL):INTEGER;
    BEGIN IF x>=0
    THEN ROUND := TRUNC (x+0.5)
    ELSE ROUND := TRUNC (x-0.5)
END
```

Anmerkung: Da sich diese Funktion einfach aus der Funktion TRUNC ergibt, wird sie in manchen PASCAL-Systemen nicht angeboten. Sie kann dann vom Benutzer nach obiger Art in das Programm eingefügt werden.

ORD(x) Der Typ des Arguments x muß ein Aufzählungstyp oder vordeklarierter Aufzählungstyp sein. Ergebnis ist die Ordnungszahl (Stelle) des Argumentwertes x in der Menge der Werte, die durch den Argumenttyp von x bestimmt ist. Kriterium für die Ordnung ist die Aufschreibung. Angewandt auf den von der Maschine definierten Satz von CHARacters ist das Ergebnis stets maschinenabhängig.

CHR(x) Der Typ des Arguments x ist entweder INTEGER oder ein Subrange davon. Das Ergebnis ist das Zeichen (vom Typ CHAR), dessen Ordnungszahl x ist (wenn das Zeichen existiert). Für Argumentwerte vom Typ CHAR ist ORD die Umkehrfunktion von CHR.

Inkrement- und Dekrementfunktionen

SUCC(x) Der Typ des Arguments x kann von jedem beliebigen skalaren Typ sein (ausschließlich REAL). Das Ergebnis ist der auf x folgende Wert (wenn er existiert), entsprechend der Deklaration des Typs.

PRED(x) x kann von jedem beliebigen skalaren Typ außer REAL sein. Der Ergebniswert ist der Vorgängerwert von x (wenn er existiert), entsprechend der Deklaration des skalaren Typs.

Anmerkung:

1. Der Nachfolgewert des letzten Elements eines skalaren Typs ist nicht definiert, genausowenig wie der Vorgängerwert des ersten Elements eines skalaren Typs.

2. Bei verschiedenen Maschinen gibt es sog. 'Lücken' in den Zeichen (dies ist insbesondere beim EBCDIC-Code der Fall). Hier steigen die Ordnungszahlen zwischen 'I' und 'J' sowie zwischen 'R' und 'S' nicht um 1. Auf solche Eigenheiten muß bei der Anwendung der beiden Funktionen SUCC sowie PRED geachtet werden.

B) Syntaxdiagramme

Die folgenden Abbildungen basieren auf den Syntaxdiagrammen in Jensen, K., Wirth, N.: "PASCAL. User Manual and Report", Seiten 116–118.

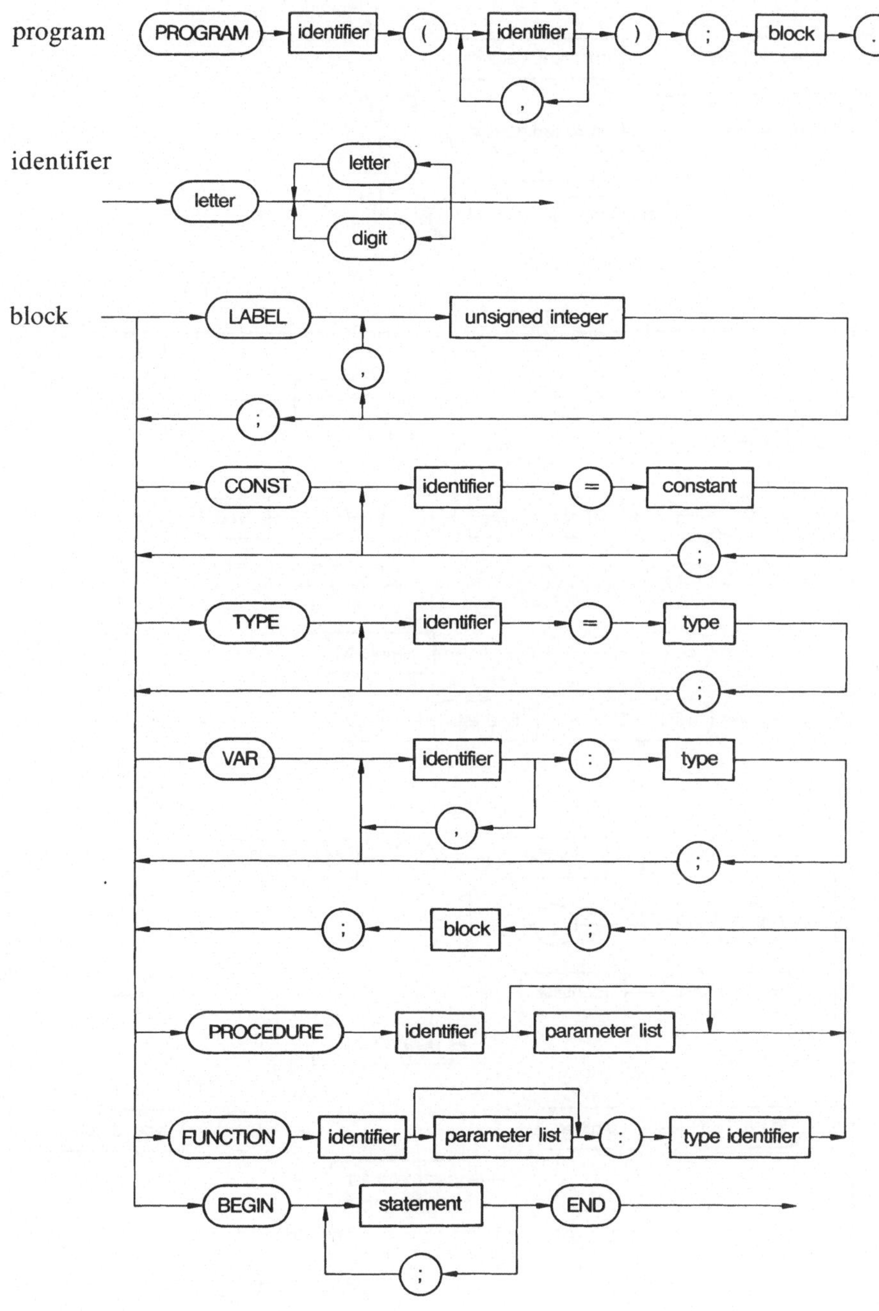

unsigned integer

constant

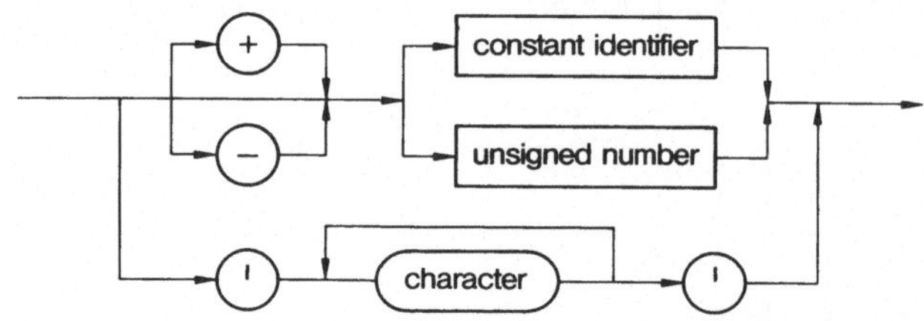

type

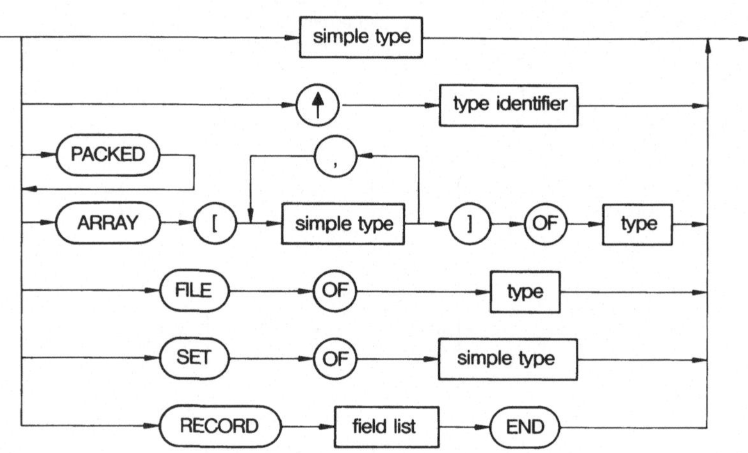

parameter list

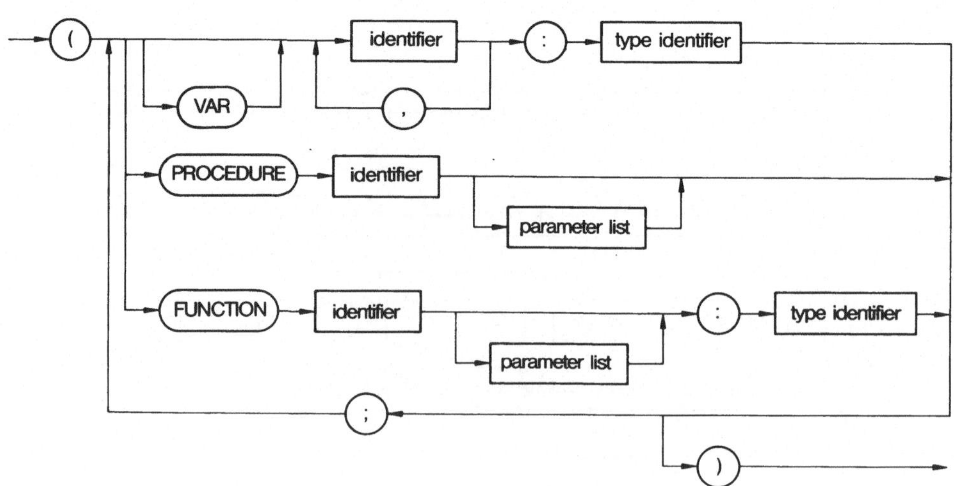

statement

unsigned integer
:
variable
function identifier
:=
expression
procedure identifier
(
,
expression
procedure identifier
)
BEGIN
statement
;
END
IF
expression
THEN
statement
ELSE
statement
CASE
expression
OF
constant
,
:
statement
;
END
WHILE
expression
DO
statement
REPEAT
statement
;
UNTIL
expression
FOR
variable identifier
:=
expression
DOWNTO
TO
expression
DO
statement
WITH
variable
,
DO
statement
GOTO
unsigned integer

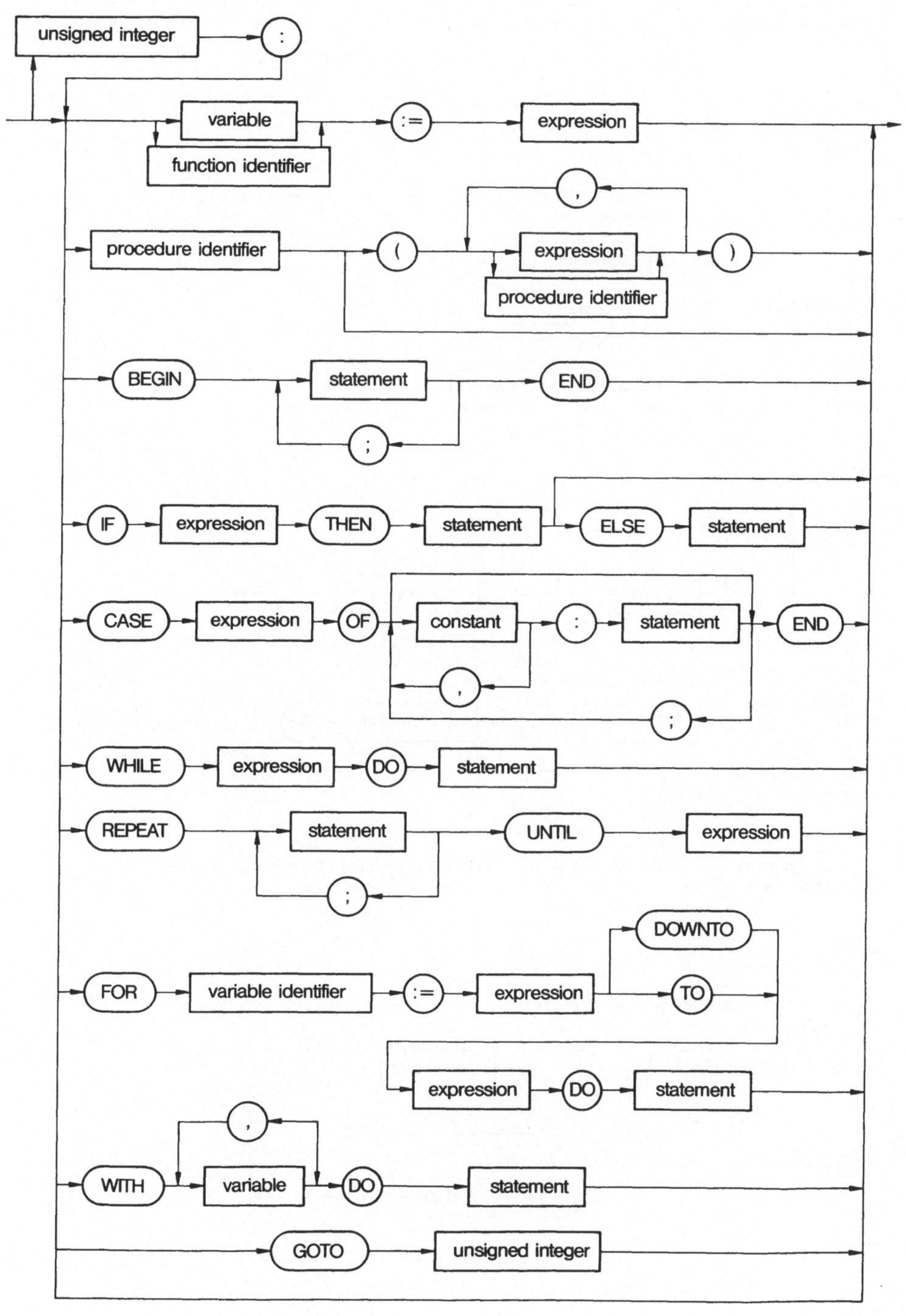

unsigned number

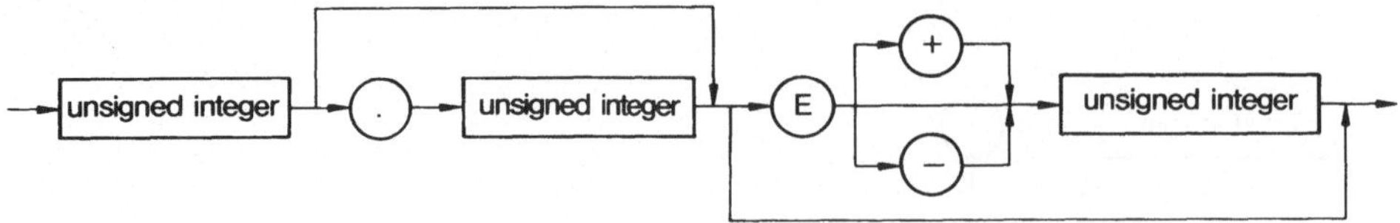

simple type

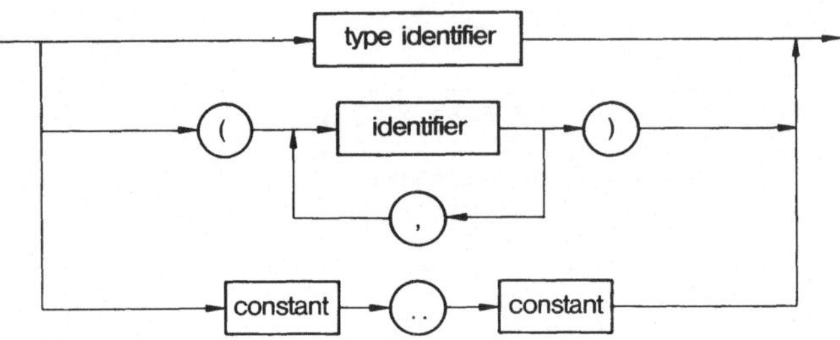

field list

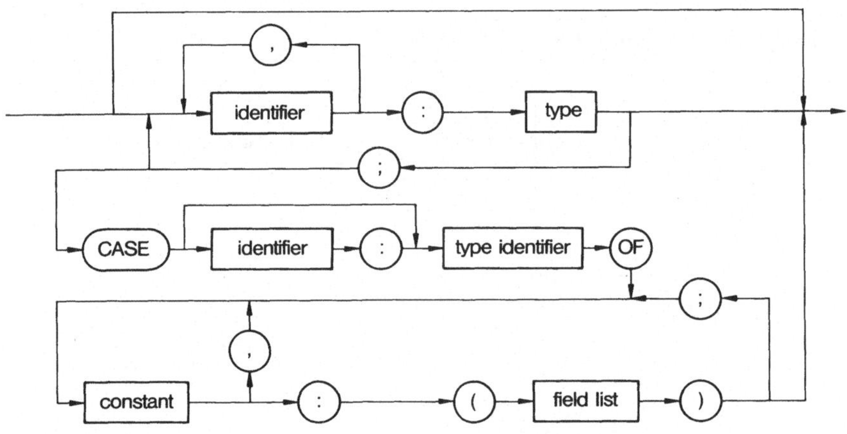

variable

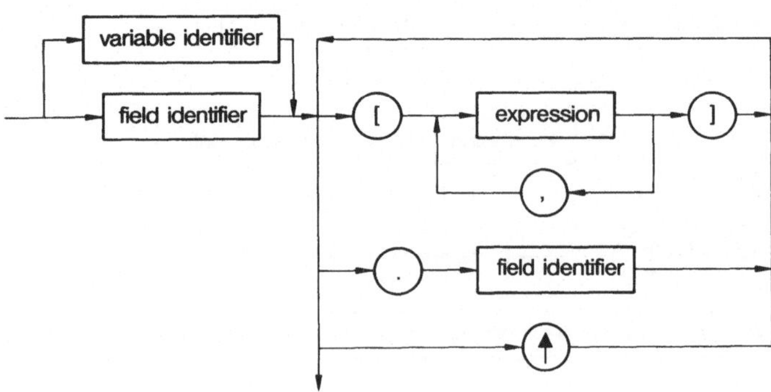

expression

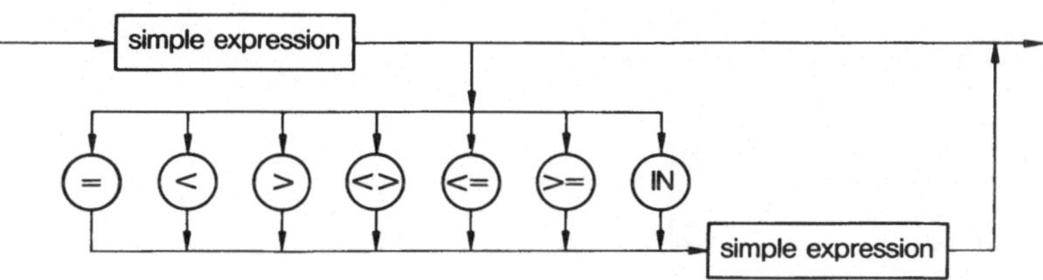

simple expression

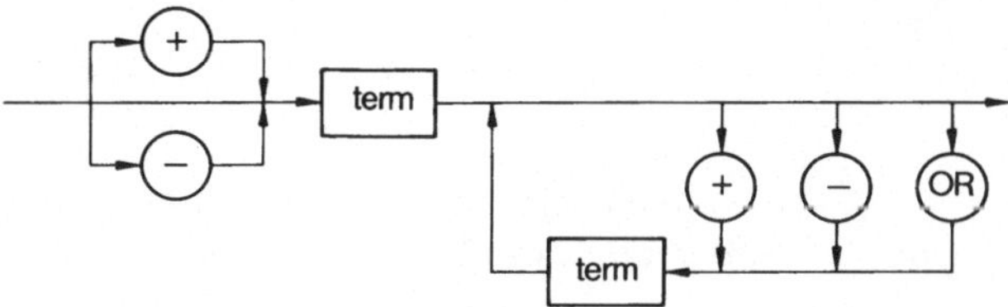

term

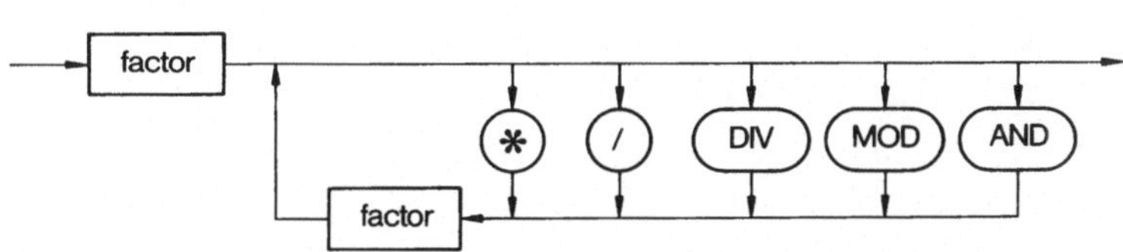

factor

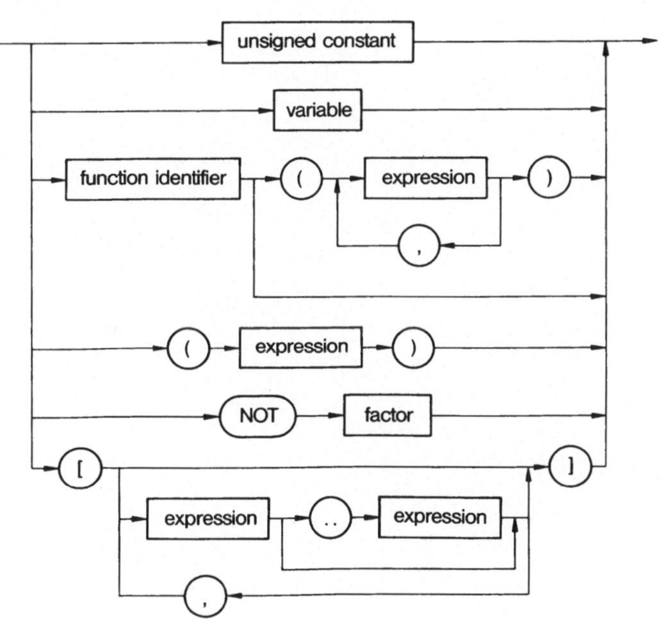

unsigned constant

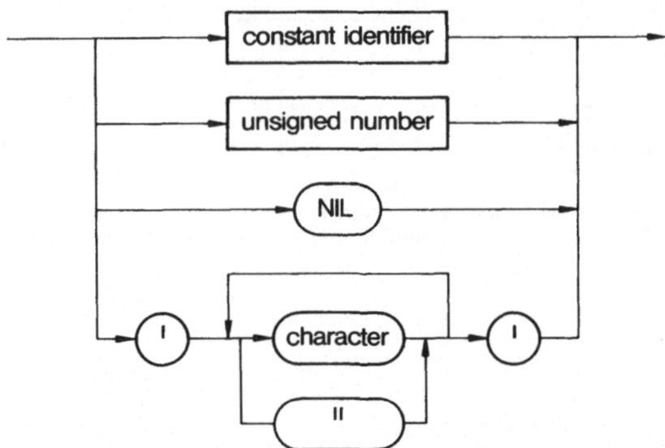

Anmerkung: Wird ein identifier (Name) nur für eine bestimmte syntaktische Umgebung verwendet (z. B. identifier für einen type), so wird dieser Begriff vorausgestellt (z. B. type identifier).

Literaturhinweise

"Draft Proposal for the Computer Programming Language PASCAL", ISO-DP7185, Januar 1981

Jensen, K., Wirth, N.: "PASCAL. User Manual and REPORT", Springer-Verlag, Berlin 1976, 2. Auflage

Sachverzeichnis

Eine *kursiv* gedruckte Seitenangabe bedeutet, daß der Begriff auf dieser Seite vorrangig behandelt wird.

Heidelberger Taschenbücher

Band 140
R. Alletsee, H. Jung, G. Umhauer

Assembler I

Ein Lernprogramm
Mit einem Geleitwort von K. Zuse
Berichtigter Nachdruck der 3., völlig neubearbeiteten Auflage. 1981.
Mit über 170 Abbildungen und Formularen und 85 Aufgaben.
XI, 133 Seiten
DM 23,80. ISBN 3-540-09204-8

Inhaltsübersicht: Grundlagen-Test. - Einführung. - Programmentstehung. - Stufen zum Programmlauf. - Makroaufrufe. - Vergleichs- und Sprungbefehle. - Assemblerprotokoll und Dump. - Das wohlstrukturierte Assemblerprogramm. - Lösungen. - Anhang. - Sachverzeichnis.

Band 141
R. Alletsee, H. Jung, G. Umhauer

Assembler II

Ein Lernprogramm
Mit einem Geleitwort von K. Zuse
Berichtigter Nachdruck der 3., völlig neubearbeiteten Auflage. 1981.
Mit über 250 Abbildungen und Formularen und 83 Aufgaben.
XI, 152 Seiten
DM 24,80. ISBN 3-540-09205-6

Inhaltsübersicht: Relative Adressierung. - Die Programmierung der Ein-/Ausgabe. - Einführung in die Befehlsliste. - Anwendungsfall am Beispiel eines Lohnabrechnungsprogramms. - Lösungen. - Anhang. - Sachverzeichnis.

Band 142
R. Alletsee, H. Jung, G. Umhauer

Assembler III

Ein Lernprogramm
Mit einem Geleitwort von K. Zuse
Berichtigter Nachdruck der 3., völlig neubearbeiteten Auflage. 1981.
Mit über 300 Abbildungen und Formularen und 60 Aufgaben.
XII, 172 Seiten
DM 25,80. ISBN 3-540-09206-4

Inhaltsübersicht: Festpunktarithmetik mit Registerbefehlen. - Festpunktarithmetik mit RX-Befehlen. - Adressenrechnung. - Spezielle Befehle. - Lösungen. - Anhang. - Sachverzeichnis.

Band 189
H. Kramer

Assembler IV

Supplement zum Lernprogramm
2., verbesserte Auflage. 1982. 207 Abbildungen und Formulare.
XII, 143 Seiten
DM 24,80. ISBN 3-540-11300-2

Inhaltsübersicht: Runden und Erweitern von Rechenergebnissen. - Druckaufbereitung. - Steuern des Schnelldruckers. - Unterprogrammtechnik. - Verschiebebefehle. - Tabellenverarbeitung. - Logische Verknüpfungen. - Umsetzen und Testen von Datenfeldern. - Modifiziertes Ausführen von Befehlen - der EX-Befehl. - Fehlversuche im Programm mit Hilfe eines Hauptspeicherabzuges. - Codier-Praktikum. - Anhang. - Sachverzeichnis.

Springer-Verlag
Berlin
Heidelberg
New York
Tokyo

W. Jordan, H. Urban

Strukturierte Programmierung

Einführung in die Methode und ihren praktischen Einsatz zum Selbststudium

1978. 247 Abbildungen, 7 Tabellen.
VIII, 252 Seiten
DM 64,-
ISBN 3-540-08740-0

Inhaltsübersicht: Einführung. - Methode der Strukturierten Programmierung (mit Aufgaben und Lösungen). - Darstellungsmittel für die Strukturierte Programmierung (mit Aufgaben und Lösungen). - Umsetzung des Entwurfs in Primärcode (mit Aufgaben und Lösungen). - Beispiele und Übungen zur Strukturierten Programmierung (Aufgaben und Lösungen). - Strukturierte Programmierung und Software-Entwicklung. - Litertur.

Ziel des Buches ist es, den Leser in leicht faßbarer Weise mit den Methoden der Strukturierten Programmierung und ihrer praktischen Anwendung vertraut zu machen. Zunächst werden die für die Praxis wichtigsten Regeln, wie z. B. schrittweise Verfeinerung, Blockkonzept oder Beschränkung der Strukturblockarten, dargestellt. Nächstes Thema sind die unterschiedlichen Darstellungsmittel wie z. B. Baudiagramme, Struktogramme oder verbale Entwurfssprache. Ausführliche Beispiele und Übungen mit Musterlösungen helfen, das Gelesene zu vertiefen. Die manuelle oder maschinelle Umsetzung der Entwürfe in ein Programm wird anhand der heute am häufigsten angewandten Sprachen COBOL, FORTRAN und Assembler erläutert. Ein eigenes Kapitel mit größeren Aufgabenstellungen läßt den Leser so mit der Anwendung der Methode vertraut werden, daß er sie anschließend bei der eigenen Arbeit einsetzen kann. Eine grundsätzliche Beschreibung der Software-Entwicklung bei Einsatz der Strukturierten Programmierung bildet den Schluß des Buches.

Springer-Verlag
Berlin
Heidelberg
New York
Tokyo